LA TENTATION D'EVE

Prix littéraire du Morvan 2012.

BERNARD MOROT-GAUDRY

La tentation d'Eve

roman

Editions du sculpteur

« Gislebertus hoc fecit »

Inscription gravée sur le tympan.
Cathédrale d'Autun. XIIème siècle.

A Luce

Editions du sculpteur
7 route de Chalon 71400 Autun
tél : 06 08 97 53 65
bernard.morot-gaudry@orange.fr
editions.sculpteur@orange.fr
www.morot-gaudry.com

Avertissement au lecteur: ce roman se déroule dans le second quart du XIIème siècle. Les clercs s'exprimaient alors en latin, le peuple dans des langues vernaculaires. J'ai pris le parti d'éviter les expressions d'un type pseudo-moyenâgeux convenu et d'écrire dans un français contemporain avec des dialogues aux équivalences classiques, si nécessaire argotiques ou patoisantes.

1. *Samedi 27 juin 1131 sur le chantier de la basilique Saint Lazare d'Autun.*

Le sculpteur Gislebertus, dans l'aube déjà étouffante de ce début d'été 1131 à Autun en Bourgogne, considérait avec inquiétude le bloc énorme de calcaire qui gisait encore dans l'ombre de la basilique en construction. Jamais les soucis ne s'étaient autant accumulés, jamais encore n'avait-il éprouvé tant de difficultés à créer son œuvre. Par sa faute, le chantier prenait du retard. Maintenant il ne pouvait plus tergiverser.

Au milieu de l'agitation considérable Gislebertus s'isola dans sa réflexion. Avec un bâtonnet de charbon de bois, il dessina sur le bloc les grandes lignes du motif qu'il avait en tête. Absorbé, il ne prit pas garde à un couple richement vêtu qui passait en lisière du chantier. Si l'homme, un chevalier manifestement, toisait négligemment les ouvriers, la jeune femme ne put s'empêcher de regarder à la dérobée dans la direction où s'échinait le sculpteur.

Bientôt, il choisit un marteau-pioche, une laye au tranchant étroit finement dentelée, et sans plus attendre il commença à entamer le calcaire à coups précis et réguliers, bien campé sur ses jambes légèrement écartées. Il s'efforçait de soulager ses vertèbres en gardant le dos le plus droit possible quand il fléchissait les genoux. Inlassablement, tenant fermement l'outil des deux mains, il frappait. En cadence sautaient les éclats. En lignes parallèles, courbes et rythmées, se creusaient les sillons de pierre.

Son travail, qui le passionnait, était le meilleur moyen d'oublier les soucis, les nouveaux dangers imprévus qui s'accumulaient depuis la veille: les critiques sur son œuvre ; les affres de la création devant cette sculpture qui lui posait des problèmes inhabituels; sa vie sentimentale brusquement ravagée.

Il sentit soudain, dans son dos, une présence. Il se retourna.

Etienne de Bâgé, le puissant évêque d'Autun, son commanditaire, appuyé sur sa crosse d'ivoire délicatement ouvragée, sans crainte de salir ou d'empoussiérer sa somptueuse longue robe de soie pourpre, le regardait travailler, depuis un certain temps déjà. En retrait se tenait Ambert-Bouffi, son fou de cour aux vêtements ridicules, aux membres fluets dégingandés autour d'un petit ventre rond de pou.

Sans lâcher ses outils cependant, Gislebertus salua en latin l'évêque de façon convenable, mi- cérémonieux, mi- complice, se courbant pour baiser l'anneau épiscopal. Le prélat lui rendit largement son sourire :

« Je vois avec plaisir que nous arrivons au moment capital où tu commences à sculpter avec ardeur cette partie droite du linteau de la Tentation d'Eve que nous avions imaginée ensemble. C'est bien. J'ai hâte vraiment d'apprécier le résultat de ce travail et d'écouter les réactions de certains membres de mon chapitre. Je m'amuse d'avance à entendre ces forcenés crier leur réprobation comme des putois. Quant à moi, je m'attends bien, comme d'habitude, à être secoué et émerveillé par ton œuvre. Cependant certaines mauvaises langues, encore, assurent que tu n'aurais pas fini dans les délais prescrits, ce qui nous poserait beaucoup de problèmes.

— Nous sommes samedi. A la fin de la semaine prochaine, sauf imprévu, j'aurai terminé. Les maçons pourront alors la mettre en place, puis dans la foulée, poser au-dessus les éléments du tympan que j'avais déjà taillés. Tout sera prêt à temps pour accueillir les pèlerins à la fête de la Saint-Ladre, début septembre. Si les carriers ne m'avaient pas livré précédemment une pierre comportant une faille cachée trop dangereuse, je n'aurais pas été obligé de l'abandonner et d'en attendre une autre convenable, tout serait déjà terminé depuis la Saint-Jean d'été. Pour gagner du temps et vous rassurer, comme la pierre est exceptionnellement grande, je veux bien pour la dégrossir, ce que je ne fais pourtant jamais, demander l'aide de Racho, ou de Martin-Pêchu, les plus délicats de mes tailleurs de pierre

— J'espère », reprit l'évêque, « qu'il n'y aura pas de nouveaux impondérables. Nous n'avons plus de marges financières, et l'intendant compte absolument sur les festivités de la Saint- Ladre pour séduire les pèlerins et remplir les caisses. Il est donc impératif que le porche d'entrée soit entièrement terminé pour le premier septembre et que le résultat, admirable, soit à hauteur de nos ambitions. Sinon je ne pourrais plus te protéger, comme je m'obstine à le faire depuis des mois. Ton travail suscite trop de critiques. »

Le sculpteur, dépité, le dos raide et les muscles tendus, s'apprêtait à reprendre sa taille, quand l'évêque, changeant de ton, lui glissa en souriant :

« En fait, je venais précisément pour t'inviter à dîner ce soir. J'ai un hôte exceptionnel que je souhaiterais te faire rencontrer ».

A ce moment, ils furent interrompus par des pas précipités et une respiration haletante.

« Je sens s'insinuer l'odeur écœurante du putois » chuchota le fou.

C'était l'archidiacre Girart au visage glabre rougi et à la tonsure mouillée de sueur. Son souffle court et précipité indiquait clairement que, malgré sa prétention habituelle à la dignité, il avait couru, retroussant comiquement sur ses roses mollets épais, sa robe de soie pistache finement plissée. Sans prendre la peine de réajuster sa tenue, et encore haletant, il s'approcha de l'évêque.

— Monseigneur, Monseigneur… »

Etienne de Bâgé se retourna lentement:

— Eh bien, que fais-tu bouche ouverte et front en désordre ? »

Girart voulait parler, mais la râpeuse poussière de pierre du chantier lui irritait la gorge. Il toussa.

— Monseigneur, je viens de chez le changeur, qui m'avait fait prévenir.» Sa voix s'enfla, puis retomba, comme épuisée, dans un chuchotement qui se voulait horrifié. « Il semble qu'on ait découvert de la fausse monnaie. »

— De la fausse monnaie dis-tu?

— C'est un putois, je l'avais prédit souffla derrière eux le fou.

— Oui. Un faux denier d'argent à la croisette fichée comme celle des évêques de Langres. Une remarquable contrefaçon. C'est bien cela qui est inquiétant. La croix entre les trois annelets semble parfaitement copiée ; quant à l'avers, cantonné de quatre besants....

— Epargne-moi les détails techniques.

— Il y a plus grave. » L'archidiacre, tirant l'évêque un peu à l'écart, ouvrit discrètement de nouveau la main pour lui montrer autre chose. L'évêque blêmit, mais se ressaisit vite.

— A-t-on arrêté un suspect?

— Non. Et voilà en outre où le bât blesse. Cette pièce, semble-t-il, aurait été déposée parmi d'autres, par un des membres de notre chapitre, le chanoine Foulques, qui déclare ne pas savoir comment elle serait parvenue entre ses mains. Il assure avoir traité nombre d'affaires financières ces jours derniers et avoir manqué sur ce point de discernement et d'attention. »

Roulant des yeux et agitant son grelot, le fou s'interposa d'un ton sentencieux :

— On ne peut nier que le chanoine Foulques soit un des plus riches bénéficiaires de prébendes de tout le chapitre. Son ventre est aussi plein que ses barriques. Il possède, entre autres, plusieurs domaines plantés de vignes bien placées dont il tire de nombreux tonneaux d'un vin gouleyant qu'il fait expédier jusque chez les Normands.

— Il fait fructifier ses tenures avec beaucoup d'efficacité. Je m'étonne que ce financier avisé se soit fait piéger dans une telle histoire. Tout cela est bien ennuyeux et risque de perturber le commerce…

— L'affaire s'est-elle ébruitée?

— Pas encore, Monseigneur. Il faut agir discrètement afin d'éviter un désordre dans nos finances. Le sergent d'armes s'est mis en quête de renseignements.

— En vérité il semble que le duc de Bourgogne ne soit pas capable de contrôler l'émission de sa monnaie.

— Il est impératif que nous reprenions à Hughes de Bourgogne notre droit légitime de battre notre propre monnaie, droit qu'il nous a, sans vergogne, usurpé !» s'écria avec véhémence l'archidiacre, son gros ventre tressautant d'indignation.

— En attendant il faut, avant d'alerter les services ducaux, retrouver les coupables. Le diable les emporte ! » Reprit l'évêque.

Et tout en parlant il remarqua le diable hilare que le ciseau du sculpteur avait justement esquissé, et déjà fait jaillir, en un début de ronde-bosse, du bloc de calcaire. « Nous en reparlerons tout à l'heure. Car je t'attends, Girart, comme toi Gislebertus, à ma table ce soir .

— Cette invitation tombe bien, » interrompit le fou, « Girart est gourmand comme une truie barrée. On a toujours l'impression que ses assiettes sont trouées !

— Je veux donner à souper en l'honneur du célèbre Abélard...

— Celui qui a été condamné par le concile de Soissons à brûler son manuscrit de la Théologie du Souverain Bien ?

— Abélard, l'illustre amant d'Héloïse, celui qui a été châ ... » s'émerveilla, d'une voix de fausset, Ambert-Bouffi qui se tordait en croisant ostensiblement les mains sur son bas-ventre.

— Châtré !!! Oui, mon cher, le célèbre Abélard » précisa lentement et pesamment l'évêque d'une voix ravie.

Le sculpteur s'était remis au travail sur la « Tentation d'Eve. » Le prélat se déplaça de quelques pas pour regarder un deuxième bloc jumeau, dont le bas-relief presque terminé représentait Adam, jeune homme nu bien découplé, aux membres déliés finement proportionnés, allongé sur le flanc gauche au milieu d'une végétation exubérante et paradisiaque. Un rameau, providentiel sans doute, cachait avec pudeur l'essentiel de sa virilité. Seuls les traits du visage inachevé restaient encore imprécis, trahissant l'hésitation du sculpteur.

Avant de s'éloigner Etienne de Bâgé fit remarquer:

« J'aime, dans le brouhaha du chantier entendre sonner clair l'outil enthousiaste de Gislebertus. C'est comme une prière qui monte vers le ciel.

— J'entends plutôt les grincements et les gémissements de la pierre blessée qui s'attriste des coups qui la défigurent.»

— Tu peux te moquer, Girart, Je n'en suis qu'à l'ébauche » rétorqua le sculpteur. « Mais je vois déjà en esprit la figure exquise qui émergera bientôt de ce bloc informe. » Le bouffon s'esclaffa:

— Entre l'évêque et l'archidiacre qui entendent des voix et le sculpteur qui a des visions, on est mal partis ! »

Gislebertus avait à peine trente ans. Il taillait sa pierre avec énergie. Déjà la sueur collait sur ses tempes ses cheveux blonds légèrement frisés bien qu'ils fussent, comme sa barbe un peu rousse, taillés assez court. Ses yeux étaient très clairs, d'un vert changeant comme l'eau d'un étang sur lequel passent des nuages. Le gauche était bordé de rouge, enflammé par de petits éclats de pierre et la poussière blanchâtre du calcaire. On retrouvait cette farine irritante saupoudrée dans ses sourcils, sa barbe, ses cheveux, et dans les plis de sa blouse ample sans ceinture descendant sur les chevilles nues jusqu'aux sabots de bois protecteurs bordés de cuir. De taille moyenne, les jambes bien campées sur le sol, les épaules larges, il donnait, même immobile, une impression de force. Ses attaches, cependant, restaient fines. Là où l'on se fut attendu à des battoirs rustiques épais et calleux, les mains semblaient bien petites. En regardant de plus près pourtant, la gauche était couturée de fines cicatrices qui dessinaient des arabesques singulières plus claires, tandis que la droite se bosselait de muscles noueux qui jouaient sous la peau bronzée. Le sculpteur, à grands coups de marteau-pioche, dégageait les volumes d'où naîtrait Eve du bloc livré ce matin. Les tailleurs, dans la carrière, l'avaient déjà *ébousiné*[1], débarrassé de scs *fils*[2], de ses *moies*[3] et de ses *terrasses*[4], puis *épannelé*[5] aux dimensions impressionnantes fixées : huit pieds (2,56m) de long, deux pieds six pouces (72cm) de haut sur une épaisseur d'un pied (32cm).

Sourd aux clochettes annonçant la fin du travail de la matinée, comme aux rires chaleureux des compagnons qui rejoignaient bruyamment la cantine, il resta planté, s'échinant devant l'énorme bloc de pierre, essuyant machinalement du revers de la main les rigoles de sueur qui coulaient sur son visage poudré de blanc par le calcaire. A peine prit-il le temps de déjeuner frugalement sur place d'un quignon de pain d'épeautre et d'un morceau de viande froide apportés par le petit Syagre, l'apprenti gringalet de dix ans qui flottait dans une chemise déchirée trop large; à peine prit-il soin de rincer la poussière, qui encrassait sa gorge, de quelques rasades d'un vin blanc trop chaud malgré la cruche poreuse.

Il poursuivit son effort tandis que ses compagnons, épuisés et accablés de chaleur, cherchaient l'ombre, pour s'affaler, profiter du temps consenti pour la sieste. Il ne prêta pas attention au chantier qui s'endormait et devenait peu à peu silencieux après les plaisanteries grasses ou les confidences chuchotées. Il ne réalisa même pas que l'égoïste bruit irrégulier des coups de sa laye sur la pierre pouvait perturber leur sommeil légitime. Il s'obstinait, seul dérisoirement debout, jambes lourdes et tête vide, n'abandonnant parfois les marteaux-pioches que pour prendre ciseaux et maillet afin de dégrossir et dégager des saillies.,

Quand le temps du repos fut passé, et que la turbulence reprit autour de lui, il continuait à supprimer progressivement et

---

[1] Débarrasser les pierres de taille des parties molles ou terreuses
[2] Plan de fracture dans un bloc, détermine des ruptures au moment de la taille.
[3] Dans un banc, couche de pierre mince et tendre
[4] Couche de matières schistoïdes de faible épaisseur et de grande étendue
[5] Opération qui précède le dégrossissage sur les 4 faces du bloc

régulièrement de la matière, alternant l'usage de pointes et de *gradines*[6] diversement dentelées.

Il était tout à son travail, sans voir le fourmillement des manœuvres portant leur charge de mortier sur une planchette harnachée dans le dos, l'ascension sautillante des seaux balancés au bout des cordes, le treuillage des blocs; sans entendre le choc régulier des cognées sur les poutres, la frappe plus claire des ciseaux sur les pierres, le grincement des poulies, le roulement des charrois, le crissement des scies, les cris d'avertissement des compagnons sur les échafaudages, le halètement monotone des portefaix sur les rampes, le rire nerveux des enfants asservis.

Gislebertus ne quittait son ouvrage que pour aller trouver, à quelques mètres, le forgeron de son équipe pour lui confier ses outils, déjà bien émoussés. Blaise était un garçon rieur aux yeux bruns et aux cheveux enfumés. Accroupi au bord d'un simple trou rougeoyant creusé à même le sol, il tenait au bout d'une pince une tige d'acier, tandis qu'une jeune femme robuste, dont la robe informe cachait mal les seins rebondis, actionnait le double soufflet. Sans lâcher prise, le forgeron, le visage souillé de suie, grimaçait un sourire. Le sculpteur, songeur, étirait ses bras et son dos en regardant amicalement le couple. Blaise et Agathe travaillaient dur; trop peut-être. Les yeux sombres et cernés de la jeune femme, seule partie du visage ingrat visible sous le voile de chanvre qui le protégeait de la fumée tourbillonnante, semblaient fatigués tandis qu'elle glissait un regard vers le bébé emmailloté de la tête aux pieds, caché tout près sous un auvent rudimentaire de planches de rebut. Gislebertus appréciait de se reposer un peu à leur côté. Il enviait leur accord, leur bonheur rugueux.

Revenu à son bloc, il s'échinait, usant ses outils à un rythme effréné. Totalement absorbé, il ne s'était pas aperçu qu'une jeune femme richement vêtue, arrêtée de nouveau en lisière de chantier, l'avait observé un instant d'un air inquiet et était repartie dépitée sans avoir réussi à capter son regard.

---

[6] Ciseau dont le tranchant est constitué de dents plates ou pointues.

2. *Où le philosophe Abélard arrive à Autun et rêve à Héloïse.*

Au même moment, Pierre, dit Abélard, faisait halte à l'approche des remparts d'Autun afin de réajuster sa tenue avant d'entrer dans la ville. Il descendit de son haquenée au poil luisant mouillé de sueur, à la robe noire comme celle de son maître. Son jeune disciple Eusèbe mit de même pied à terre et accrocha les rênes des deux coursiers et du cheval de bât à une stèle de pierre aux contours délités représentant sans doute une divinité païenne oubliée qui se mirait dans une petite fontaine circulaire où nageaient des têtards. Ils se trouvaient au bord de l'antique voie romaine d'Orléans, le long de la rivière au pied de la cité. Tout près, au milieu des genêts, se dressait un curieux monument isolé, sorte de grande tour de plan carré ceinte d'un péristyle bas couvert de chaume pourrissant et coiffée d'un petit toit à quatre pans moussus. Cet édifice ne rappelait à Abélard aucune des constructions qu'il connaissait : il ne devinait ni l'origine ni la destination de cette architecture insolite.

Sans s'y attarder davantage, Abélard reporta son regard vers cette cité d'Autun qu'il découvrait pour la première fois et où il allait passer quelques jours. La vue était totalement dégagée grâce au déboisement systématique qui formait un glacis protecteur contre d'éventuels envahisseurs ou troupes de pillards. Au premier plan, un champ de blé noir malingre mûrissait au soleil, tandis qu'un groupe de manants, hommes, femmes et enfants en sueur et peu vêtus, fanaient le long de la rivière paisible aux basses eaux transparentes. Au-delà, s'y réfléchissant en une sombre masse inquiétante se dressaient les murailles solides et fortifiées. Elles escaladaient toute la colline qu'elles ceignaient comme un collier scandé de grosses tours circulaires.

La présence, sur les diverses lignes de remparts aux pierres restaurées, de courtines rehaussées de *hourds*[7] de bois neuf et clair sentant la résine, ou de hauts créneaux fraichement réparés ; la profusion de tours défensives, de clochers et clochetons d'églises ou d'abbayes qui hérissaient de cônes tuilés de brun rouge la partie haute de la ville ; les multiples échafaudages qui tissaient de liens entrecroisés les édifices ; le tintement de cloches multiples sonnant midi, le vacarme sourd des marteaux, le roulement des charrois sur les pavés, le brouhaha d'une foule active : tout attestait aux yeux d'Abélard de la vitalité, de la jeunesse nouvelle d'une ville en plein essor.

Sans conteste, pensa-t-il, cette cité était riche et puissante, une capitale influente où il trouverait ce dont Héloïse et ses sœurs avaient besoin. Pourtant il était soucieux. Il confia à son disciple :

« Je suis fatigué de courir les routes pour tenter de rencontrer le nouveau pape Innocent qui pourrait m'aider. Nous errons depuis trop de jours. Mes angoisses ne m'ont pas quitté de la journée. J'ai frissonné chaque fois que nous avons croisé d'autres voyageurs. Tous me semblaient patibulaires. Depuis la tentative d'empoisonnement que j'ai subie à Nantes, puis l'embuscade à laquelle j'ai échappé à Chateaubriant, je crois voir des assassins partout. Il me semble discerner, dans chaque regard qui m'observe, le tranchant du poignard ou la fourberie du poison.

— Vénérable père abbé, ressaisis-toi ! Tes tourmenteurs sont loin d'ici. Ils ignorent où nous sommes. Nous avons tant tourné qu'ils ont perdu notre trace. Nous serons à l'abri derrière les remparts de cette ville, dans le palais du puissant évêque qui nous attend. C'est un de tes admirateurs. Aie confiance, et ne te comporte plus comme

---

[7] Ouvrage en bois, dressé au sommet de tours défensives

un fuyard. Mets-en plein la vue à ces Bourguignons. Montre-leur que tu es le grand et célèbre Abélard. »

Eusèbe aida son maître à se hisser sur son cheval fourbu, et lui tendit sa crosse abbatiale, signe de sa dignité. Ils traversèrent les bras de la rivière Ternin. Ils tournèrent sur leur droite en rejoignant l'ancienne voie romaine d'Agrippa et débouchèrent au confluent avec l'Arroux. Un pont-levis sur cette rivière protégeait la ville. Une étrange tour circulaire, évidée par de grandes ouvertures en arcades sur trois niveaux séparés par des frises d'oiseaux ou de poissons, se dressait comme un signal insolite. Abélard s'étonnait de ces vestiges manifestement païens, romains peut-être. En contrebas, des barges chargées de lourds blocs de pierre, des radeaux lestés de troncs de chêne, des chalands bourrés de tonneaux de vin, des barques emplies de légumes frais, étaient amarrés à un quai animé. Des haleurs aux épaules puissantes et aux muscles saillants s'arc-boutaient sur des cordages, tandis que des porteurs, le dos ployé sous leur charge, descendaient à petits pas rapides d'étroites passerelles. Sur le pont devant lui et jusqu'à l'entrée monumentale de la cité régnait la plus grande confusion, dans un déplorable embouteillage.

Abélard, fatigué, poussa son cheval pour dépasser un énorme char de foin qui lui bouchait la vue. Il constata qu'une queue s'était formée. Il vit en haut de la pente escarpée briller des reflets métalliques sur l'équipement des gardes armés qui contrôlaient l'entrée de la formidable porte de pierre flanquée de ses deux tours d'appui, trois fois plus élevées que les remparts. Comme il s'avançait, un manant désagréable se retourna et le pria grossièrement de prendre son tour dans la file, comme tout le monde. Abélard, harassé, vexé du peu de respect que son apparence poussiéreuse et son maigre équipage suscitaient chez ces païens incultes malgré sa crosse abbatiale, hésita à riposter et à s'imposer. Il préféra tourner la tête de l'autre côté du parapet.

Dans l'eau claire, sur l'autre rive, au pied de la barbacane de pieux acérés, un groupe de femmes agenouillées, les jupes retroussées et nouées entre leurs cuisses, les bras nus, lavait du linge, frottant de sable humide les draps à décrasser. En amont, l'une d'entre elles s'était isolée pour toiletter ses longs cheveux qu'elle tordait pour les essorer. Elle secoua ensuite violemment la tête en tous sens et les boucles mouillées tourbillonnèrent autour de son visage en un halo traversé de soleil qui les moirait à contre-jour de blond et de fauve. Abélard tressaillit. La jeune femme était trop loin pour qu'il pût distinguer les traits de son visage. Mais il reconnaissait la silhouette fine qui tournoyait cheveux au vent, chemise trempée moulant les seins, longue jupe défaite virevoltant sur les jambes claires. A cette féminité soudain entrevue, à ce reflet de jeunesse, il se troubla, superposant l'image d'Héloïse. Il se revit au bord de la Seine … Ils avaient nagé tous deux dans une eau complice un jour pareil à celui-ci, cachés par des roseaux, isolés du monde, loin de l'oncle Fulbert, loin de l'école, et de ses autres disciples. Il l'avait dérobée, ils s'étaient dérobés… Il avait l'habitude de l'évoquer sous le moindre prétexte. Ainsi se souvenait-il comment avec une conviction naïve, il n'avait pu s'empêcher de glisser dans son enseignement didactique, sans qu'aucun de ses étudiants subjugués ne s'en fût offusqué, des formules comme *Petrus diligit suam puellam ; Petrum diligit sua puella:* Pierre aime son amie ; Pierre est aimé de son amie.

C'est que le jeune Pierre Abélard avait tant aimé son Héloïse. Il frissonnait encore quinze ans après en y songeant, comme il frissonnait alors en sortant de l'eau, leurs pieds nus se frôlant sur le fond tiède et doux, dérangeant les minuscules ablettes entre les roseaux. Sur l'herbe tendre et verte de la rive, Héloïse, sans se soucier d'une frôleuse libellule corsetée de transparences bleutées, essorait ses beaux et longs cheveux blonds, les gouttelettes ruisselant sur ses épaules accueillantes et sur son sein qui…

« Quel honneur, quel bonheur d'accueillir le grand Abélard ! Je t'ai immédiatement reconnu ! »

Abélard, surpris dans sa rêverie, se redressa sur les étriers. Un homme, au milieu de cette agitation et de cette foule, l'interpellait d'une voix puissante : un clerc à la riche chape, colosse jovial et souriant dans la force de l'âge, dont le teint rubicond inspirait la convivialité.

« L'évêque m'a posté là pour t'accueillir et pour te guider au plus vite vers le palais ». Il se présenta: « Denis, chanoine du chapitre cathédral et grand chantre. Tu ne te souviens pas de moi ? J'étais un de tes élèves à Paris, il y a une quinzaine d'années. Mes parents s'étaient saignés pour pouvoir payer l'inscription à tes cours. Mais cela en valait la peine. Bien que nous eussions presque le même âge, tu dominais tellement par l'étendue de ton savoir et la force persuasive de ton éloquence ! »

Abélard n'était pas sûr de reconnaître cet ancien élève. Il répondit cependant avec les compliments d'usage. Denis se montra fort utile. Les ayant invités à le suivre, il enfourcha sans plus de façons une mule grise au poil brillant et, les guidant, les fit passer, sans se soucier de l'embarras de la cohue, entre les cahotantes files d'attelages hétéroclites: ânes tirant des tombereaux de légumes ou de javelles fraîchement coupées; bœufs bâtés à des fardiers à roues très basses chargés de trois blocs de pierre, à un triqueballe soutenant un seul énorme tronc de châtaignier ; jument attelée à un basterne arrimé de tonneaux. Ils dépassèrent des troupeaux d'oies poussés par des enfants; des cortèges de pèlerins, de marchands, de journaliers, de portefaix. Ils restèrent insensibles aux inévitables mendiants, et aux ribaudes égrillardes la chevelure au vent, la gorge mal couverte et le regard accrocheur.

Denis, dominant d'une voix claire le brouhaha, sans se soucier des huées des manants qui attendaient leur tour, leur évita le péage. La lourde herse de métal était levée dans les profondes rainures des *pieds-droits*.[8] Tous trois s'enfoncèrent sous la voûte épaisse de la porte puis, abandonnant la Via Agrippa, prirent sur leur droite. Aucun ne remarqua un homme efflanqué qui les avait observés avec la plus grande attention, et qui, se décollant de la muraille, partait en hâte dans la direction opposée vers le monastère de Saint-Symphorien. Ils suivaient une sente entre des friches et des

[8] Chacune des parties latérales verticales qui supportent la naissance d'une voûte ou d'un arc

potagers ponctués d'arbres fruitiers. Ils furent étonnés du calme soudain, du chant des oiseaux succédant aux cris et roulements de charrettes, de l'absence de maisons dans cette partie de la cité. Denis chevauchant paisiblement sa mule au côté d'Abélard expliqua qu'ils contournaient, pour gagner du temps, la ville basse, le « fort Marchaux », dont les remparts formaient un petit îlot habité au milieu de l'étendue champêtre semée de ruines. La vieille enceinte rafistolée de la splendeur romaine était devenue trop grande. La mordante Augustodunum n'avait plus qu'une gueule édentée ouverte sur deux chicots fortifiés où s'étaient regroupés les habitants.

Il raconta que la ville avait subi de nombreuses péripéties et invasions au cours de ses douze siècles d'Histoire. C'était justement en ce début d'été 1131 le triste anniversaire de sa mise à sac par les pillards Sarrazins quatre siècles auparavant. L'effroyable incendie n'avait laissé qu'un champ de ruines de ce qui avait été une opulente cité gallo-romaine puis mérovingienne aux monuments magnifiques. Les malheurs avaient continué pour les quelques survivants, au gré néfaste des mouvements de troupes. Les armées franques de Charles Martel, qui poursuivaient les Arabes pour les repousser, avaient multiplié de 733 à 739 les expéditions, ravageant elles aussi la région comme en pays conquis, par le sang, le viol, le feu, le pillage. En 751 cette fois, c'était le duc d'Aquitaine qui avait à son tour allègrement saccagé la ville et sa campagne. Puis les Normands en 866…

Cependant, après quatre siècles de destructions, de ruines, d'abandon, de luttes dérisoires de pouvoir entre des comtes barbares avides de fiefs et de terres, Autun avait, depuis le concile qui s'y était tenu en 1065, à travers l'action restauratrice d'évêques énergiques, retrouvé une partie de son lustre ancien. Elle redevenait une ville importante, une place forte de premier ordre avec une position stratégique au carrefour d'antiques voies romaines, précisa le grand chantre avec fierté.

Ils traversèrent des jachères, des vestiges de maisons patriciennes, d'acropoles blessées aux colonnades rompues et aux statues brisées. Des brebis blanches et noires, que gardaient trois fillettes efflanquées en courts sarraus terreux, paissaient dans les orties. Ils montèrent par paliers à travers des vignes dont les ceps, accrochés aux branches basses de pêchers ou de cerisiers, portaient des grappes de raisins verts qui commençaient à s'alourdir. Ils passèrent plus haut devant de longs bâtiments misérables couverts de chaume, presque déserts en ce milieu de journée, dortoirs des serfs et des manœuvres qui se relayaient de façon saisonnière sur les chantiers de l'évêque. Au bout de la pente se dressait une nouvelle enceinte fortifiée, étroitement hérissée à profusion de clochers d'églises et de tours espacées d'une longueur de flèche: la Ville Haute, le château, l'enclos épiscopal. Comme précédemment, le chanoine Denis leur facilita l'entrée. Ils passèrent sous la herse levée et entre deux tours aveugles inquiétantes, franchirent sans encombre et sans s'attarder la porte châtelaine. Une fois de plus l'agitation de la foule les saisit, spasme brutal et puissant. Mais pressés d'arriver, ils furent indifférents au salut déférent des gardes, aux invites des marchands et de leurs étals, même à l'appel alléchant d'un porteur d'eau, et continuèrent à monter vers la clameur grandissante du chantier basilical en pleine effervescence.

« L'entrée du palais épiscopal est un peu plus loin, droit devant. Mais il nous faudrait traverser le chantier. Si vous le voulez bien, nous éviterons le porche officiel et je vous conduirai par la poterne Saint-Léger jusqu'à une chambre où tout a été préparé pour vous reposer des fatigues du voyage avant que l'Evêque ne vous reçoive. Un hanap de notre meilleur vin vous rafraîchira. »

Ils redescendirent entre deux églises, longèrent une courtine qui retrouvait la haute enceinte du castrum. Dans l'angle, un haut donjon trapézoïdal protégeait l'escalier de la poterne. Ils mirent pied à terre et un serviteur emmena leurs montures. Quelques marches étroites et Abélard était arrivé. Il espérait beaucoup de cette étape autunoise.

3. *Où Mélisende importune le sculpteur Gislebertus.*

Au même moment, le soleil descendait de l'autre côté de la basilique et les ombres se faisaient plus longues, rampant peu à peu d'un bloc de pierre à l'autre. Gislebertus se redressa et s'étira. Ses bras et ses épaules étaient douloureux, son dos cassé, ses jambes lourdes. Mais il était satisfait de son travail.

Il n'avait pas vu la course du soleil. A peine avait-il tressailli, comme il changeait d'outil pour prendre un ciseau plus large, en apercevant le mouvement furtif de deux nobles dames très élégamment vêtues, hautes silhouettes jaune et verte, qui passaient aux confins du chantier. A peine, plus tard, comme il essuyait son front en sueur grumelé par la poussière de pierre, avait-il cru entrevoir les mêmes silhouettes, citrine et jade, qui semblaient l'observer. Mais un charroi qui avançait avait restreint son champ de vision. Il s'était bien déplacé, pour retrouver l'apparition perdue, mais les deux femmes avaient disparu.

Savoir celle qu'il espérait, si proche dans sa robe claire et si inaccessible, le laissait chaque fois quelques instants pantelant, la bouche amère et sèche, les doigts crispés sur le manche de ses outils.

Il s'était rincé la gorge d'une brève rasade de vin clairet, avait craché violemment sous son bras gauche comme pour conjurer un sort avant de boire un peu plus doucement. Il avait tenté de se ressaisir et s'était jeté dans le travail comme on se jette, après un voyage éprouvant, dans le sommeil réparateur.

Sa « Tentation d'Eve » avait bien avancé : les courbes serpentines d'un feuillage se dessinaient, et se prolongeaient par le mouvement esquissé d'un bras qui se retournait sur un corps allongé. Gislebertus, sur la partie droite de la longue pierre, détachait plus fermement les contours sinueux d'une figure diabolique qui semblait déjà se tordre sous ses coups précis. Sur la gauche, le jeune Martin-Pêchu avait, selon ses instructions, découpé nettement le rebord épargné au bas de la dalle. Il dégageait et creusait avec soin et sûreté les espaces intérieurs ainsi délimités. Gislebertus n'avait pratiquement pas desserré les lèvres depuis qu'il lui avait confié ce travail, et le jeune homme, percevant la tension inhabituelle qui habitait son maître, ne disait rien non plus et s'appliquait.

Comme le soleil avait baissé, Gislebertus que l'effort avait calmé et qui était totalement repris par la volonté de sa création, s'intéressa vraiment au travail de Martin-Pêchu. Avec un grand sourire, il le félicita et le remercia d'une bourrade affectueuse. Avant de le libérer, il l'invita à boire en lui tendant sa timbale. Le garçon avala une longue rasade, son maître une petite gorgée.

Seul à présent devant le bloc, le sculpteur s'attaqua au modelé à l'aide de ciseaux affutés de court à la pointe très fine. De la pierre se dégageait et émergeait peu à peu, comme si on le sortait très lentement d'une eau dormante, un corps de femme.

Gislebertus était si absorbé qu'il n'avait pas entendu venir une toute jeune fille qui, dans son dos, le regardait travailler. Mélisende était vêtue d'une blouse de chanvre écru à manches courtes qui dégageaient ses bras minces. Elle était constellée de taches de couleur, comme le fichu strié d'incarnat et de fauve qui enserrait étroitement son visage et son cou délicat, cachant totalement ses cheveux. Malgré le hâle habituel d'une personne travaillant en plein air, ses joues et son nez un peu rougis par le soleil cruel, son teint restait plus clair que celui des autres filles du chantier. Sous la guimpe, l'ovale du visage était délicat. Le nez fin un peu retroussé lui donnait un air impertinent que soulignaient des yeux d'un brun chaud aux reflets mordorés et mauves souvent malicieux et moqueurs.

Elle avait gardé la fraicheur, l'acidité charmante de l'enfant qui courait encore, il y a peu, comme la petite fée du chantier, d'un groupe à l'autre en chantonnant. C'était avant la mort de Saturnin, son père, à la fin de l'hiver dernier.

Saturnin avait été un merveilleux peintre imagier. Un collaborateur très apprécié de Gislebertus. Il connaissait les secrets de la fabrication des couleurs qu'il préparait lui-même, safran, vert-de-gris, pourpre fiel, cendres, sèves de légumes, sucs de baies, cochenilles, colles ou miels. Il allait chercher loin, en Puisaye, à Roussillon ou en d'autres lieux inconnus, les terres qu'il broyait, les coquillages dont il écrasait la nacre pour exprimer le jus. Il savait, par le choix des couleurs, par le jeu des ombres et de la lumière, accentuer les reliefs, détacher les figures, souligner les intentions du sculpteur. Saturnin était aussi l'appareilleur du chantier: il traçait les épures, relevait sur son schéma les gabarits de tête, de *douelle*[9], de joints d'*extrados*[10] avec lesquels il marquait les pierres qui étaient ensuite épannelées sur toutes les faces par les tailleurs de pierre. C'est lui encore qui préparait au sol l'aire d'argile ou de plâtre sur laquelle il traçait, grandeur nature, les gabarits selon les instructions de l'évêque Etienne, du maître maçon Guillaume, et du chanoine « operarius » Denis.

A la sortie du cimetière, l'orpheline encore en larmes mais déterminée, avait supplié Gislebertus de la garder dans son équipe pour succéder à son père défunt. Toute petite encore, Saturnin l'avait associée à son travail et à son art : elle en connaissait tous les usages, les arcanes, les savoir-faire. Elle était devenue aussi habile que lui. Surtout, elle connaissait, aussi bien, les souhaits, les besoins et les habitudes esthétiques de Gislebertus. Elle ne trahirait pas ses œuvres par une coloration inappropriée trop vulgaire et violente, ni ne les affadirait par des nuances trop médiocres ou insipides. Elle se contenterait de magnifier, par l'effet de ses

---

[9] Parement intérieur d'un claveau

[10] Face supérieure (extérieure) d'un arc, d'une voûte

pinceaux, les images de pierre créées par celui que son père admirait tant et qu'elle admirait tant elle-même.

Par ailleurs elle se sentait aussi capable de poursuivre le travail d'appareilleur de son père. Elle avait hérité de toutes ses épures et de ses gabarits qui seraient bien utiles pour tracer les formes sur la pierre. Elle avait été initiée à l'usage du grand compas qui mesurait quatre-vingt centimètres, la moitié de sa propre taille. Ses parents, et d'autres qu'elle ne précisait pas, lui avaient appris et transmis ce que très peu d'hommes savaient : lire et écrire. Elle pouvait aussi compter et connaissait les secrets des nombres.

Gislebertus avait beaucoup hésité. Il ne doutait pas trop des capacités de la fillette à suivre la voie paternelle : il l'avait vue travailler depuis cinq ans auprès du peintre, nettoyant ses ustensiles souillés, lui portant à boire, grimpant derrière lui à l'échelle sur ses petites jambes pour lui passer les pinceaux ou les bols de couleurs, ou, prenant du recul, lui criant de sa voix flûtée que, vu d'en bas, le bleu ou le vert ne correspondait pas; puis petit à petit apprenant aussi à tenir les brosses, à colorier d' une seconde couche l'espace dont son père avait déterminé les contours, pour enfin choisir avec lui les tons qu'ils utiliseraient et peindre, côte à côte, les nuances les plus subtiles.

Cependant il n'avait pas échappé à Gislebertus que, si elle était capable de tenir habilement un pinceau, elle n'était sans doute pas assez âgée pour qu'on lui confiât la responsabilité de la mise en couleurs des images de pierre, encore moins celle de dessiner les épures et de tracer les gabarits.

Pourtant il avait été ému et troublé par les larmes qui coulaient des beaux yeux chavirés d'un mauve chagrin, mais si volontaires, tellement insistants et insinuants, empreints d'une confiance quasi filiale.

Gislebertus avait noué des liens d'amitié avec Saturnin, le père de la petite Mélisende, outre l'estime qu'ils se portaient dans la collaboration étroite de leur travail. Tous deux étaient veufs en charge d'un enfant et leur deuil avait contribué à les rapprocher. Quand Ursule, la jeune épouse de Gislebertus, était morte en couches, Saturnin avait su réconforter et aider le sculpteur éperdu. C'est lui qui avait trouvé la nourrice pour le bébé. Plus âgé que son compagnon, il avait connu, sans doute, les mêmes affres même s'il ne parlait jamais du passé. Il était arrivé sur le chantier tenant par la main la petite Mélisende d'une dizaine d'années. Depuis, il l'avait élevée seul avec beaucoup d'affection et de complicité.

Le sculpteur avait balayé d'avance les critiques que certains chanoines ne manqueraient pas de lui prodiguer et s'était décidé à engager provisoirement l'adolescente, en mémoire de son père, certes, mais aussi parce que Mélisende avait été formée à travailler selon ses habitudes et ses convenances. Il serait toujours temps d'embaucher un autre coloriste si la jeune fille n'était pas à la hauteur. Il n'avait jusqu'à ce jour jamais regretté sa décision.

Gislebertus se rendait compte que l'enfant avait grandi. Sa robe trop courte, comme d'autres signes qu'il n'avait pas perçus auparavant, en témoignaient.

Mélisende s'était épanouie dans ses nouvelles fonctions et ses nouvelles responsabilités. Elle travaillait de façon très adulte et très professionnelle, et le sculpteur avait retrouvé avec elle la complicité de compagnon qui le liait à son père. Cependant, si la décoratrice s'était imposée à Gislebertus comme à ses camarades de chantier par sa bonne volonté et ses capacités, la jeune fille restait mystérieuse et secrète. Son caractère les déroutait. Souriante, avenante, rieuse, espiègle et vive comme un feu-follet certains jours, elle restait aussi parfois étrangère à ses proches, plongée dans un monde lointain, enfermée dans ses songes ou concentrée exclusivement sur le choix de ses couleurs. Le soir, après le travail, comme les jours de fête, elle ne se mêlait pas à la cohorte turbulente des jeunes tailleurs de pierre ou charpentiers qui voulaient l'entraîner. Elle savait alors, curieusement, les remettre à leur place et les tenir à distance. La bonne copine enjouée se muait en un elfe glacial et moqueur à la langue acérée qui les laissait confus et décontenancés. Ils ne savaient l'expliquer mais elle leur en imposait et certains même la craignaient. Elle les effarouchait.

Ce soir-là, elle paraissait plus mystérieuse que jamais. Elle était venue auprès du sculpteur, et silencieusement, l'avait regardé travailler. Gislebertus, très absorbé, n'y avait pas pris garde d'abord. Mais comme il se redressait et se retournait encore une fois pour jeter un coup d'œil quémandeur vers la rue où avaient disparu tout à l'heure les deux nobles dames, il vit Mélisende derrière lui.

« Que veux-tu ? » lui demanda-t-il d'un ton plus bourru qu'à l'ordinaire et qu'il regretta aussitôt. Elle le dérangeait dans sa concentration et dans sa recherche, et il commençait à ressentir la fatigue de cette longue et chaude journée. Mais, énigmatique et irritante comme parfois, la gamine ne répondit rien. Ondoyante et souple, elle tournait mince et légère autour du bloc énorme. Sans se fâcher, Gislebertus accueillit cette diversion. L'air indifférent, il reprit son marteau, mais comme le manège de Mélisende continuait, il fit en sorte de lui envoyer quelques éclats de pierre sur la blouse puis sur le bras. Piquée et dépitée, elle se décida abruptement, d'une voix plus rauque que d'habitude:

— On ne discerne pas encore Eve…Je suis curieuse de voir à qui elle ressemblera. As-tu songé à un visage, à un corps particuliers pour représenter l'image de la première ensorceleuse?

— Je ne sais pas encore. Cette beauté s'imposera à moi au fur et à mesure de mon travail. La Main de Dieu guidera ma main » répondit-il d'un ton plus assuré qu'il ne l'était réellement. En vérité il ne savait où il allait, où le conduirait cette sculpture dont il voulait faire un chef-d'œuvre, une figure inoubliable qui exprimerait la quintessence de son talent.

— N'aurais-tu pas besoin de modèle ? Je sens bien que tu es hésitant, et même préoccupé.

— Non

— Je ne te crois pas. Tes coups de maillet ne sonnent pas comme d'habitude. Ne puis-je t'aider ? J'aimerais contribuer à ta gloire. »

Elle hésita un temps, les joues plus rouges, la respiration oppressée, puis se lança :

« Si tu voulais, je pourrais poser pour toi ? Ne suis-je pas assez ensorcelante ? Tous les garçons me disent que je suis belle…

— Tous les garçons disent cela aux filles pour les séduire.» rétorqua-t-il en souriant tandis qu'il continuait à frapper la pierre à petits coups réguliers. Contrariée, elle haussa le ton et sa voix devint plus aiguë, tintement cristallin rafraichissant dans la moiteur de cette fin d'après-midi :

— Tu crois que je ne suis pas assez belle, tu crois que je ne suis pas assez femme peut-être ? Regarde-moi. Regarde- moi ! »

Le sculpteur avait bien d'autres soucis en tête. Il leva cependant les yeux, et consentit, en soupirant, à cet enfantillage. Il la dévisagea comme il ne l'avait encore jamais regardée. Elle était assurément devenue déjà presque femme, et il s'étonnait de ne pas y avoir jusque-là prêté attention. En revanche, dire qu'elle était belle n'était pas si évident. Elle avait, naturellement, en raison de sa jeunesse éclatante, la beauté du diable, il ne pouvait le nier. Mais sa frimousse était trop singulière pour être vraiment jolie, et sa silhouette trop adolescente. Pourtant elle possédait aussi autre chose. Cet éclat atypique, cette vénusté sauvage, cette grâce virevoltante, cette délicatesse étaient tout à fait séduisants.

« Tu es charmante », concéda-t-il gentiment, « digne du pinceau des plus grands peintres …et du ciseau des pauvres sculpteurs.

— Alors tu vas me choisir comme modèle pour figurer Eve sur le tympan ?

— Je n'ai pas dit cela.

— Si, si, il faut que tu me choisisses !

— Ne m'importune pas, Mélisende. J'ai autre chose à faire que d'écouter tes babillages. Toi aussi tu as du travail. Ne laisse pas ton pinceau sécher.

— Tu ne… ». La petite trépignait. « Tu ne sais pas, tu ne me connais pas. Tu ne sais pas ce que je peux t'apporter. Tu n'imagines pas comme je suis vraiment belle.

— Va travailler à tes couleurs. »

Gislebertus, partagé entre des sentiments contradictoires, perdait aussi son sang-froid. Il se faisait plus bourru qu'il ne l'aurait voulu. Mélisende pâlit. Ses yeux écarquillés vacillèrent brièvement. Elle fit trois pas sur le côté et tourna le dos comme pour partir. Mais elle se ressaisit, revint à la charge, se forçant à sourire et à se montrer gracieuse, tentatrice en diable…

Gislebertus, troublé, crut voir fugitivement, par-delà la femme-enfant, son employée qu'il côtoyait journellement, la séductrice venue du fond des âges, la première de toutes les pécheresses, la grande catin immémoriale. Mélisende se rapprocha, ses jeunes seins palpitant dangereusement sous la blouse. D'une voix très basse et fragile mais cependant pure et claire, elle chuchota à son oreille, si près qu'il sentait la fragrance acide de sa peau:

« Si tu acceptes de me choisir comme modèle pour représenter Eve sur le tympan, je te promets que tu ne le regretteras pas!»

Sur ce, Mélisende, confuse et rayonnante à la fois, l'incarnat revenu à son visage, tourna les talons en courant. Gislebertus la vit grimper prestement à l'échelle où elle reprit son pinceau. Sa blouse courte laissait voir ses pieds lacés de sandales légères, ses chevilles minces, la gauche ornée d'une étrange gourmette, et ses jambes fines et nues. Plus haut, une inattendue culotte bouffante de cavalier se resserrait au genou.

Peu de temps après, le sonneur du chantier, équilibrant, des deux bras écartés, le bâton passé sur ses épaules, agita de la main droite une des clochettes qu'il transportait, signalant la fin du travail. Le son aigu et grêle tintinnabula à la satisfaction générale des ouvriers, harassés par cette journée de labeur que l'été rendait trop longue. Les plus pressés étaient déjà descendus de leurs échafaudages, ou avaient commencé à ranger leurs outils, en prévision de la sonnaille libératrice. Un frémissement parcourut le chantier. Le choc des marteaux, le crissement des scies, le roulement des chariots s'arrêtèrent. On entendit alors le bourdon de la cathédrale Saint-Nazaire, relayé joyeusement par toutes les cloches des innombrables églises et abbayes, et par le piétinement salvateur des ouvriers qui abandonnaient leur lieu de travail pour descendre s'engouffrer sous la porte châtelaine.

4. *Dans le palais épiscopal.*

Après les vêpres, l'évêque Etienne reçut une délégation de trois chanoines qui avaient appris la présence d'Abélard et venaient protester : ils ne pouvaient admettre que l'on reçut dans cette enceinte canoniale un personnage aussi sulfureux qui avait été justement condamné dix ans auparavant par le concile de Soissons, et qui ne cessait de susciter des polémiques.

Etienne de Bâgé répliqua vertement et usa de toute son autorité.

Les trois scrupuleux s'étaient à peine retirés en marmonnant, que se présentait le chanoine Gengoulph. Lui aussi avait eu vent de la présence d'Abélard. Il se réjouissait de cette nouvelle. Il avait aussi appris qu'un banquet d'accueil avait été prévu ce soir, et il osait demander à l'évêque la faveur de l'y convier tant était grande sa hâte de rencontrer l'illustre personnage. Mais l'évêque, retardé par ce quémandeur prétentieux, irrité déjà par les remarques du trio rabat-joie, se montra intraitable :

« J'invite qui je veux, mon cher Gengoulph. Le dîner de ce soir est restreint à quelques familiers. Je n'ai pas pensé à toi cette fois-ci. Tu verras Abélard demain. »

Dépité, l'orgueilleux chanoine tourna le dos et sortit d'un pas raide, ravalant difficilement son humiliation, grinçant :

— Tu ne l'emporteras pas au paradis, évêque méprisant ! Si tu savais pourtant ce qui se mijote tu t'inquiéterais. Continue donc à multiplier les mécontents, cela fait mon affaire, finalement. »

Débarrassé des importuns, Etienne, suivi de son fou, Ambert-Bouffi, accueillit très chaleureusement, à l'entrée du vestibule,

Abélard que lui présentait le Grand Chantre Denis. Il s'informa des conditions du voyage et s'assura que le lettré était satisfait du logement particulier qu'on lui avait attribué :

« Ton appartement a été honoré du séjour des plus grandes puissances du siècle. C'est là que logeait le légat Hughes de Die quand il présidait le concile qui suspendit le vicieux protégé du roi, l'archevêque de Reims, Manassès. C'est là que le légat revint convoquer un autre concile afin d'excommunier l'empereur germanique Henri IV. Ce grand prince dut faire amende honorable et s'humilier lamentablement comme un poulet déplumé à Canossa. Fut excommunié aussi le libidineux roi de France Philippe pour avoir répudié sa femme Berthe de Hollande et enlevé la trop accorte épouse du comte d'Anjou, la lubrique Bertrade de Montfort. C'est encore dans cette même chambre que dormit, il y a trente-cinq ans, le Pape Urbain II, puis, il y a quelques mois, notre nouveau Pape, Innocent II, couronné ici, dans mon château, le jour de Noël…

— Tu auras peut-être le privilège d'être piqué par des puces papales. C'est un bon signe de sanctification » l'interrompit, d'un ton faussement enthousiaste, Ambert-Bouffi. Abélard, étonné de cette impudence, haussa les sourcils. Mais l'évêque poursuivit comme si de rien n'était :

— …Innocent II accompagné de l'archi-abbé de Cluny, Pierre Le Vénérable, et d'autres princes. Tu as, j'ai cru le comprendre, l'intention de le rencontrer prochainement en poursuivant ton voyage. »

Abélard saisit l'interrogation déguisée. Mais il n'y répondit pas. Non qu'il eut grand-chose à cacher – si ce n'est peut-être la force de son amour toujours ardent pour Héloïse - mais parce qu'il était affamé après les heures de chevauchée et souhaitait passer au plus vite au repas qui les attendait. D'autant qu'il venait de croiser, se rendant sans doute dans la salle où ils dîneraient, des valets richement vêtus de livrées aux couleurs de l'évêque, chargés de cruches de vin très attirantes, et de plateaux de fruits primeurs somptueux.

Cependant l'évêque, irritant, voulait, à tout prix, faire à son hôte l'honneur des richesses de son palais, témoignages ostensibles de sa puissance mais aussi de son goût et de son savoir. Des tapisseries orientales soyeuses, aux frais coloris, ornaient trois des murs. Etienne conduisit Abélard devant le dernier qui était peint du sol au plafond d'un texte latin en lettres rouges ou noires rehaussées d'or. Le voyageur admira, mais les cruches de vin passagères méritaient mieux son intérêt, à cette heure, pensait-il. L'évêque continuait, comme s'il était imperméable à la soif :

« C'est un acrostiche: trente-trois vers de trente-trois lettres. Autant que le nombre d'années de la vie du Christ. Ce poème est un véritable exploit technique. Il peut en effet se lire en tous sens: en long, en large, et en diagonale. J'ai fait repeindre cet acrostiche…

— Plutôt que d'aller à Crostiche, allons à table » suggéra le fou, tirant la langue comme un échappé du désert.

— Ambert-Bouffi a raison, tu dois mourir de soif. Viens, je te raconterai plus tard. » L'évêque, à regret, se résolut à entrainer son invité. Abélard lui demanda à voix basse :

— Quel est cet individu bizarrement vêtu qui se permet de t'interrompre ?

— Ah ! C'est mon bouffon, mon fou, si tu préfères. Des croisés revenus de Terre Sainte m'ont raconté cette coutume observée dans les cours orientales. Je l'ai trouvée divertissante et je l'ai adoptée. J'ai donc un fou qui est chargé de me distraire. Le terrible Attila, parait-il, en avait un, aussi, à son service. Ambert-Bouffi est le troisième à remplir cette fonction auprès de moi. C'était un de nos brillants étudiants, promis aux plus hautes charges ecclésiastiques. Mais à la suite d'une faute très grave, un crime obscur dont il a été accusé, et dont il se défendait, j'ai, en l'absence de preuves indubitables, hésité à porter jugement définitif et vouer à une mort infamante ce pauvre Ambert, ainsi que mon conseil le suggérait. Comme il plaidait sa cause avec esprit j'ai décidé de lui proposer cette fonction de fou, plutôt que d'être pendu. Je l'ai condamné à me distraire. Le bouffon me change de mes sages conseillers austères. Je lui permets même une certaine insolence. S'il se montre assez habile, ou assez drôle, il sera gracié. Sinon…

Profitons maintenant au mieux de cette belle soirée d'été et de la longueur du jour que Dieu nous accorde, et allons manger tandis que nous voyons encore clair. Je te montrerai demain d'autres richesses. Nous avons ainsi dans notre bibliothèque des manuscrits qui ne manqueront pas de t'intéresser, comme notre superbe sacramentaire de Marmoutier ou un évangéliaire richement enluminé par Gondohinus. »

Ce-disant, il conduisit Abélard, traversant sans s'arrêter la grande salle de l'aile ouest du palais, jusqu'à un petit jardin clos où avait été dressée sur des tréteaux la table du repas. Quelques personnes attendaient. Abélard remarqua immédiatement une jeune femme qui leur tournait le dos, la taille élancée dans une robe merveilleusement coupée dans un samit à trame de soie jaune clair et chaînes de fils d'argent. Il crut suffoquer, car ce port élégant, cette grâce de mouvements, cette ligne sensuelle évocatrice, ne pouvaient appartenir qu'à Héloïse. Pourtant, quand la jeune personne blonde se retourna, le mirage s'effaça. Le visage de l'inconnue, si beau qu'il fût, ne ressemblait en rien à celui de celle qu'il aimait. Abélard remarqua immédiatement qu'elle ne semblait pas heureuse, tête baissée, lèvres boudeuses.

Etienne de Bâgé, afin de ne pas retarder le repas, présenta rapidement les convives: la comtesse Ermentrude de Bar, accompagnée de la jeune femme dont la silhouette venait de troubler Abélard, sa petite-fille Ombeline, au bras de son époux Bérenger des Grelodots qui revenait tout juste de croisade. Le doyen du chapitre, Abbon. Le grand chantre Denis. Tandis que rentraient en hâte deux retardataires : l'archidiacre Girart, l'air très affairé, et Gislebertus qui avait profité au maximum du jour pour travailler mais avait, malgré tout, pris le temps d'épousseter sa blouse, laver son visage, peigner barbe et cheveux, l'évêque déclarait avec onction:

« Je suis tellement heureux et fier d'accueillir le célèbre Pierre Abélard. Vous savez tous que, pour l'écouter à Paris ou Saint-

Denis, sont accourus, de tout le royaume comme de lointaines principautés, ses élèves, ses admirateurs, l'élite de notre jeunesse. Il arrive de Saint-Gildas-de-Rhuys en Bretagne sauvage, où il a été élu abbé. Par la grâce de Dieu, il nous fait le plaisir, en allant rencontrer le Pape, de s'arrêter en chemin. Il prêchera dimanche dans notre cathédrale Saint-Nazaire. Un de nos copistes est justement dans notre scriptorium en train de transcrire et enluminer son merveilleux livre "*Sic et non*".

Gislebertus, jusqu'alors, n'avait prêté attention qu'à la présence lumineuse et infiniment troublante d'Ombeline dont il cherchait à capter le regard. Avec effort il se détourna, et, comme les autres, observa Abélard. Le philosophe, grand et mince, se tenait la tête légèrement penchée, le dos un peu voûté. Bien qu'il eût à peine dépassé la cinquantaine, il ne faisait pas son âge. La sobriété tranchante de son austère froc noir de moine soulignait sa stature élancée au milieu des convives aux tenues chamarrées et chatoyantes. Ses cheveux châtain clair tonsurés, quoiqu' un peu longs pour un clerc, encadraient un visage mobile aux traits fins, au menton énergique. Les yeux d'un vert limpide trahissaient le cours impétueux des pensées qui cascadaient dans un cerveau bouillonnant. Bien que rien dans sa prestance ni dans ses traits n'eût paru particulièrement remarquable, il attirait cependant immédiatement l'attention. En fait, — et cela sembla encore plus évident lorsqu'il prit la parole pour remercier de sa voix chaude, veloutée, et pénétrante — il dégageait un charisme, un magnétisme extraordinaires.

5. *Où guettent deux personnages patibulaires.*

Au même moment, hors des remparts, cachés entre deux stèles dans l'antique nécropole Saint-Pierre-l'Estrier, deux hommes attendaient. Ils avaient enfilé par-dessus le chainse de lin, un bliaud de laine grisâtre à capuchon qui dissimulait en partie leur visage inquiétant. Le plus grand, Emiland, portait pourtant une tête d'ange improbable aux yeux pervenche tour à tour étonnés, caressants, ou cruels. D'allure efflanquée, il avait chaussé de longues braies brunâtres à bandes sombres alternées. Son compère, Lazare, un blondinet aux mèches brûlantes en bataille tirant sur le roux, à l'œil avide, la moustache encore rare, la peau grasse verruqueuse, avait gardé les jambes nues en raison de la chaleur. Leurs pieds étaient chaussés de sandales usées jusqu'à la corde. Tous deux avaient glissé à leur ceinture un grand sac de chanvre qui leur battait les chevilles. Une sueur aigre coulait dans leur dos.

Le soleil très bas avait disparu derrière les collines du Morvan, mais l'obscurité favorable de la nuit était longue à venir. L'air était encore lourd et trop chaud. Recroquevillés derrière l'antique pierre tombale, ils guettaient depuis un moment la petite porte fermée de la sacristie, tout près, à moins de dix pas. En vain. Le grand escogriffe commençait à se sentir engourdi, l'immobilité lui pesait. Il avait besoin de déplier ses longues jambes. Il changea de position en grommelant. Le petit Lazare lui fit des signes impératifs de ne pas bouger et de ne pas faire de bruit. Il chuchota :

« Calmos; fais gaffe! Le bedeau va bientôt sortir. T'inquiète pas. J'ai été bien renseigné par mon pote qui connait ses habitudes et ses manies. Le vieux est malade ; ça oblige le saint homme à pisser souvent. Alors, au lieu d'aller aux chiottes plus loin, il préfère ouvrir cette lourde interdite pour se soulager au plus près, dans la tranquillité de ce champ de caillasses dressées en l'honneur de macchabs oubliés. Seuls Dieu ou Diable savent depuis combien de temps ils pourrissent dans ce champ. Quand le bedeau sera dehors, après s'être assuré d'un coup d'œil que morts et vivants sont bien sages, il négligera de refermer la lourde et choisira une touffe d'herbe proche pour se satisfaire. Il aime vachement, on ne sait pourquoi, courber, d'un jet qu'il voudrait puissant, ces saletés d'orties. Quand il aura retroussé sa robe et sorti sa zigounette minable pour opérer, ce sera à nous de jouer. Il faudra l'assommer et gicler rapido vers la lourde entrouverte. »

6. *A la table de l'évêque.*

Au palais, trois tables étroites étaient disposées en U. L'évêque plaça, avec déférence, Abélard à sa droite et la vieille comtesse Ermentrude à sa gauche. Il invita le vénérable doyen Abbon à s'installer latéralement, puis le jeune couple en vis-à-vis. D'un ample geste amical, il laissa en souriant ses familiers se caser à leur guise. Gislebertus, qui préférait être en face d'Ombeline pour trouver ses yeux plutôt que ceux du mari, se précipita, se permettant de passer devant l'archidiacre Girart et le grand chantre qui se retrouvèrent en bout de tables.

Quand tout le monde eut pris place derrière les bancs de chêne, l'évêque déclara avec une solennité surannée mais bienveillante :

« Prions ensemble le Seigneur, qui a permis de réunir cette assemblée éclairée, de bénir notre repas, les nourritures terrestres que nous dégusterons et celles de l'esprit que vous ne manquerez pas de susciter.»

Cela dit, il s'assit. Les convives, ayant formulé l' « Amen » de circonstance, l'imitèrent et se disposèrent à faire, avec une conviction empressée, un sort aux appétissantes victuailles. Ambert-Bouffi resta debout.

Le premier service offrait des primeurs : cerises, groseilles, cresson, petits oignons blancs. Sur chaque table, une écuelle en argent ornée du chiffre de l'évêque contenait une sauce épicée aigre douce. Il n'y avait pas de pain blanc car la farine était presque épuisée, mais des entremets, gâteaux et flans, étaient disposés dans des corbeilles. Des serviteurs remplirent de vin rouge les gobelets d'étain repoussé. Quand chacun eut étanché une première soif et tendu les doigts avides pour piocher hardiment dans les mets choisis, l'évêque Etienne prit le temps, entre deux bouchées, de présenter plus convenablement les convives à Abélard. Il se tourna vers sa proche voisine, autoritaire ogresse décharnée à la beauté impérieuse fanée, parée de bijoux ostensibles comme un reliquaire. Ses abondants cheveux blancs dissimulaient avec difficulté leur friselis encore ondoyant sous un voile léger de soie verte pudiquement enserré par un diadème à gros cabochons de pierreries brillantes.

« La comtesse de Bar, ma parente Ermentrude », déclara-t-il, « nous a permis, dans sa grande piété, par ses largesses et par celles de son défunt mari Thierry de Montbéliard, de commencer les travaux de notre basilique Saint-Lazare. C'est elle qui a fondé la Confrérie de l'Œuvre Saint-Nazaire, chargée de collecter les fonds pour financer le chantier. Le poids de ses marcs et de ses deniers d'argent a été déterminant dans notre décision de construire un cadre digne des merveilleuses reliques du grand saint que Notre Seigneur Jésus, son ami, ressuscita d'entre les morts à Béthanie.

La comtesse Ermentrude cherchait une formule courtoise pour remercier l'évêque, quand Abbon, qui venait de se lécher les doigts d'une langue scrupuleuse, intervint avec passion :

— Nous souhaitons vivement, par cette construction qui étonnera le monde, que notre ville, capitale épiscopale, devienne aussi un grand centre de pèlerinage qui nous permette d'attirer des foules considérables. Les reliques de la Madeleine à Vézelay drainent bien des flots de pèlerins ! Notre chapitre estime que celles de son frère Lazare, que nous avons réussi, après de difficiles péripéties, à nous procurer et rapporter à Autun, ont une tout autre valeur.

— Ces reliques sont exceptionnelles et par là même d'autant plus efficaces. Elles généreront, je n'en doute pas, des miracles étonnants. Très rares sont en Occident les lieux qui peuvent se vanter de posséder des reliques de grands saints compagnons intimes du Christ. Lazare, par la présence effective de ses ossements ici, demeure parmi nous dans cet enclos épiscopal. Figure majeure de la Résurrection, il est formidablement placé pour plaider notre cause devant la Cour Céleste où Dieu Tout Puissant trône et nous jugera.

— Notre ville redeviendra puissante et riche, une cité commerciale de premier ordre, grâce à l'admiration que l'on vouera à son reliquaire et à la reconnaissance qui fait affluer vers nous les aumônes » affirma sans ambages l'archidiacre Girart.

Le prélat eut un geste irrité pour le faire taire, et se tourna d'un air avenant vers la comtesse. Celle-ci saisit l'invitation en pontifiant :

— Il y aura douze ans à Noël, que mon frère, Monsieur Calixte, souverain seigneur et gouverneur de l'Eglise qui venait d'être élu Pape à Cluny, a séjourné dans ce palais. Ensemble, nous avons pris la décision de construire une basilique… »

Abélard n'écoutait que d'une oreille celle qu'il hésitait méchamment à qualifier de vieille peau ou de vieille pie, les deux termes lui paraissant également convenir, et préférait regarder sa petite fille Ombeline qui l'intriguait. Pourquoi cette beauté silencieuse paraissait-elle si crispée, si mal à l'aise ?

Ambert-Bouffi, les jambes fatiguées, interrompit la comtesse :

— Pour moi, les bienfaits du pape Calixte II sont plus remarquables dans un autre domaine. On ne saurait assez le remercier d'avoir beaucoup contribué à améliorer la vie des clercs… en imposant l'amélioration de la qualité du vin de messe.

— Tais-toi, imbécile ! Va donc au réfectoire avec les autres ».

Le bouffon, ravi de sa liberté, s'éclipsa, non sans lancer, malicieux :

— Pourtant Monseigneur, avouez que c'est important ! Vous-même ne voudriez pas, lors de la messe du matin, grimacer devant le Seigneur Dieu, par faute d'un vin trop aigre ? ».

La comtesse reprit :

« … La bénédiction du Pape, mon frère, a été déterminante. La présence simultanée des forces vives de la région, l'évêque, notre hôte, le chapitre avec ses représentants des meilleures et nobles familles, le duc de Bourgogne Hughes II, notre parent lui aussi, qui fit don du terrain, permit de concrétiser rapidement notre volonté.

Depuis, cette entente est restée parfaite et nous avons beaucoup avancé. »

Etienne de Bâgé sourit à la vieille comtesse, dont l'œil noir énergique brillait. Il confirma, se tournant vers Abélard:

— Notre nouvelle basilique a été consacrée il y a huit mois par le pape Innocent II, juste après la sainte fête de Noël. L'abside et le chœur sont terminés et le transept devrait l'être bientôt. Il ne reste qu'à mettre en place en façade les éléments du tympan qui vont surmonter le grand porche d'entrée. Nous espérons avant la fin de l'été clore cette partie pour la séparer du reste du chantier. Nous pourrons alors y accéder sans danger pour célébrer les Saintes Liturgies et accueillir les pèlerins qui se pressent de plus en plus nombreux.

Notre sculpteur, Gislebertus, » ajouta l'évêque avec chaleur, « tu le constateras demain, a fait un travail extraordinaire. »

Cette affirmation déclencha une certaine agitation. La comtesse Ermentrude interrompit sa dégustation pour approuver d'un air assuré. Le chanoine chantre Denis exprima son admiration avec la plus sincère conviction, de sa voix forte aux intonations suaves. L'archidiacre Girart, la bouche pleine, émit un grognement indistinct, haussa les épaules et continua à tremper ses radis dans la sauce. Ombeline, qui paraissait d'une discrétion exemplaire, ne dit rien. Mais ses beaux yeux clairs, couleur d'eau dormante, s'allumèrent. Le doyen avait levé les siens au ciel d'un air navré, marquant sa réprobation d'un soupir appuyé. Bérenger mangeait des cerises gonflées de sucs et ne se donnait pas la peine d'écouter.

Abélard s'étonnait. Il était un peu agacé. Comment ce cénacle, ces nobles puissants et riches, intelligents et cultivés, pouvaient-ils perdre leur temps en pérorant à l'envie autour d'un simple briseur de pierres, alors qu'ils avaient l'occasion de profiter de sa propre présence pour disserter et débattre avec l'esprit le plus brillant et le plus célèbre de l'époque, la coqueluche parisienne des clercs et des dames ? Comme on le voit, l'humilité n'étouffait pas Abélard. Il ne montra rien cependant de cette égratignure d'amour propre et de ce soupçon d'agacement. Il considéra son voisin avec plus d'attention.

Gislebertus, comme la belle Ombeline, était resté silencieux jusqu'à présent. Ses mains, quoique couturée pour l'une de cicatrices, semblaient bien fines et petites pour un vilain tailleur de pierre.

Cependant l'évêque, après avoir picoré des groseilles, reprenait :

« Mon cher Pierre Abélard, j'ai à peine eu le temps de te présenter notre théologien et dialecticien le plus éminent, Abbon, doyen de notre chapitre. »

Abélard salua poliment le clerc richement vêtu d'une capeline doublée de soie perse. Sa tonsure surmontait un visage tout rond aux yeux bleus fatigués de myope.

— Je serai heureux de débattre avec toi quand tu le souhaiteras, sur le thème qui te conviendra. Le chapitre que tu présides me parait un centre intellectuel très florissant.

— Depuis l'an 920 notre communauté de chanoines, issus des plus nobles familles, assiste l'évêque. Clercs astreints à un règlement, nous assurons dans la cathédrale le service divin avec la même solennité et la même régularité que dans les monastères. Nous formons le conseil épiscopal dit « la cour l'évêque ». Mais nous bénéficions d'un chef distinct. C'est actuellement moi » ajouta Abbon en baissant la voix avec une fausse modestie.

— Et votre communauté canoniale est-elle importante ?

— Nous sommes… » Abbon ouvrit grandes ses deux mains, écartant et agitant à cinq reprises ses doigts déjà poisseux de sauce. « …cinquante. Nous tirons de nos biens des revenus disjoints de la mense épiscopale. Nous en avons l'administration directe. Nos édifices, d'une ampleur qui t'étonnera, sont bâtis tout à côté du palais épiscopal sur des terres du castrum qui nous appartiennent. Nous partageons traditionnellement avec l'évêque le droit de battre monnaie, même si le duc de Bourgogne, le félon, nous l'a usurpé. Mais nous lui faisons procès afin de rentrer dans nos droits !

— Ne t'échauffe pas, cher doyen » interrompit l'Evêque. « D'autant plus que nous aurons malheureusement à reparler de ces problèmes de monnaie: il y a du nouveau.

— Je viens d'arriver, j'étais en visite d'inspection dans une de nos vignes et je descends de ma mule, mais que..?

— Tout à l'heure" reprit Etienne de Bâgé. Revenant vers Abélard, il désigna un nouveau convive:

« Tu connais déjà, et cela ne date pas d'aujourd'hui, mon ami le grand chantre Denis, ton ancien élève. Il a été nommé « chanoine operarius » chargé, à mes côtés, de la surveillance des travaux. Il est surtout le plus farouche partisan de l'édification de notre nouvelle basilique Saint-Lazare. Il est l'animateur infatigable qui chante à qui veut l'entendre les *« faits et dicts »* merveilleux du chantier, qui raconte la vie des saints dans sa version personnelle de la légende dorée, qui se régale en commentant encore, en théologien passionné et savant, les images édifiantes et fantastiques, — saints, diables ou monstres — nées sous le ciseau de Gislebertus. »

Encore ce Gislebertus, songea Abélard. N'est-ce pas prêter trop d'attention à ce pierreux poussiéreux ?

Cependant un autre convive, pressé sans doute de se mettre en valeur, et vexé qu'on ne lui en eût pas encore donné l'occasion, intervint dans la conversation avec impétuosité :

« Des créatures fantastiques, des monstres, moi, j'en ai vraiment vus, là-bas.

— Bérenger des Grelodots revient de croisade » précisa l'évêque. « Il a retrouvé hier sa jeune épouse Ombeline et est hébergé dans le palais de Dame Ermentrude, sa grand-mère. C'est un honneur de le recevoir ce soir avec sa famille. Il a beaucoup de hauts faits d'armes et de rencontres merveilleuses à nous raconter. »

7. *Où le croisé aborde le fantastique.*

Bérenger, le farouche guerrier pèlerin, se radoucit. Il regarda franchement Abélard et esquissa un sourire :

« Dans notre camp au milieu des sables et des pierres, sous les étoiles d'Orient, le soir à la veillée, pour oublier les combats et le sang vermeil versé, pour ne plus entendre le tambourin obsédant et inquiétant des Maures derrière les dunes , il y avait toujours l'un d'entre nous qui fredonnait avec nostalgie une des chansons d'amour que tu as composées. Nous écoutions avec émotion, le cœur serré. Puis nous reprenions le refrain en chœur, encore et encore dans la nuit. »L'assemblée resta silencieuse quelques instants. Gislebertus, qui regardait trop Ombeline, tournait machinalement son gobelet où se miraient les reflets du vin. La jeune femme, comme par contagion, rougissait.

Le chanoine Denis, dans un rire convivial, admit qu'il ne faisait certes pas chanter les œuvres profanes d'Abélard à ses élèves de la maîtrise, mais qu'il savait bien que beaucoup d'entre eux les fredonnaient pendant les récréations. Lui-même s'il se fut laissé aller …Et là-dessus il repartit de son rire sonore et communicatif.

Abélard était ravi.

« Je n'ai pas écrit que des chansons d'amour… Nombreux sont les traités de dialectique ou de théologie que j'ai dictés et qui sont source de débats et controverses dans le monde entier.

— Nous le savons tous » s'empressa la comtesse Ermentrude qui voulait mettre en valeur le croisé. « Cependant, cher Bérenger, si tu nous parlais de ces animaux fantastiques que tu as rencontrés à Jérusalem ? »

Bérenger, qui regardait venir le deuxième service, composé de pâtés fort appétissants, fut un peu décontenancé. Il se lança cependant bravement dans un discours assuré, quoiqu'il trébuchât parfois sur le latin que se piquaient d'employer les autres commensaux et qu'il parsemât son propos d'expressions en langue vernaculaire, l'émaillant même à l'occasion de mots occitans ou arabes. Il raconta comment, près de Tripoli, un soir d'orage, l'air brûlant, oppressant, semblait brassé par les mouvements inquiétants de l'Invisible ; comment une puanteur soudaine s'était infiltrée ; comment un immense oiseau tricéphale avait atterri dans le campement, renversant les tentes, effrayant les chevaux ; comment les plumes du monstre, dures comme l'écaille, avaient repoussé les flèches les plus acérées.

— C'est merveilleux » l'interrompit l'évêque. « Il y a un tel oiseau représenté sur un chapiteau de la grande abbatiale de Cluny. Ici, de même, dans le chœur de notre nouvelle basilique, Gislebertus en a sculpté un.

Mais voici un oiseau d'un autre genre, et plus pacifique, que je vous invite à déguster. Faites un sort à cette galantine de pigeon que nous apportent les domestiques et n'hésitez pas à boire de ce vin qui a été mis au tonneau dans un de nos meilleurs domaines viticoles de Nuits-Saint-Georges.

— Je n'ai pas souvenir d'en avoir bu d'aussi bon » proclama Pierre Abélard. « Je m'émerveille en outre de cette couleur rouge intense, si rare. A Laon, à Saint Denis, à Paris, dans le pays nantais de mon enfance, je n'ai bu que du vin clairet, du vin blanc. Et je ne vous parle pas de mon abbaye de Saint-Gildas-de-Rhuys où l'on ne connait, hélas, que le cidre aigrelet. »

Ambert-Bouffi, le fou qui avait dîné rapidement au réfectoire, et rejoignait sa place, debout derrière son maître, plaisanta :

— Il vaut mieux boire le vin d'ici que l'au-delà. »

Tandis qu'Etienne reprenait, imperturbable:

— Nous possédons de nombreuses vignes sur des terroirs remarquables. Nos moines ont patiemment sélectionné les cépages et mis au point de nouvelles méthodes. Nulle part au monde tu ne trouveras vins plus puissants et délicats à la fois, racés, fruités et longs en bouche…

— Quand on en boit, c'est le bon Dieu qui vous descend dans le garlutot » affirma Denis, les yeux clos.

Cependant, Bérenger se vexait de l'attention, insuffisante à ses yeux, que la tablée portait à ses propos. Il était encore jeune, n'ayant guère dépassé les vingt-deux ans. La trace de ses exploits guerriers se lisait à peine sur son visage, plus hâlé pourtant que celui de ses commensaux, mais qui ne présentait aucune de ces hideuses cicatrices violacées ou purulentes qui défiguraient bien des chevaliers de cette époque. La fine robe de soie aux tons orangés n'avait rien à envier en somptuosité à celle des dignitaires ecclésiastiques à ses côtés. Le motif des broderies autour de son cou puissant et de ses poignets épais dessinait des arabesques et entrelacs abstraits inhabituels sous nos contrées. Il évoquait plutôt une nonchalance levantine. De la même façon un bracelet d'acier damasquiné dénonçait l'Orient. Cependant sa nuque rasée pour porter le casque, ses cheveux comme sa barbe taillés court pour donner de l'énergie à ce visage juvénile, trahissaient l'homme d'armes.

Ombeline, son épouse, restait silencieuse, comme désemparée. Sous la mousseline légère de la coiffe qui l'enserrait d'un triple rang vaporeux, son beau visage clair était d'une douceur trompeuse. Bien qu'aucun de ses cheveux ne dépassât, son teint était manifestement celui d'une blonde fille de nobles Francs. L'élégance et l'harmonie de ses traits rafraîchissaient l'œil qui la regardait. Sa robe, très finement plissée, d'un jaune clair passementé de fils d'or et d'argent, évoquait l'aurore. Les manches, largement évasées, très ouvragées, étaient sur cinq rangées alternativement ajourées ou enchâssées de petites pierres polies brillantes ou semi-précieuses, voire de citrines et de chrysobéryls.

Bérenger regarda, en face de lui, cette épouse qui rougissait à contretemps et qu'il connaissait si peu. Il la retrouvait après de longs mois de pèlerinage et d'aventures sanglantes en Terre Sainte. Elle avait changé, mais il n'aurait su dire en quoi. Elle lui semblait pourtant plus belle qu'auparavant. Et plus désirable aussi... Cependant, si elle l'avait accueilli avec toute la coutumière soumission d'une épouse, il en avait été autrement quand il avait rejoint sa couche, la veille à la nuit tombée. Elle lui avait avoué, d'un air inquiet quoique souriant, qu'elle ne pourrait le recevoir puisque l'Eglise interdisait le vendredi toute relation sexuelle, même entre époux. D'ailleurs, elle était indisposée ! Le guerrier dépité s'était pris de colère et l'avait brusquée. Elle s'était alors rebellée. Ayant réussi à se dégager de son étreinte dans l'obscurité, elle lui avait pris la main avec une énergie inattendue et l'avait portée entre ses cuisses pour heurter un linge poisseux et gluant.

« C'est cela que tu veux ? » avait-elle crié. « Dois-tu te comporter avec moi comme un soudard obsédé par le sang ? »

Elle lui avait fait encore d'autres reproches, d'autres sottes récriminations, au milieu de pleurs qui lui avaient paru intarissables tandis que, décontenancé, il hésitait sur la conduite à tenir.

Il avait fini par lui promettre il ne savait plus quoi et elle s'était enfin endormie ou avait fait semblant. Il était resté longtemps immobile, irrité autant contre cette femme qui l'avait désarçonné et avait gâché leurs retrouvailles, que contre lui-même. Il avait mis longtemps à s'endormir, troublé par ce corps chaud mais inaccessible à ses côtés dans la moiteur de cette nuit d'été. Au matin quand il s'était réveillé, elle était déjà levée, et quand il l'avait rejointe dans l'animation du palais comtal, il n'avait pu lui parler seul à seule, ni plus tard dans la journée. Cependant elle avait accueilli avec docilité, quoiqu'avec une réserve convenue, le baiser qu'il lui avait donné et qui avait glissé sur sa joue tiède.

Bérenger n'attarda pas davantage ses pensées sur cette nuit décevante. Il souhaitait maintenant vivement se mettre en valeur devant son épouse insoumise, sa belle-mère hautaine, et ces riches prélats ennuyeux. Aussi profitant d'un relâchement de la conversation tandis que les convives déchiraient à pleines mains et à pleines dents les pigeons, il posa l'aile de son oiseau sur l'épaisse tranche de pain rassis qui faisait office d'assiette, et éleva la voix :

« L'oiseau monstrueux aux trois têtes avait déjà crocheté de ses serres comme des poignards le dos de Guilhem le Rouergat qui hurlait de douleur. En cadence, deux des becs cruels piochaient pour picorer le ventre déchiré de mon ami, arrachant par saccades les entrailles, projetant de larges gouttes de sang et de merde. La troisième tête surveillait alentour et l'œil rond inquiétant de la Bête rougeoyait à la lueur des feux.

Tous, alentour, se bousculant, avaient reculé, épouvantés. Nous avions à cette heure de la nuit consacrée à la détente, confiants dans la protection des sentinelles qui gardaient notre camp, déposé nos cottes de mailles, et laissé nos lourdes épées dans leur fourreau.

Seul, je me dressai face à la Bête.

Lui jetant des pierres, je détournai son attention et l'attirai vers moi. J'avais à la ceinture un court poignard damasquiné, au pommeau ouvragé en demi-lune, à lame courbe mais affutée, que j'avais pris au combat quelques jours plus tôt à un Maure. Je le tirai. Méprisant les becs acérés qui virevoltaient, fronçant le nez devant l'abomination qu'exhalaient les trois souffles du monstre, je portai un violent coup de taille sur l'un de ses gosiers serpentins. La puanteur écœurante se fit plus forte; le cou ploya mais se redressa instantanément et le bec atroce frappa mon épaule gauche… Mon beau poignard, dont j'étais si fier, venait de s'émousser sur les plumes étranges, dures comme des écailles. Méprisant la douleur, je jetai alors mon arme inutile et, sans doute inspiré par mon saint protecteur, je reculai jusqu'au feu pour saisir une branche qui brûlait. Je la brandis et en frappai tant et tant le monstre que ses plumes, si dures mais si légères, s'enflammèrent dans un crépitement infect. La saloperie de Bête poussa des cris très aigus qui me vrillèrent l'oreille, et s'envola lourdement vers l'ombre dans une gerbe d'étincelles. »

8. *Où Mélisende s'enfonce dans la forêt obscure.*

Mélisende marchait d'un pas pressé dans la grande forêt obscure. Elle avait hâte d'arriver. Il y aurait bientôt trois heures qu'elle avait quitté le chantier.

Elle ne craignait pas la nuit, celle-ci était son amie et la complice de ses rêves. Au contraire, elle se sentait en sécurité dans l'ombre protectrice du bois qu'elle connaissait bien. Ici personne n'oserait venir la déranger sur son terrain. Cette partie sauvage avait déjà mauvaise réputation en plein jour, alors autant dire que le soir tombé, tous ceux qu'elle connaissait, charpentiers, tailleurs de pierres, laboureurs, gardiens de chèvres ou chanoines, nul ne voudrait s'engager en pleine forêt dans la nuit inquiétante, peuplée de vampires, de fantômes, loups-garous, vouivres, goules et autres créatures diaboliques et effrayantes.

Cependant, au cas où quelque rôdeur imprudent, vagabond ou hors-la-loi égaré, aurait osé s'aventurer sur ces terres maudites en évitant les pièges, elle saurait se protéger.

Tout à l'heure, elle avait pris du retard, la journée de travail finie, alors qu'encore emplie de sa discussion avec Gislebertus, elle nettoyait ses pinceaux. Elle s'étonnait d'avoir eu le courage d'oser parler ainsi au sculpteur, son patron. Elle se sentait à la fois terriblement confuse, et pourtant si fière d'elle. Bien sûr, il l'avait encore traitée en enfant, ou plutôt il avait affecté de le faire : elle sentait qu'elle avait réussi à modifier le regard qu'il posait sur elle. Même s'il l'avait repoussée, elle se demandait …

Elle ruminait tout cela, pesant ses espoirs et ses désillusions, quand un maçon, jeune gars bien bâti, mais au long nez et au menton fuyant, vint troubler ses réflexions. Ce n'était pas la première fois qu'Euphrone tournait autour d'elle qui l'avait à chaque fois renvoyé avec bonne humeur. Ce soir-là, il était mal tombé, perturbateur de ses réflexions.

Elle avait repoussé sans ménagement ses avances obscènes :

« Fiche-moi la paix, face de fouine ! »

Euprone, dépité, avait riposté :

— Tu fais moins de manières avec ton patron, ce sculpteur prétentieux qui a retardé tout le chantier parce qu'une pierre ne lui convenait pas. Si tu crois que je ne vois pas ton manège. »

Furieuse, elle lui avait crié :

— Casse-toi ! »

Comme il se faisait trop insistant, elle lui avait jeté au visage un mélange gluant, résidu d'un fond de coupelle. Euphrone, la joue, les cheveux et le col de la blouse éclaboussés de bleu, avait battu en retraite, sous les rires de ses copains, non sans proférer des menaces contre elle et son protecteur.

Mélisende avait continué de nettoyer ses pinceaux, attendant prudemment que la petite bande de garçons, copains d''Euphrone, eût filé avec les autres dès que les clochettes puis le bourdon eurent signifié l'arrêt du travail. Elle avait donc été l'une des dernières à quitter le chantier, non sans avoir glissé un regard gêné mais insistant à Gislebertus, qui, seul, coupé du monde, sans voir personne, s'obstinait à travailler.

Elle avait directement suivi sa route, comme elle le faisait à chaque congé, échappant aux sollicitations des garçons de son âge qui retrouvaient, en bas du castrum au-delà de la porte châtelaine, leurs petites amies pour partir en bande s'amuser. Elle était descendue d'un bon pas à travers les jardins, les vignes, et les vergers parsemés de vestiges d'édifices antiques jusqu'à la porte monumentale de la cité fortifiée, avait salué d'un sourire radieux les gardes, mais sans s'arrêter, traversé le pont sur l' Arroux et continué en direction des contreforts du Morvan derrière lesquels descendait le soleil.

Elle avait marché brièvement sur la chaussée de l'ancienne voie romaine d'Agrippa, regrettant que la route ait été si fréquentée à cette heure du soir: manants et bourgeois qu'elle croisait et qui se dépêchaient de rentrer dans l'enceinte fortifiée avant la fermeture des portes, ou manœuvres, artisans, qui, comme elle, retournaient dans leurs villages ou leurs hameaux. Les gens se hélaient, des groupes se formaient. Trois jeunes gars bien bâtis, qui marchaient vite en cadence, l'avaient rattrapée. Le plus hardi lui avait proposé de faire route commune. Elle avait répondu à peine d'un mouvement négatif de la tête, souriante mais le regard glacial. Le grand gars avait voulu insister, mais l'un des comparses, qui travaillait au chantier de la basilique et qui la connaissait, le tira par le bras pour lui faire reprendre la cadence et la dépasser.

Elle l'avait entendu dire, à voix qu'il croyait basse :

« Avance donc, elle n'est pas pour ta gueule. »

Et comme le grand faisait mine de se rebiffer, fier de sa prestance de mâle et de ses conquêtes acquises, il avait précisé :

« Elle est pas pour nous. De toute façon, c'est une sauvage. Elle est bizarre, et pour te dire, elle me fiche, je ne sais pourquoi, une espèce de trouille ».

Mélisende avait souri dans leur dos. Le troisième avait surenchéri tandis qu'ils s'éloignaient:

— Elle ne sort pas. On ne lui connait pas de mec. »

Peu après, un charretier, arrivant à sa hauteur, avait bridé son lourd cheval pour lui proposer une place. Inconséquente, elle fut tentée à l'idée de gagner du temps. Elle courut se hisser dans la carriole où se trouvaient déjà un couple d'amoureux fort occupés d'eux-mêmes. Le cheval eut tôt fait de rattraper les trois gars qui montèrent aussi sans façons et s'installèrent à l'opposé, en chuchotant et regardant Mélisende d'un air moqueur. Elle se décida pour un rire franc et cordial, puis leur tourna le dos, perdue dans ses pensées.

Ils étaient descendus avant elle. Un peu plus loin, elle avait sauté à son tour, remerciant le voiturier complaisant d'un baiser du bout des doigts et avait continué seule, légère, en chantonnant.

Elle avait abandonné la route pour bifurquer à gauche par des petits sentiers, retrouvant parfois, au gré de ses méandres, la rivière Ternin bordée d'aulnes où chantaient les tarins. Le sol s'élevait doucement par paliers. Elle avait traversé de maigres cultures d'épeautre ou d'orge, assoiffées, déjà presque mûres, en avance sur la saison. Il n'y avait plus personne dans les champs dont le crépuscule gommait peu à peu les contours. Les habitants des chaumières éparses mangeaient leur soupe sur le seuil ou arrosaient le petit jardin contigu tandis que les enfants se chamaillaient avant d'aller rejoindre la grande paillasse où ils dormiraient tous ensemble. Mélisende les avait salués joyeusement de la main en passant.

La forêt profonde et sombre l'avait enveloppée dès que le sol avait commencé à monter sérieusement, boursouflé ça et là de grosses roches de granit rose. Une heure de marche encore, à tâtonner et trébucher parfois quand l'obscurité, sous le couvert serré des feuillages, se faisait plus épaisse. Elle était enfin arrivée, sa besace de sobres victuailles sur l'épaule.

Elle avait donc retrouvé avec une grande satisfaction, dans la relative fraîcheur du soir, sa petite chaumière, son refuge secret perdu dans une clairière au cœur des grands bois.

9. *A propos d'Eve.*

Au palais épiscopal, les convives applaudissaient au récit de Bérenger. Si certains restèrent sceptiques quant à l'exploit que le chevalier prétendait avoir réalisé, aucun ne mit en doute l'existence du fabuleux oiseau tricéphale. Le sens du merveilleux était ancré dans leur quotidien. Ils étaient persuadés de la présence à leurs côtés de forces invisibles, saintes ou démoniaques. Même Ambert-Bouffi n'osa se moquer. La conversation se poursuivit de manière désordonnée. Des serviteurs apportèrent un troisième service : des abats de mouton assaisonnés d'un verjus aigre-doux de raisins verts acides. Cette sauce liée à la mie de pain et au jaune d'œuf était relevée d'un aromate inconnu.

L'évêque, qui puisait à pleine main dans le plat, demanda à la comtesse:

« Aimez-vous manger épicé ?

— Certes.

— Bravo », ricana Ambert-Bouffi, « moi, je ne peux faire les deux en même temps. »

On ne sait si Ermentrude comprit le jeu de mots aussi épicé que le plat. Elle n'en montra rien, mais plusieurs convives sourirent ou se crispèrent pieusement. L'évêque, imperturbable, se léchant les doigts, précisa :

— Ce goût vert et pointu vient de la maniguette d'Afrique que Bérenger a rapportée ».

Le chevalier expliqua qu'il s'était accordé avec un marchand, auquel il avait fourni sa protection pour transporter depuis l'Egypte lointaine jusqu'en Bourgogne cette précieuse épice, et qu'il envisageait de repartir en Terre sainte afin de poursuivre cette fructueuse collaboration. Il leur apprit encore que cette maniguette était aussi parfois appelée « *graine de paradis* ». L'expression plut beaucoup aux prélats attablés qui se lancèrent aussitôt dans une discussion théologique acharnée, dont nous nous dispenserons. Cependant, d'une controverse éthérée à l'autre, on descendit du paradis céleste au paradis terrestre: Abbon, le doyen, dont les dents gâtées et clairsemées l'obligeaient à découper sa viande en touts petits morceaux sur le tranchoir de pain rassis posé devant lui, ramena la conversation sur le linteau sculpté illustrant le thème d'Adam et Eve que Gislebertus devait leur fournir.

Ombeline n'avait pas encore prononcé un mot de la soirée. Les yeux le plus souvent baissés, elle s'efforçait de paraître naturelle, mais ne savait comment se comporter. Ce repas était un danger. Elle subissait sans relâche les regards convergents des deux hommes qui lui faisaient face. Elle pouvait difficilement répondre aux sollicitations muettes de Gislebertus sans alerter son mari. D'autre part, si elle restait toute la soirée, les yeux baissés sans dire un mot, cela finirait par paraître étrange. Elle comprenait parfaitement les signaux du sculpteur mais n'avait pas l'intention d'entrer dans son jeu ce soir-là. Elle ne voulait pas aller au-delà de propos anodins. N'osant demander ce qui lui tenait à cœur, elle choisit de biaiser, espérant que les détours de la conversation répondraient à ses prières secrètes. Avec une fausse nonchalance et des mots qu'elle trouvait trop gauches, à peine les avait-elle prononcés, regardant cette fois dans les yeux le sculpteur, elle s'enquit de l'aspect que Gislebertus donnerait au visage inachevé d'Adam. Le montrerait-il déterminé ou inquiet, avenant ou laid, Chevelu, barbu… ?

Comme Gislebertus ne répondait pas immédiatement, perdu dans le regard intense d'Ombeline, c'est le doyen Abbon, amateur de vaines disputes comme les clercs de cette époque, qui s'empara du sujet. Pour lui, Adam ne pouvait être qu'imberbe, avant la cueillette du fruit défendu. Il était encore au Paradis terrestre. Il ne travaillait pas et n'était pas tenu de gagner son pain à la sueur de son front. Il devait donc être rasé, comme le sont habituellement les Nobles.

Abélard, qui ne savait résister au démon de la contradiction et qui était prêt pour cela à soutenir avec pertinence la cause la plus futile, s'empressa d'objecter que le port ou non de la barbe n'était qu'un effet de mode. Il ne voyait aucune raison qui empêchât d'imaginer un Adam barbu :

« Le poil de barbe du premier homme est aussi naturel que celui des cheveux. Tant qu'ils sont au Paradis Terrestre nous ne pouvons imaginer Eve se coupant les cheveux ou Adam se taillant la barbe : ils gardent leur beauté primitive et intemporelle. Ils ne vieillissent pas, leurs toisons restent dans l'état où Dieu les a créés, déjà adultes, dans une perfection qui durera jusqu'à la tentation et la déchéance du péché originel.

— Je veux bien », répliqua l'archidiacre Girart, « et barbe ou pas cela m'importe finalement peu. Mais… » Ambert-Bouffi, le fou, s'était mis à chantonner une ritournelle d'une voix enfantine :

— Abélard, poil au dard, Girart, gare au poil…

— Ces bouffonneries sont vulgaires et inadmissibles » éclata l'archidiacre.

— Sans doute, Messeigneurs, mais ne sont-elles pas préférables à vos verbiages dérisoires pour couper les cheveux en quatre?

— Un point me parait autrement grave. J'ai vu tout à l'heure l'Adam que nous propose Gislebertus: il est, quoique son sexe soit heureusement caché par des feuillages, entièrement nu, et je suppose que l'Eve ébauchée le sera aussi. Est-ce convenable au portail d'une basilique ? Est-ce que nous ne pou…

— Mon cher Girart, » coupa l'évêque, « le chapitre en a déjà débattu, et a tranché.

— Débattre est une chose; voir la nudité crue s'étaler sur un bâtiment consacré en est une autre!» rétorqua, tout rouge, l'archidiacre.

— Le programme en a pourtant été approuvé justement par le pape Innocent II lorsqu'il nous a fait l'honneur, à la fin de l'année dernière, de consacrer cette basilique. Adam et Eve doivent être présentés dans leur nudité innocente originelle.

— Certes, » concéda Abbon. « Ce n'est pas tant la nudité du corps qui puisse choquer, surtout dans ce contexte précis. En revanche, il faudrait cacher les cheveux d'Eve. La chevelure féminine est le symbole même de la sexualité. Si elle est dénouée, elle devient un appel érotique. C'est le signe des ribaudes et des folles filles prostituées de la rue, c'est l'image ensorcelante et inquiétante de la femme évoquée par Marie-Madeleine, par Marie l'Egyptienne, par Salomé, par Eve…

— Par Eve, tu l'as dit, toi-même » releva, moqueur, le grand chantre Denis ! « Celle qui s'étendra sur le linteau de pierre au-dessus du porche d'entrée sera conforme à la tradition du péché originel, à l'attente des pèlerins qui viennent et viendront de plus en plus nombreux à Autun.

— Qu'au moins nous imposions à Gislebertus de cacher l'essentiel de cette chevelure, en utilisant, que sais-je, des feuillages ou ce qu'il voudra.

— Mon art consiste à m'imprégner de l'imaginaire des hommes et des femmes autour de moi, de m'en nourrir l'esprit, de le conserver jusqu'au jour où je vais le restituer et le magnifier en taillant dans la pierre des figures où chacun reconnaitra, révélés par mon ciseau, ses émotions, ses rêves… » Gislebertus, qui n'avait pratiquement pas prononcé un mot jusque-là, se lançait avec fougue dans la discussion. Abélard le regarda avec surprise et curiosité. Il avait pensé que ce travailleur manuel au vêtement grossier, dont la présence lui semblait quelque peu déplacée dans ce noble cénacle, était resté silencieux parce qu'il maîtrisait mal la langue latine. Mais Gislebertus s'exprimait avec la plus grande aisance. Et, quand il évoqua les écrits de saint Ambroise sur le paradis terrestre, Abélard s'émerveilla de son érudition. Cependant l'artiste continuait :

« Cacher la chevelure d'Eve serait ridicule. Ce serait aller à l'encontre du mythe très fort qu'elle doit exprimer. L'Eve que je suis chargé de représenter dans la pierre, conformément à la commande du chapitre, doit correspondre à l'image qui surnage, comme un frêle esquif lumineux et blond ballotté dans notre mémoire grise inconsciente. Nous savons qu'Eve est la première femme, mais nous la voyons surtout comme la première pécheresse, séduisante et enchanteresse. En acceptant de se laisser tenter par le Diable, Eve devient sa complice, la Première Tentatrice. C'est ainsi, ses longs cheveux dénoués en vagues profondes où vont se noyer les désirs défendus des hommes, qu'elle évoque, depuis la Genèse, la plus troublante et la plus belle des femmes.

C'est cela que je dois traduire avec mon ciseau dans le calcaire blanc : cet imaginaire séculaire et pourtant toujours si actuel. C'est à moi, comme à chaque fois que je commence une œuvre nouvelle, de m'imprégner du sujet, d'en déchiffrer les difficultés, d'apprécier les symboles et d'envisager les interprétations pour inventer et trouver le langage sculpté le plus adapté. C'est à moi, seulement alors, d'empoigner mes outils et de ne pas ménager ma sueur pour dessiner les formes, creuser et modeler les volumes, qui feront jaillir du bloc inerte votre désir et ma vision. Tel est le chemin compliqué mais passionnant de la création.

— Seul Dieu est créateur » fulmina l'archidiacre Girart! « Comment oses-tu …

— Tel est le chemin qui me permet d'exprimer les dons que Dieu Créateur, dans son infinie sagesse, a bien voulu m'accorder pour sa plus grande gloire! » corrigea, un ton plus haut, le sculpteur sans se laisser démonter. « Pour en revenir à l'œuvre que je dois livrer au plus vite, j'estime que cacher la chevelure d'Eve serait non seulement un contresens, mais aussi une erreur esthétique: en effet le mouvement serpentin de sa coiffure sera un élément essentiel de la composition que j'ai imaginée. Toute l'harmonie en serait détruite si je l'escamotais par l'artifice d'un feuillage. J'ose penser modestement que l'ondulation frémissante de ces cheveux contribuera, si Dieu me permet d'être assez habile, à rendre inoubliable le tympan de notre basilique à ceux qui l'auront une fois regardé...»

Là-dessus, Gislebertus se tut, trempa, dans un bassinet où flottaient des pétales de roses mauves et blanches, ses doigts sur lesquels la sauce refroidie à l'épice de paradis s'était figée, avant de briser la croûte d'un gâteau qu'il croqua aussitôt. La conversation générale reprit et sinua dans des voies diverses.

Abélard resta un bref instant songeur. Il s'était trompé dans son premier jugement sur Gislebertus. Le personnage le déconcertait et éveillait maintenant sa curiosité. Il se tourna donc vers lui, et ils devisèrent tous deux. Gislebertus était en effet, de son côté, soulagé et consterné à la fois d'avoir l'occasion de détourner son regard de l'énigmatique Ombeline en face de lui. Par ailleurs, le sculpteur était avide de mieux connaître ce personnage célèbre dont l'histoire des amours contrariées avec Héloïse le touchait particulièrement.

Au fil des propos, polis et convenus au début, leur entretien se fit plus personnel. Ils se trouvèrent, sans prêter attention au fait qu'Abélard fut sensiblement plus âgé, de nombreux points communs ... Tous deux étaient d'ascendance noble, fils de chevaliers. Tous deux avaient très jeunes découvert le goût de l'étude auprès de parents lettrés et obtenu – fait rare à l'époque - de ne pas envisager la carrière chevaleresque. Les deux enfants avaient donc pareillement quitté leur famille pour entrer là où ils pouvaient trouver des maîtres assez savants, l'un à Loches, auprès de Roscelin dans les écoles ligériennes, l'autre à l'abbaye de Cluny.

Abélard exposa avec une emphase scholastique démodée:

« Je renonçais à l'éclat de la gloire des armes, à ma part d'héritage, à mes privilèges de droit d'aînesse, j'abandonnais définitivement la cour de Mars pour me réfugier dans le sein de Minerve. J'assimilais avec bonheur tous les enseignements de la philosophie, et particulièrement séduit par la dialectique et son arsenal, j'échangeais les armes de la guerre contre celles de la logique et sacrifiais les trophées des batailles aux assauts de la dispute. »

Gislebertus, dans un style moins ampoulé que son commensal, évoqua avec humour son entrée dans la grande abbaye de Cluny, les moments intenses dans la bibliothèque et la joie de la découverte devant la richesse des manuscrits. Comme il avait été bouleversé devant la magnificence des enluminures ! Combien il avait vibré la première fois où il avait été autorisé à pénétrer dans le scriptorium qui renfermait tant de trésors! Il était très vite devenu le plus habile copiste. Mais ce n'était pas sa vocation de copier. Après bien des démarches, il avait obtenu, non sans difficultés vu son jeune âge et les contraintes de la routine, la permission de peindre, d'inventer des compositions et des images originales. Il y réussit tellement bien qu'il fut déchargé d'autres obligations pour s'y consacrer. Il était tellement absorbé par ses enluminures, qu'il lui arriva parfois l'hiver, dans le scriptorium glacial, d'oublier de se réfugier comme les autres à intervalles réguliers au chauffoir. Les doigts bleuis malgré les mitaines de laine, et le nez goutteux malgré une écharpe, il s'obstinait. Cependant il était fasciné par les hommes qui taillaient la pierre. Il suivait la progression de l'immense chantier de l'église abbatiale de Cluny, le plus grand monument du monde médiéval. Il aimait aux moments de récréation s'échapper et traîner au milieu des artisans et notamment des sculpteurs. Son sourire admiratif, sa curiosité des techniques de taille, du maniement des outils, le rendirent populaire. Ils lui prêtaient volontiers leurs instruments pour effectuer à leur place quelques évidements faciles. L'enfant s'enhardissait. Sur des pierres de rebut, ils le laissèrent s'exprimer : ils auraient voulu qu'il commençât par exécuter des copies, ainsi que faisaient d'ordinaire leurs apprentis. Mais Gislebertus avait déjà un caractère très affirmé. Il voulait se colleter avec la pierre sans avoir à passer par les exercices traditionnels de formation longs et fastidieux. Les autres le considéraient comme un moinillon brillant appelé à étudier, à prier, puis à devenir un jour seigneur abbé ou évêque. Pourtant Gislebertus songeait de plus en plus à devenir sculpteur. Le maître des novices à qui il confia son souhait le rembarra avec autorité: il était indigne d'un garçon intelligent comme lui de songer à exercer un métier manuel dégradant et de renier les privilèges que Dieu lui avait généreusement accordés.

Aussi l'adolescent qui s'égarait fut-il repris en main. Pour le remettre dans ce que ses supérieurs estimaient être le bon chemin, on ne ménagea ni les réprimandes, ni les privations, ni même le fouet qui déchirait sa peau...Le jeune Gislebertus était en apparence rentré dans le rang, approfondissant avec les autres novices, et mieux que beaucoup d'autres, certes, sa formation intellectuelle et spirituelle. Les choses changèrent quand le garçon eut atteint ses dix-huit ans. Un nouvel archi-abbé, Pierre le Vénérable, avait été élu à Cluny. Ce prélat remarquable et perspicace avait perçu la vocation et le talent du jeune homme. Il l'avait encouragé à suivre sa voie, à renoncer à une carrière cléricale avantageuse, et incité à prendre la route pour se perfectionner dans son art.

Abélard approuva : « Quand j'avais moi aussi dix-huit ans, je parcourais les provinces à la rechercher des maîtres savants susceptibles de me transmettre le sel de leurs connaissances et leur sens de la dialectique, quêtant avec hardiesse toutes les occasions d'argumenter et de disputer. »

Ombeline, dépitée qu'on l'oubliât, regardait les deux nouveaux amis évoquer leur jeunesse intrépide. Elle était maintenant décidée à faire passer un message discret au sculpteur. Le moment était favorable : son mari, Bérenger, qui avait manifestement apprécié le vin de Bourgogne, trinquait avec Denis qui lui en explicitait les mérites. Pourtant Gislebertus, empêtré dans sa conversation, ne faisait plus attention à elle, si malheureuse.

L'archidiacre Girart était en train de prêcher avec componction que l'on était à la veille de jours difficiles. A l'entendre, Dieu révélait très certainement son mécontentement envers les habitants du diocèse qui s'adonnaient sans trop de vergogne au péché : le climat se déréglait, les saisons n'étaient plus ce qu'elles étaient; cet été caniculaire insupportable succédant à un hiver trop doux en était le signe...Ambert-Bouffi, le fou, persiflait :

« Girart craint sans doute que les merles ne chantent plus comme les grives. C'est un refrain connu. »

Il fut interrompu par des éclats de voix du côté du vestibule.

10. *Qui s'indigne d'un meurtre.*

Un clerc très pâle, les yeux hagards, se précipita vers l'évêque en criant au meurtre, appelant à la vengeance de Dieu. C'était Hughes, l'abbé de Saint-Etienne et Saint-Pierre-L'Etrier, une très ancienne église jumelée hors les murs, non loin de la voie romaine qui menait à Besançon. Il expliqua, entre deux sanglots suffocants, qu'il avait chargé le sacristain, frère Alphonse, de préparer et d'astiquer les pièces d'argenterie en vue de la grande cérémonie pour honorer saint Pierre à l'occasion de sa fête patronale. Comme après la prière du soir, il ne l'avait pas vu revenir lui rapporter les clefs, il s'était lui-même rendu à la sacristie. Elle était déserte. Mais la lourde porte ferrée, pratiquement toujours fermée, et qui donnait sur l'antique nécropole, était entrouverte sans raison. Hughes, inquiet, était sorti. Tout paraissait calme dans le champ des morts où dominait l'odeur forte de foins fraîchement coupés à proximité. Pourtant, s'engageant avec un courage inconscient entre les tombes, et clignant des yeux dans le crépuscule, il avait cru percevoir le mouvement d'une fuite, puis une forme sombre sur sa gauche, à trente pas. Il s'était précipité pour découvrir le pauvre Alphonse qui gisait renversé sur une stèle brisée. Le prenant dans ses bras et voulant lui soulever la tête qui pendait en arrière, il avait senti ses doigts se poisser d'un sang encore tiède : le malheureux venait d'être égorgé! Il vivait encore. Il avait essayé de parler, mais un flot s'écoulait à gros bouillons de sa carotide et ses cordes vocales étaient coupées. Il était perdu.

L'abbé avait appelé à l'aide, et confiant le corps du malheureux Alphonse à ceux qui étaient accourus, il était retourné en hâte fermer la porte de la sacristie. Précaution inutile: il s'était bien vite aperçu que si le linge pour briquer l'argenterie était encore humide sur le rabat du coffre scellé dans le mur, la niche était vide. L'argenterie avait disparu. Avaient disparu aussi un ostensoir en or enrichi de pierreries et deux chasubles précieuses. Un voleur avait certes profité du désordre créé par les préparatifs de la fête patronale pour surprendre le sacristain et s'emparer de la riche vaisselle au prix d'un meurtre sacrilège. Mais l'alerte avait été donnée immédiatement. L'assassin n'avait pu s'enfuir bien loin. Les moines et les convers étaient déjà à ses trousses.

Tel fut le récit de l'abbé Hughes.

L'évêque était un seigneur énergique, aussi rompu aux actions guerrières qu'aux charges spirituelles. Il ne perdit pas de temps. De toute façon le repas tirait à sa fin. Il donna des ordres pour que des gardes et des chevaux équipés fussent amenés au plus vite. Il commanda de doubler les guetteurs sur les remparts du château. Il pria brièvement ses hôtes de bien vouloir comprendre la nécessité d'interrompre une soirée qu'il aurait souhaité prolonger avec eux. Il salua la comtesse Ermentrude et sa petite-fille qui rejoignirent aussitôt leur palais voisin mais accepta la compagnie du chevalier Bérenger qui bouclait un cimeterre à sa ceinture. Il enjoignit aux chanoines d'aller prier pour l'âme du frère égorgé. Il laissa toute latitude à son hôte Abélard de discourir plus avant avec Gislebertus dont le savant voyageur souhaitait découvrir le travail au plus tôt, fut-ce à la lueur de la lune. (En fait Abélard devinait chez le sculpteur des blessures secrètes qui faisaient écho à ses propres douleurs. Aussi voulait-il poursuivre la conversation…).

Les chevaux amenés, le prélat, ayant enfilé prestement un haubert aux mailles fines, monta sur le petit muret construit à cet effet, et sauta en selle. La masse, au manche orné d'une croix, pendue au flanc de sa monture, à portée de poing, il donna le signal à sa petite troupe légèrement mais gaillardement armée, sortit de l'enclos épiscopal par la grande porte pour rejoindre tout près la poterne de Breuil et galoper, pour aller plus vite, le long des remparts extérieurs dégagés.

Gislebertus avait tenté en vain de profiter de la confusion pour approcher Ombeline. Dépité, il se résigna à conduire Abélard dans une autre direction, le fou sur leurs talons. Il ne savait pas qu'Ombeline avait décidé de profiter de l'absence inopinée du chevalier Bérenger, son époux, pour tenter de se rendre secrètement chez lui, son amant.

11. *Dans la nuit complice et inquiétante.*

Au seuil du palais épiscopal d'Etienne de Bâgé, une fois refermée la lourde porte de chêne dont les panneaux cloutés, fraîchement repeints de pourpre, luisaient de façon inquiétante sous les pâles et incertains rayons de lune, Abélard frissonna. Le grondement saccadé du galop des chevaux de l'évêque s'estompait et se perdait au loin. La soirée était déjà plus avancée qu'il ne le pensait, trop sans doute. Il n'aurait pas dû suivre Gislebertus et le bouffon.

La nuit, devenue profonde, avait modifié l'espace. Abélard ne reconnaissait pas les lieux brièvement visités l'après-midi. La lune, partiellement voilée par des nuages aventureux, n'éclairait que très chichement le labyrinthe de poternes sourdes, de cloîtres muets, de venelles aveugles resserrées et d'escaliers tortueux par lesquels Gislebertus l'entraînait.

Cependant celui-ci s'arrêtait devant une haie vive. Mais ce n'était que pour résoudre un problème de vessie. Abélard et Ambert-Bouffi l'imitèrent sans se faire prier, ayant largement profité du vin délicieux de l'évêque. Ils ne s'attardèrent guère et, en quelques pas un peu hésitants dans l'obscurité piégeuse, arrivèrent dans un large atrium qu'ils traversèrent pour pénétrer sous la voûte d'un porche en arc outrepassé.

Deux gardes, la lance au poing et bardés de fer, la paupière lourde, sortirent de l'ombre dans un cliquetis métallique. Abélard tressaillit. Cependant, malgré l'air belliqueux requis, le casque de travers de l'un et la voix pâteuse de l'autre ne pouvaient cacher une somnolence dérangée. Ambert-Bouffi, chargé par l'évêque d'escorter les deux hommes et de ramener Abélard au palais, parlementa et obtint le passage. Ils débouchèrent sur une esplanade plus ouverte au-delà du *terreau*, le fossé de protection. Le chantier de la basilique Saint-Lazare, maintenant désert et calme la nuit, se dressa devant eux.

La lampe fumeuse portée par Ambert n'éclairait qu'à leurs pieds : sa pâle lueur n'avait pour effet que de sculpter plus profondément les ombres au-delà.

Impressionnante, émergeant brutalement de la place obscure, la masse sombre des murs inachevés de la basilique fermait tout l'espace. Levant les yeux, tentant d'accommoder en suivant la haute ligne de crête irrégulière des lourdes murailles, très noires sur un ciel mouvant strié de nuances laiteuses, Abélard, s'était arrêté stupéfait. L'énorme masse de pierres évoquait plus des remparts altérés par le siège d'une armée conquérante que les murs pieux d'une future basilique.

Les roues, les *chèvres*[11] de bois et les *louves*[12] d'acier, les treuils et autres engins de levage qui couronnaient comme des chicots incongrus le faîte des murs, les longues perches des bois d'échafaudage qui hérissaient en treillis serré et couturaient de cicatrices les flancs de grès, semblaient, en ombres chinoises, les échelles d'assaut et les machines de guerre d'un combat opiniâtre et destructeur.

Au sol, dans la pénombre, même impression d'un champ clos titanesque dévasté. Le regard hésitait, titubait parmi le chaos de masses confuses, pile de poutres et chevrons, tas de sables et graviers, lourds blocs de pierre, dépôts de planches, lambourdes, solives et madriers; glissait, le long des cordages qui tricotaient l'espace en lignes inattendues, de poulies en palans , de chèvres à bras en grues sapines, de treuils en *bigues*[13] de bois mal équarri, de

[11] Appareil rustique de levage

[12] Coins métalliques utilisés pour la manutention des pierres de taille

[13] Appareil de levage portant un palan à son extrémité supérieure

cabestans en potences; grimpait enfin au sommet des haubans jusqu'à la roue d'une immense grue sur le ciel changeant.

Les nuages glissaient effilochés devant la lune. Progressivement tel ou tel pan incongru émergeait de la pénombre avant d'être absorbé de nouveau dans le fouillis lapidaire obscur.

« Je m'étonne que vous construisiez cette basilique si près des autres églises, » fit remarquer Abélard « vu cette multitude de clochers, de tours, de porches. Je m'y perds…

— Nous sommes dans le castrum: tout ici dépend de l'évêque ou des chanoines du chapitre; tout ici n'est bâti que pour la plus grande gloire de Dieu …et selon les aspirations successives de ses clercs. Derrière nous, tous ces bâtiments appartiennent au chapitre. Le cloître, aux chapiteaux de pierre primitifs, que nous venons de traverser, dessert le réfectoire, le dortoir, le scriptorium, la chambre des comptes, la salle capitulaire ; plus loin à droite dans l'autre cour sont la cuisine, la boulangerie, les celliers qui se prolongent par les granges, les écuries et autres communs et même la prison… A gauche, cette grande masse et ce clocher appartiennent à la cathédrale Saint-Nazaire que nous venons de longer. Elle surplombe le baptistère et l'église souterraine de Saint-Jean-de-la-Grotte. Un peu plus loin, cette tour carrée jouxte le porche de bois de l'église Notre-Dame. A droite, cet autre clocher, rond, c'est Saint-Quentin.

En face, de l'autre côté de la place, voilà donc la basilique qui recevra les précieuses reliques de saint Lazare. Seule, pour l'instant, l'abside est terminée et couverte; la croisée du transept le sera bientôt: la charpente du clocher trapu est posée. Juste devant nous, ces marches mènent au perron et au grand porche d'entrée qui est déjà en place. Il ne nous reste qu'à dresser la façade. J'ai taillé les voussures et le tympan dont les pierres sont encore éparses, là, dans la pénombre, à nos pieds. »

On entendait, comme un hymne sacré, le chant mélodieux des crapauds s'élever des douves au pied du rempart. Abélard s'étonna :

« L'obscurité m'abuse peut-être, mais toutes ces églises semblent mal alignées.

—Tu as bien observé. L'orientation traditionnelle vers Jérusalem est ici mal respectée et même transgressée. Le nouvel édifice, tu le vois, s'élève presque perpendiculairement aux autres. Il ne cesse de rendre fous ceux qui veulent en parler : son portail nord se situe à l'ouest, son chevet au sud… Quoi qu'il en soit, c'est l'espace disponible restreint, l'épine dorsale rocheuse du sous-sol et la déclivité naturelle du terrain qui ont imposé cette disposition inhabituelle. Il fallait tenir compte aussi de tous ces bâtiments ecclésiastiques étroitement enserrés entre les vieux remparts bâtis par les Romains et maintes fois réparés. »

Les deux compères voulurent entrer dans la basilique inachevée. Ambert-Bouffi, le fou de l'évêque, qui tenait la lampe, n'avait plus envie de plaisanter. Loin de son maître, il s'estimait relevé de ses obligations de bouffonnerie. Plus sage que l'on ne pensait, il savait que dans la nuit traitresse on risquait de rencontrer les esprits des morts ou pire encore le diable en personne. Aussi refusa-t-il tout net de les accompagner. Il ne voulait pas non plus leur confier sa lampe et Gislebertus dut presque la lui prendre de force. Ambert-Bouffi resta donc seul sur le parvis, prostré. Il maudissait l'évêque qui lui avait ordonné de veiller sur Abélard, et l'obligeait ainsi à attendre. Il avait pourtant prévu une autre occupation bien plus intéressante, ce soir ! L'évêque exagérait en lui faisant faire des heures supplémentaires. Déjà qu'il détestait le travail de bouffon auquel il était contraint. Combien de temps encore devrait-il supporter l'obligation de se creuser la tête pour trouver des mots ou des gestes qui fassent rire ? Mais l'évêque et tous les chanoines qui l'avaient condamné ne perdaient rien pour attendre. Il saurait se venger !

Gislebertus et Abélard délaissèrent la partie couverte déjà livrée au culte et donc fermée à cette heure. Ils pénétrèrent dans la zone en construction. Leur misérable lampe ne pouvait éclairer les parties hautes, mais leur permettait du moins d'éviter les nombreux obstacles laissés au sol par le chantier.

Après le coucher de la comtesse Ermentrude et de toute sa maison, Ombeline, derrière le rideau qui séparait la grande chambre, avait posé sa belle robe lumineuse peu discrète, et emprunté celle plus anonyme et plus sombre de Radegonde, sa fidèle servante, pour sortir par la porte dérobée avec l'intention d'aller chez Gislebertus. Elle profitait de ce que son époux accompagnait l'évêque et ses gens d'armes, pour quitter le palais. Elle avait donc un peu de temps pour retrouver celui qu'elle aimait. Elle en avait tellement besoin, après cette soirée si détestable où elle n'avait jamais réussi à communiquer avec le sculpteur, comme elle l'avait espéré. La présence inhabituelle de son croisé de mari à ses côtés durant tout le repas l'avait déstabilisée et paralysée. Elle s'en voulait d'avoir été incapable de faire passer un signal, un message à son amant à qui elle en voulait aussi de ne pas avoir été plus avisé qu'elle. Pourtant, elle lui pardonnait déjà : elle serait bientôt dans ses bras. Elle évita de traverser la cour du modeste palais. Longeant à pas de loup les murs, elle parvint aux communs. Elle entra dans le cellier, passa dans le fruitier, débloqua un verrou et se retrouva dans le verger. Elle s'engagea résolument sous les pommiers. Soudain, un bruit ou un mouvement sur le chemin de ronde des remparts qui surplombait les jardins l'alerta. Elle se coula sous les branches basses et s'aplatit, le nez dans l'herbe odorante. Il y avait bien quelqu'un, une ombre sur la courtine, occupé à quelque mystérieuse activité. Elle attendit. Elle était coincée là.

*

Gislebertus et Abélard traversèrent un bas-côté déjà voûté d'arêtes sur trois travées. La nef centrale était littéralement hachurée d'échafaudages et de soutènements en bois. Gislebertus lui montrait les chapiteaux qu'il avait sculptés, mais Abélard ne distinguait presque rien entre le treillis serré des étais. L'odeur de la résine flottait vaguement dans la nuit chaude, mêlée parfois selon les sautes du vent, de miasmes de latrines. Gislebertus le mena quelques pas plus loin vers l'ouest. Là, en lisière, l'espace de la nef se libérait sur une partie de chantier moins avancée, le ciel aux pâles étoiles paraissait s'agrandir et s'échapper des murailles sombres. Soudain la lune, transgressant un nuage, vint éclairer fugitivement les pierres hautes. Abélard tressaillit. Il lui avait semblé, un bref instant, voir tomber une sorte de chauve-souris monstrueuse.

Mais déjà les nuages avalaient la lune, l'ombre reprenait ses droits et Abélard resta éberlué. Cependant Gislebertus levait tranquillement sa lanterne :

« Voici le dernier chapiteau qui a été mis en place hier. Il représente la chute de Simon le magicien. »

Tâchant d'accommoder sa vue, Abélard s'aperçut que le *monstre* était toujours en place au-dessus de sa tête, semblant respirer au rythme des ombres déplacées par la lanterne fumeuse. Il distinguait maintenant nettement la scène racontée sur le chapiteau : un personnage, la tête en bas, la langue pendante et l'œil exorbité, le corps renversé, les jambes battant inutilement l'espace, semblait hurler sa terreur dans une descente éternelle. Abélard était sidéré par l'impression saisissante de chute, - il la ressentait encore à cet instant - que le sculpteur avait su insuffler à la masse inerte de la pierre. Il prenait soudain conscience de l'extraordinaire talent d'évocation que manifestait celui qui était indéniablement un artiste génial. Un léger mouvement de la lanterne découvrit sur la droite la tête d'un démon cornu, hilare, qui semblait se régaler de sa surprise. Puis la lueur blafarde parut jouer à saute-mouton sur le dos hérissé des murailles en construction. Le philosophe se trouvait, pour une fois, sans voix. Cependant la sonnerie soudaine du couvre-feu le fit de nouveau tressaillir. Gislebertus assura :

« Nous verrons le reste si tu le souhaites demain. Il nous faut éteindre rapidement cette lampe. Mais sortons d'abord. »

Et balançant sa lanterne devant eux pour découvrir leur chemin au milieu des obstacles nombreux, il invita son compagnon à le suivre. Avant de déboucher à l'extérieur sur l'esplanade, à la lueur de la lune, il éteignit vivement le lumignon. Il le remit au fou qui tremblotait toujours, inquiet, au pied des marches. Tournant le dos à ce couard, Gislebertus amena son compagnon nocturne devant le bloc énorme sur lequel il s'était acharné toute la journée :

« Voilà mon travail en cours. C'est l'un des deux éléments du futur linteau. Sur ce bloc je représente cette *Tentation d'Eve* dont on a débattu au cours du repas. J'aimerais à ce propos te demander un conseil délicat… »

Gislebertus hésitait à se confier. Il connaissait à peine son interlocuteur d'un soir. Il respira et se lança :

« Puis-je te parler franchement ? J'hésite encore sur ce que je peux me permettre de sculpter et de montrer. J'aimerais avoir ton avis précieux.

— Autant que j'aie pu comprendre tout à l'heure chez l'évêque, et si son excellent vin ne m'a pas égaré, tu me parais cependant très bien savoir ce que tu veux et vas sculpter. Je ne vois pas ce qu'un théologien comme moi pourrait t'apporter de plus car tu sembles toi-même, pour servir ton talent d'imagier, très versé dans les saintes Ecritures...Mais je suis naturellement tout disposé à t'écouter et à t'entendre.

— Ce n'est pas tant au clerc et au théologien que je m'adresse. Ni même à celui que tous considèrent comme l'esprit le plus brillant de notre époque. Non, j'ai besoin de l'avis de celui que les épreuves et la douleur ont rendu sage. »

— Abélard tiqua, comme s'il avait été piqué par un taon. A la lueur d'un rayon de lune dérobé aux nuages, son visage glabre parut soudain encore plus pâle. Son œil vif scintilla d'une colère subite.

— Si tu crois que les épreuves, la douleur et l'humiliation peuvent rendre sage, tu ne comprends rien à la vie » grinça-t-il. « Je n'apprécie pas le tour que prend cette conversation… »

*

Non loin de là, Ombeline avait entendu avec dépit sonner le couvre-feu. Elle n'osait plus bouger. L'intrus ne l'avait pas repérée, mais chaque mouvement pouvait la trahir. Elle décida d'attendre encore sous le couvert du pommier. Elle finit par reconnaître la grasse silhouette, insolite à cet endroit, d'un membre éminent du chapitre. Que faisait-il là ?

Le chanoine Foulques ne prenait pas garde à la jeune femme derrière lui. Tapi dans l'ombre derrière un créneau au sommet des remparts, penché sur le glacis obscur des faubourgs, il tentait avec effroi de distinguer ce qui se passait. Manifestement l'affaire qu'il avait si minutieusement organisée avait mal tourné. Emiland et Lazare n'étaient pas au rendez-vous. C'est en vain qu'il avait préparé une corde pour hisser les paniers remplis de l'argenterie et autres richesses volées. Ses deux complices ne viendraient plus. Les cavaliers de l'évêque battaient le pied des remparts. Les deux crétins maladroits risquaient bien de se faire prendre, s'ils ne l'étaient déjà. Dans ce cas le bourreau saurait les faire parler et ce serait alors une catastrophe pour Foulques qui serait démasqué.

12. *Où fuient les égorgeurs.*

Leur forfait accompli, les deux égorgeurs, surpris par l'arrivée de l'abbé Hughes, n'étaient pas allés bien loin. Tapis derrière les dalles et les stèles rongées par les ans et les mousses, à l'extrémité du vieux cimetière, ils tentaient de se dissimuler en attendant la nuit qui n'allait plus tarder. Ils ne pouvaient se permettre de se montrer à découvert, l'abbé Hughes ayant fait sonner immédiatement le tocsin. Plusieurs habitants des masures environnantes étaient sur le pas de leur porte à observer. L'affaire ne s'était pas déroulée comme elle avait été programmée et comme ils l'auraient souhaité : tout à l'heure, ainsi que le chanoine Foulques l'avait indiqué aux deux voyous, Alphonse, le sacristain, avait bien ouvert la porte pour uriner à l'extérieur. Tandis que, la robe relevée et les jambes arquées, il se soulageait avec un sourire niais, Emiland, le grand escogriffe à tête angélique, était survenu par derrière et l'avait assommé d'un seul coup de son poing énorme sur la nuque. Les deux voleurs s'étaient précipités alors à l'intérieur du sanctuaire où ils avaient rapidement fait main basse sur l'argenterie que s'était acharné à nettoyer le malheureux Alphonse. Ils avaient raflé aussi d'autres objets de valeur restés dans une niche, dont un magnifique ostensoir en or et pierres précieuses. Leurs sacs presque remplis, Lazare le rouquin à la peau blême soulevait encore le lourd couvercle d'un coffre de chêne, quand ils avaient entendu des pas qui se rapprochaient dans le couloir. Le grand Emiland s'était propulsé vers l'extérieur, jetant d'un coup de rein son butin sur l'épaule. Lazare avait pris le temps d'empoigner un paquet de vêtements liturgiques étincelants de passementeries d'or de la main droite, de saisir son pesant sac de chanvre de l'autre et de se ruer précipitamment sans prendre soin de refermer la porte derrière lui. Comme ils débouchaient en trombe dans l'antique nécropole, ils étaient tombés nez à nez avec Alphonse, hébété, la joue ensanglantée. Le sacristain écarquillait les yeux, murmurant d'une voix incrédule :

« Toi ! Lazare ! » Avant de faire demi-tour et de s'enfuir en titubant.

Emiland avait déjà fait un écart pour éviter Alphonse et continuer à courir. Mais Lazare, posant son fardeau, s'était jeté à la poursuite du sacristain zigzaguant. Il l'avait bientôt rattrapé et s'était jeté sur son dos comme un fauve, nouant ses jambes autour des siennes pour le faire tomber. Les doigts de la main gauche crispés dans ses cheveux pour lui tirer la tête en arrière, il l'avait égorgé d'une oreille à l'autre sans plus de façons tandis qu'ils roulaient à terre. Le souffle court, il essuyait son couteau sur le ventre rebondi de sa victime en surveillant les alentours, lorsqu'il avait aperçu la silhouette de l'abbé Hughes dans l'encadrement de la porte de la sacristie. Il avait boulé instinctivement sur le côté derrière l'écran d'une stèle, puis s'était faufilé silencieusement, comme un orvet qui disparait dans l'herbe, plus loin à l'abri d'un grand tombeau dévasté. Là, il était resté prostré, accroupi, parfaitement immobile. Il avait entendu sans broncher les pas circonspects, hésitants, puis saccadés de l'abbé qui s'approchaient de sa victime ; l'appel angoissé à un Alphonse qui ne répondrait jamais plus ; puis une course éperdue et la lourde porte qui avait claqué. L'assassin avait alors eu l'audace de retourner en hâte vers son butin. De sa main encore sanglante, le malandrin avait ramassé les chasubles dorées et le sac de chanvre chargé de vaisselle d'argent qu'il avait laissé tomber afin de poursuivre le sacristain martyr.

Alors seulement, Lazare avait filé pour rejoindre Emiland qui l'attendait un peu plus loin et le sermonnait d'emblée à voix basse :

— Pourquoi qu'te l'a suriné ?

— Spèce de bouffon ! C'est ta faute ! Tu ne l'avais assommé qu'à moitié. Il m'avait reconnu. Il m'aurait dénoncé. J'pouvais pas le laisser vivre. Maintenant faut s'tirer. »

Mais déjà sonnaient les coups frénétiques du tocsin qui donnait l'alerte. Déjà s'était ouverte la porte de la sacristie pour laisser passer des hommes venus rechercher et tirer le moribond à l'intérieur. Ils ne tarderaient pas à s'aventurer en nombre pour les poursuivre. Les deux malandrins étaient coincés là. Ils ne pouvaient espérer traverser à découvert avant la nuit les prairies alentour, dégagées parce qu'on venait de faire les foins. Ils n'avaient pas prévu ni même envisagé d'avoir à tuer le bedeau. Cela compliquait une affaire qui s'était pourtant annoncée facile. Ils avaient bien tenté de ramper pour s'éloigner un peu et rejoindre les berges du ruisseau l'Acharon où ils auraient trouvé des cachettes. Mais l'herbe, qui venait d'être fauchée, était trop rase. En outre l'argenterie sacrée dans les sacs qu'ils tiraient derrière eux cliquetait de façon fort peu discrète. Ils étaient donc retournés à l'abri dans la nécropole, préférant affronter des spectres éventuels que des hommes bien réels et déterminés à venger l'assassinat du sacristain. A plat ventre entre deux tombes, ils écoutaient avec angoisse les bruits du crépuscule. Ils avaient sursauté quand avait sonné la cloche aigre qui donnait l'alerte. Ils sursautèrent encore et s'aplatirent quand un bruit de galop précéda un cavalier qui passa non loin d'eux. L'homme dirigeait sa monture ventre à terre, vers les remparts et la porte de la ville. L'abbé l'envoyait sans doute chercher des secours. Ils perçurent aussi le pas précipité d'hommes qui couraient vers le hameau de Saint-Pantaléon et la grande abbaye Saint-Symphorien. Une rumeur sourde qui s'étoffait leur indiquait que, déjà, des hommes commençaient à battre le terrain.

Cependant la nuit était maintenant totalement tombée et leur offrait un voile protecteur. Ils décidèrent de quitter leur abri et de s'éloigner au plus vite.

« Vas-y. C'est le moment. Cours à donf » chuchota le plus jeune !

13. *Où Gislebertus se confie à Abélard tandis qu'Ombeline le cherche.*

Ignorant les turbulences de la nuit, Gislebertus continuait la conversation:

« Attends, cher Abélard, ne te fâche pas ! Je ne cherche pas à te vexer, bien au contraire. J'ai la plus grande admiration pour toi. Sache simplement que tu n'as pas le monopole de la douleur, de la frustration. Crois-tu qu'il me soit facile de créer ? Je travaille sous la contrainte des divers commanditaires ecclésiastiques. Je subis leurs incompréhensions, leurs incompétences, leurs remarques, leurs refus, leurs critiques, leurs blâmes. Tu connais aussi cela avec tes écrits qui, pour certains, ont subi d'injustes condamnations. Mais ce n'est pas ce dont je veux te parler. En fait, c'est surtout parce que tu es devenu le symbole de l'amour contrarié que j'ai besoin de ton avis.

— Contrarié! Le mot est faible. Je n'ai pas été contrarié: j'ai été châtré. Châtré !!! Comment pourrais-tu comprendre ce que je ressens ?

— Si je ne souffre pas dans ma chair, je peux simplement, moi aussi, souffrir d'amour. »

Abélard perdit un peu de cet air pincé et supérieur qui pouvait parfois le rendre insupportable. C'est d'une voix plus apaisée, plus compréhensive qu'il répondit:

— Je vais t'écouter alors comme un frère de misère. Je vois bien que tu n'es pas seulement un sculpteur, que plusieurs ici disent habile et savant, mais aussi un homme sensible.

— J'aime une femme que je n'avais pas le droit d'aimer. Elle est perdue pour moi depuis deux jours.

—Je sais. Le chevalier des Grelodots a retrouvé son épouse en rentrant de croisade et repris son bien.

— Comment peux-tu... ?

—Ne fais pas l'étonné. Tes regards, tout à l'heure, chez l'évêque, ne m'ont pas échappé. Tu couvais la belle Ombeline d'un œil si intense, tendre et désespéré à la fois...

— Je me serais donc trahi ? Je ne pensais pas que...

— Reste plus calme ! Tout le monde n'a pas l'acuité de mon regard. Et le mari d'Ombeline n'a peut-être rien vu ni rien compris. En outre, il se trouvait assis du même côté que toi et ne pouvait intercepter tes coups d'œil appuyés vers son épouse qui vous faisait face.

— C'est pour cela que je m'étais efforcé de me placer à côté de lui.

— Il a pu cependant saisir les regards d'Ombeline. Mais, ceci dit, viens-en à ce qui te préoccupe, dis-moi quel est ton souci.

— Tu l'as deviné en partie. Ombeline et moi, nous nous aimons depuis quelque temps. Son mari était parti en croisade en la laissant grosse d'un enfant qu'elle a perdu ensuite. Abandonnant son château des Grelodots, où elle ne se plaisait guère, elle était venue rendre visite à sa grand-mère. Comme tu le sais, la comtesse Ermentrude est une des commanditaires et mécènes de la basilique. Elle avait l'habitude de se rendre régulièrement sur le chantier pour s'enquérir de l'avancement des travaux. Elle s'est depuis le début beaucoup intéressée à mon travail. Sa petite fille Ombeline lui ressemble. Elle l'a accompagnée souvent ici. Puis elle est venue aussi,... seule.

— Je connais l'histoire, et je retrouve ce que j'ai vécu. Laisse-moi raconter, et dis-moi si je me trompe ! »

L’amant d’Héloïse se fondait avec passion dans l’histoire de Gislebertus qui lui devenait de plus en plus sympathique. Il avait eu raison, malgré sa fatigue, d’écourter son sommeil pour deviser avec le sculpteur. En effet toutes les occasions d’évoquer, ne serait-ce que de façon indirecte, Héloïse, et de se remémorer les heures précieuses du temps de leur bonheur, étaient bonnes à prendre. Il improvisa alors :

« Elle est donc venue seule. La première fois comme par hasard, croyant, disait-elle, rejoindre sa grand-mère. Puis sous d’autres prétextes plus ou moins cohérents. Ensuite elle n’en chercha plus. Elle savait que tu l’attendais. Car tu l’as aimée dès votre première rencontre ?

— Non pas. Il est vrai que je l’ai trouvée belle. Mais je ne pensais pas que je l’aimerais un jour, encore moins qu’elle daignerait se laisser aimer. En vérité, je ne crois pas au début lui avoir porté une attention particulière. Mais elle est revenue souvent. J’ai bien vu qu’elle s’intéressait à mon travail, à ma sculpture.

— Et tu as réalisé qu’elle était encore plus attirée par l’homme que par l’artiste !

— Je ne sais. Les deux sont liés. De toute façon je me suis rendu compte que je m’attachais tout autant à elle, qu’elle à moi. Son goût de la sculpture et son sens esthétique, sa connaissance rare des livres saints et de l’histoire antique m’étonnaient et me ravissaient.

— Elle saurait donc lire ?

— Sa défunte mère et sa grand-mère ont voulu qu’elle reçoive la meilleure éducation. Compte tenu des largesses prodiguées par la comtesse Ermentrude en faveur du chapitre et en particulier des sommes énormes dépensées sur ce chantier de la basilique, les chanoines ne peuvent rien lui refuser. Ombeline continue d’étudier. Elle a accès à certaines heures chaque semaine, quand les copistes vaquent ailleurs, à la très riche bibliothèque du chapitre. Le chanoine Joseph ou l’archiviste Rémi lui signalent les derniers manuscrits à disposition. Sous leur férule Ombeline a beaucoup appris, beaucoup plus en tous cas que la plupart des hommes.

— Tout comme Héloïse » murmura Abélard. « Cela me ramène à ma propre histoire. J'ai connu ces émotions avant toi, car j'ai presque l'âge d'être ton père. » En cela Abélard mentait un peu par coquetterie car il avait déjà cinquante-deux ans. « Les femmes instruites sont rares, c'est un attrait pour des hommes comme nous. C'est ce qui m'avait séduit chez Héloïse. Elle n'avait alors que quatorze ou quinze ans, mais était déjà en grand renom, dans tout le royaume de France et au-delà, pour l'étendue de sa science et de sa sagesse. C'est pourquoi, tout enflammé de passion, je cherchais prétexte pour la voir quotidiennement. C'est le chanoine Fulbert, son oncle et tuteur, qui m'en donna imprudemment l'occasion en me logeant dans sa propre maison afin de faire bénéficier Héloïse des bienfaits de mon enseignement. Le naïf laissait ainsi entrer dans sa bergerie le loup affamé à qui il confiait sa tendre brebis. »

Abélard sourit en remémorant avec fatuité les égarements heureux de sa jeunesse.

« Quoiqu'il en soit, » poursuivit-il, comme le sculpteur gardait le silence, « comme moi tu as apprivoisé ton agnelle, tu l'as initiée aux secrets de ton art, avant de l'initier à d'autres leçons plus…intimes.»

Gislebertus continuait à rester coi. La nuit, troublée tout à l'heure par des cris, était redevenue calme, belle et douce. Du cloître proche, venaient maintenant, au gré du vent léger, des effluves agréables de seringa dont la suavité masquait par moments l'odeur persistante du chantier déserté: mélange âpre de poussière de pierre, de chaux et de mortier acides, de résine suintant des planches fraîchement équarries, de cendres froides de la forge, d'un remugle nauséabond de latrines. Des poulies grinçaient et semblaient se répondre. Une chatte enamourée sur un échafaudage miaulait.

« Fais-moi part maintenant, car la nuit avance, du souci qui te tourmente. Tu as déclaré souhaiter mon avis. Ne tergiverse plus. L'heure est venue.

— Comme tu l'as deviné, Ombeline est dorénavant aux mains de son mari. Il y a deux jours, en m'embrassant, peut-être pour la dernière fois, elle m'a fait une requête que j'hésite à satisfaire. Pourtant je sais que si je ne lui accorde pas ce qu'elle demande, elle m'en voudra toujours. Je ne supporte pas d'être séparé d'elle, ce sera pire encore si elle reste fâchée contre moi. Tant qu'elle m'aime, je garde une lueur d'espoir. Sinon, ce sera la nuit totale.

— Innocent sculpteur ! Savoir que l'on est aimé ne sert pas notre amour mais seulement notre amour-propre ! Crois-tu que cela puisse vraiment pallier les tourments du feu qui nous brûle et suffire à notre bonheur ? Quant à moi, j'ai toutes les preuves de l'amour d'Héloïse. Il n'empêche que nous sommes séparés, et que j'en souffre comme un chien affamé. »

Abélard s'échauffait. Le regard perdu, les larmes au bord des paupières, il fit un effort pour se ressaisir et grimaçant un sourire, poursuivit :

« Mais oublions mes problèmes personnels. Quel difficile gage d'amour Ombeline te demande-t-elle ? »

On entendit le piétinement d'une petite troupe qui venait dans leur direction. Ambert-Bouffi, qui somnolait sur un tas de sable, se redressa, craintif, serrant sur son ventre sa lampe inutile, et se rapprocha de Gislebertus et d'Abélard. Des silhouettes menaçantes aux équipements disparates ne tardèrent pas à déboucher de l'ombre. Apercevant les trois hommes, la cohorte hésita un instant avant de courir, armes brandies, pour les encercler. C'étaient les miliciens du guet qui faisaient leur ronde. Leur chef, le sergent Gombaud, d'une voix qui se voulait agressive mais que la peur altérait, jeta:

« Ne les laissez pas s'échapper ! » Et scrutant l'obscurité : « Il y en a un là, qui est étranger ! Attention !

— Ho là, vous ne me reconnaissez pas ? » Ambert-Bouffi, encore tremblant, se hâta d'expliquer leur présence conforme aux instructions du seigneur évêque, son maître. Il avait été chargé de la protection d'un invité, le célèbre Abélard.

— Ta gueule! Ton gros lard, nous on ne connait pas. Mais toi, on te connait, le bouffon. Tu ne nous fais pas rire. Si t'étais pas le petit protégé de l'évêque, t'aurais été pendu comme tu le mérites! »

S'avançant d'un pas, le sculpteur intervint pour calmer le jeu. Il connaissait, outre le sergent, la plupart des hommes, Cyrille le maître charpentier, Bourdoisel le chef corroyeur, Rollon le brodeur de chasubles. C'était leur tour de corvée de guet. Il les salua amicalement et confirma la présence d'un noble abbé, hôte de l'évêque.

« C'est bon. Mais qu'est-ce que vous fichez là, à cette heure ? »

Les miliciens étaient nerveux. Ils expliquèrent qu'on leur avait demandé d'être particulièrement vigilants. Des meurtriers en fuite avaient été signalés. Bourdoisel précisa qu'ils venaient de surprendre un suspect qui rôdait sur les remparts, justement derrière la maison de Gislebertus, ce qui fit ricaner le sergent. Malheureusement l'individu leur avait échappé dans la nuit, abandonnant un rouleau de corde. Le malfaiteur avait peut-être trouvé refuge non loin. Il convenait de se méfier.

Une fois la ronde passée, Ambert-Bouffi, inquiet, voulut raccompagner au palais épiscopal Abélard, qui refusa, souhaitant reprendre avec Gislebertus leurs confidences. Le bouffon, fâché, se cala le dos contre un treuil, et sembla somnoler. Cependant ses oreilles attentives cherchaient à saisir des bribes de conversation, au cas où il pourrait surprendre des secrets utilisables.

« Ombeline veut que je la représente, à travers le personnage d'Eve, sur cette pierre que je suis en train de sculpter. Elle veut, aux yeux de tous, être exposée nue au-dessus de la porte de la basilique ! C'est impensable.

— Effectivement. Et je comprends ton souci. Toute la ville d'Autun la reconnaitrait, car tu me parais assez habile pour sublimer la ressemblance. J'imagine le scandale assuré, et les complications graves qui s'ensuivraient. Cependant, dis-moi, quelle folle idée ! Lui as-tu proposé de la portraiturer plutôt en Vierge Marie ? Ou mieux encore, sous l'habit d'une sainte martyre? Ce serait plus discret et convenable.

— Evidemment. Mais c'est en Eve qu'elle veut figurer.

— Curieuse obstination. A-t-elle fourni quelque explication raisonnable à sa demande ? Je veux bien imaginer qu'elle souhaite immortaliser son visage dans la pierre, car elle a toute confiance en ton génie. Mais pourquoi Eve ? Parce qu'elle est l'un des symboles de la beauté ?

— C'est vrai, Ombeline est très belle, et elle le sait.

— Certes. Cependant…

— Cependant, là n'est pas la raison essentielle de sa demande. Ombeline n'est pas vaine. Son esprit est plus magnifique encore que son visage ou son corps.

— Je n'en doute pas; et je suppose qu'elle est aussi habile en dialectiques que riche en savoirs. Je suis curieux de connaître la réflexion qui l'a menée à vouloir absolument que tu la portraitures en Eve tentatrice. »

*

Ombeline était restée longtemps prostrée sous le pommier sans oser bouger. Il y avait eu de l'agitation sur les remparts. On se hélait, semblait-il, d'un poste de guet à l'autre. Le chanoine s'était redressé, affolé. Elle le vit partir sur la gauche, puis revenir sur ses pas et détaler vers la droite. C'était bien le grassouillet Foulques, membre éminent du chapitre, qui, la panse tremblante, s'enfuyait. Elle entendit un choc étouffé. Le fuyard, cerné, avait sans doute sauté. Puis lui parvinrent des cris et le bruit de courses le long des hourds de bois. Déjà des hommes armés arrivaient là où s'était tenu l'intrus, non loin d'elle. C'était le guet qui examinait les lieux et s'attardait sur place, à grandes exclamations et jurons. La jeune femme essaya de se faire toute petite et de ne pas bouger sous les branches. Les hommes scrutaient les jardins en contrebas. Il lui semblait que l'un d'eux la fixait. Elle reconnaissait avec terreur le sergent Gombaud. Ce petit chevalier au service de l'évêque s'était cru autorisé, deux mois auparavant, à lui faire une cour empressée. Elle l'avait alors vertement remis à sa place… Ombeline ferma les yeux. Après de longues secondes d'attente angoissée, elle entendit les voix et les pas décroître. Elle resta cependant longtemps immobile par prudence. Quand tout lui parut vraiment calme, elle se faufila dans le verger jusqu'à une petite porte basse dans le mur.

Elle ouvrit, et, le cœur battant, se coula avec précaution dans un clos abandonné en friche, où le gros Foulques avait sauté et disparu tout à l'heure. Cette brousse, où poussaient ronces et orties, jouxtait de l'autre côté le minuscule jardin du sculpteur. Contre le mur, le tronc et la branche d'un arbre abattu faisaient office d'escalier que la souple Ombeline franchit facilement. Derrière, deux blocs de pierre avaient été disposés judicieusement. Tout heureuse d'être arrivée, elle déchanta vite: la maison était vide. Gislebertus, l'imbécile, n'était pas là.

*

Pendant ce temps, le sculpteur parlait d'elle:

« Ombeline estime qu'Eve est un modèle très positif pour les femmes. Laisse-moi te rapporter ses propos, quand elle a appris que son mari revenait de Terre sainte et que nous risquions de ne plus pouvoir nous rencontrer, ni même nous revoir. Elle se tenait debout, les cheveux dénoués, les yeux encore pleins de larmes, le sein palpitant dressé. Son regard fiévreux s'était durci. Alors que je croyais bien la connaître, elle si douce d'ordinaire, elle dont la seule présence paisible et souriante suffisait à calmer ma fatigue et mes angoisses, je la découvrais impétueuse et volontaire. Je l'entends encore me dire :

« *J'admire Eve qui a si grand soif de s'instruire. Elle veut absolument goûter aux fruits de l'Arbre de la Connaissance. Braver l'interdit en croquant le fruit défendu, c'est vouloir tâter des délices de la découverte, se donner l'occasion de participer à un monde nouveau, démesuré, sans entraves. J'ai savouré un amour défendu, au goût de miel, pourtant devenu si amer aujourd'hui. Comme Eve, j'ai eu le courage de regarder les fruits hors de mon jardin clos, de rejeter les convenances, de chasser les tabous, d'oublier les serments imposés, de vouloir vivre ma vie librement. J'ai eu le courage d'admettre que je t'aimais, de te le prouver, et dès lors, d'assumer pleinement cette libre passion.* »

Abélard était admiratif.

— Je trouve Ombeline merveilleuse de raisonnement, de lucidité quoique d'une forme de sagesse audacieuse et frondeuse.

— Crois-tu que ce soit aussi par sagesse que, les yeux égarés, la voix rauque inhabituellement violente, elle se soit exclamée :

« *Je n'accepte pas de te perdre, et je ne peux me résigner aux compromissions quotidiennes. Je ne saurai jamais t'oublier. Je ne veux pas que tu m'oublies non plus. Je veux, pour prolonger notre histoire, que tu inscrives dans la pierre dure la trace tangible de notre amour, afin que ceux qui passeront, étonnés devant le linteau sculpté, sachent que j'ai aimé, que je t'ai choisi, toi mon Adam adoré.* »

Gislebertus s'exaltait en rapportant ces paroles. Abélard, attentif, silencieux pour cette fois, lui serra le bras en signe de camaraderie. Le sculpteur désemparé poursuivait :

« Cependant je ne peux accéder à sa demande. La sculpter et l'exposer au linteau serait proclamer aux yeux du monde l'adultère que nous avons commis. Reconnue par tous, et d'abord par son mari qui me parait très sourcilleux sur son honneur, je la mettrais en réel danger. Je nous mettrais tous deux en danger de mort.

— Cela va de soi. Mais je crains que, dans son désespoir, tel se dessine le souhait caché d'Ombeline. Il faut que tu restes ferme et que tu la protèges contre elle-même, en refusant sa demande. Cela ne pourrait conduire qu'à l'infamie et au tombeau.

— Il faudra pourtant bien que je sculpte cette maudite pierre. Si je choisis un autre modèle, elle sera folle de jalousie.

— Tu as bien fait de m'ouvrir ton cœur et de me faire part de tes préoccupations. Je serai peut-être de bon conseil. J'ai une idée. Voilà ce que nous pourrions faire… »

Abélard baissa la voix, car Ambert-Bouffi se rapprochait insidieusement. Sans doute le fou de l'évêque n'aspirait-il qu'au dortoir, et voulait-il ainsi rappeler aux deux malencontreux bavards l'heure tardive.

Gislebertus hésitait.

— Il faut que je réfléchisse à ta suggestion. Pourrais-tu me rejoindre chez moi demain après le repas de midi ?

— Je ne peux malheureusement pas. L'évêque et le grand chantre ont déjà tout organisé en mon honneur.

— Alors après-demain ? C'est la Saint-Pierre et…

— Je sais. C'est ma fête. D'accord pour la mi-journée.

— C'est à minuit que nous en sommes ! L'oubliez-vous fichus phraseurs? » S'exclama le fou. « Je dois te reconduire, Abélard ! D'ailleurs, écoutez : voici l'évêque et ses cavaliers qui rentrent de leur chasse à l'homme. Ne perdons pas de temps.»

Tandis qu'Ambert-Bouffi entraînait le philosophe, Gislebertus précisa :

— J'habite là-bas, la troisième impasse, la septième maison à gauche. Tu trouveras facilement. Il y a sur la porte un heurtoir à tête de diable. »

Mais quand Gislebertus, quelques instants plus tard, voulut ouvrir la porte de la septième maison, il constata qu'elle n'était pas fermée. Quelqu'un était venu. Son cœur battit. Ce ne pouvait être qu'Ombeline ! Il se précipita. Mais il n'y avait personne. Si c'était Ombeline, elle ne l'avait pas attendu.

14. *Dimanche 28 juin. Rencontres matinales.*

L'aube suivante, lorsque chanta le coq roux du clos voisin, Gislebertus s'éveilla difficilement. L'air frais était pourtant délicieux avant la claire et sèche journée d'été qui s'annonçait. Mais il ne se sentait pas très à l'aise, sans savoir pourquoi. Encore somnolent, il s'approcha d'un broc de terre cuite pour se passer un peu d'eau sur le visage. Il pesta aussitôt en soulevant l'ustensile trop léger : il était vide. Comme était vide la grande jarre enchâssée dans le sol en terre battue. Il avait oublié de la faire remplir la veille. Cela lui arrivait souvent depuis qu'il vivait seul... Si l'eau manquait, il avait du vin clairet. Il se rinça le gosier d'une bonne rasade.

Il était encore nu. Tel qu'il avait dormi sur sa paillasse tant la nuit avait été vraiment chaude. Il passa sa tunique. Il ne pouvait s'empêcher de penser à Ombeline. Avoir eu la veille au soir l'occasion d'être assis tout près d'elle mais sans pouvoir lui parler ni échanger avec elle ce qui lui tenait à cœur, avait été une épreuve. Il fallait absolument qu'il trouve le moyen de la voir aujourd'hui, de s'expliquer avec elle.

Une sonnerie de cloches le tira de sa rêverie. C'est alors seulement qu'il réalisa que les bruits alentour étaient différents de ceux des jours ordinaires, qu'on était dimanche et que le chantier était donc fermé. Il comprit qu'il en serait de même le lendemain en raison des festivités de la Saint-Pierre.

Ce contretemps le contrariait vivement : il était obsédé par la sculpture en cours. Il déplorait l'interdiction de travailler les jours de fête patronale, sans compter toutes les autres fêtes et tous les dimanches, sans compter tous les soirs où il aurait aimé prolonger le labeur entrepris. Il aurait tant voulu pouvoir se consacrer à cette « Tentation d'Eve » qu'il avait commencée pour le linteau de la basilique et qui le hantait. S'il admettait que le repos imposé par l'Eglise était salutaire, sage et nécessaire aux autres hommes qui travaillaient durement, en particulier en ce début d'été où les journées étaient désespérément longues, où il voyait ses compagnons harassés se plaindre de leurs dos cassés, de leurs bras meurtris, où lui- même tombait de fatigue, cependant il se révoltait contre cette obligation qui l'empêchait de se livrer à sa passion : il aimait violemment le travail (on ne parlait pas d'art à cette époque) qu'il s'était choisi, auquel rien apparemment ne le prédestinait et qu'il avait eu tant de mal à imposer. Il lui avait fallu forger lui-même son destin en bataillant contre la volonté de ses parents, contre celle des moines, contre son ignorance d'un métier dont il ne connaissait ni les techniques, ni les savoir-faire, procédés et coutumes. Il n'avait pas grandi dans le sérail des gens de la pierre, carriers, tailleurs ou maçons qui l'avaient accueilli avec méfiance et réserve. Il ne parlait pas même leur argot. Il avait dû apprendre son métier presque seul, à contre-courant, bousculant les traditions, subissant les moqueries et les railleries des anciens et des maîtres des corporations ou des confréries. Mais il avait tenu bon et maintenant il savourait la récompense de son obstination. Il n'avait commencé à sculpter que depuis huit ans, multipliant les tentatives peu fructueuses : cassant les pointes ou ciseaux précieux qu'il tenait mal, brisant net les pierres qu'il attaquait avec trop de fougue, taillant le calcaire à contre-fil, détruisant un travail délicat par un coup malheureux…Il ne savait pas demander de l'aide, se contentant d'observer ce que faisaient les maîtres tailleurs de pierre ou les maîtres imagiers, quand il butait sur une difficulté imprévue.

Cependant il avait appris en tâtonnant avec application et bonne humeur, riant très haut, le premier, de ses erreurs et de ses loupés, ce qui faisait rire aussi les autres. Il se rendait ainsi parfois sympathique, si bien qu'il avait fini par progresser et par vaincre de multiples difficultés. On avait commencé alors à le mieux considérer, quoiqu'il ait paru, à beaucoup, trop extravagant. On avait osé lui confier des travaux plus délicats et il brûla allègrement les étapes. Il avait quitté Cluny, voyagé pour voir des chantiers différents où il se faisait embaucher pour quelques jours. Il était resté neuf mois à Vézelay sur le chantier de la basilique élevée à Marie-Madeleine. Et il s'était installé comme maître sculpteur à Autun il y avait maintenant cinq ou six ans. Il en avait aujourd'hui vingt-sept. Il estimait être arrivé au sommet de sa créativité. Beaucoup dans cette ville reconnaissaient l'habileté avec laquelle il faisait parler les pierres pour raconter des histoires prenantes. Mais il fallait bien avouer que d'autres critiquaient violemment l'audace de ses compositions.

Perdu dans ses souvenirs, il n'avait pas prêté attention tout à l'heure à la sonnerie des cloches. Il réalisa que la messe avait commencé à la cathédrale Saint-Nazaire. Il devait y aller tout de suite : c'était l'occasion de voir Ombeline, et peut-être, avec un peu de chance, de lui parler. Il se précipita.

L'office était déjà bien entamé. Les fidèles, assis à même le sol, écoutaient avec avidité l'archidiacre évoquer la grande nouvelle du jour : le meurtre sacrilège du sacristain de Saint-Pierre-l'Etrier. Girart, le visage rubicond, forçant sa voix pour se faire entendre, ne ménageait pas ses effets. Il était relayé par deux crieurs qui, dans le bas de la nef et dans le transept, traduisaient son message en dialecte roman. Il affirma que l'on retrouverait les coupables et qu'ils seraient châtiés impitoyablement jusqu'à ce que mort s'ensuive. Il captiva ensuite la foule quand il expliqua que la justice des hommes était redoutable mais qu'elle n'était rien en comparaison de celle de Dieu. Il décrivit longuement les supplices que les assassins seraient assurés de connaître en Enfer. A chaque atroce description, il faisait vibrer les fidèles en leur demandant de manifester leur colère, de crier leur indignation.

Le sculpteur était peu sensible aux paroles de haine. Il cherchait à s'avancer discrètement, jusqu'à un point d'où il pourrait apercevoir Ombeline qui devait normalement être assise, à l'autre bout de la nef, dans la chapelle des nobles, au-delà des cinquante stalles réservées aux membres du chapitre. Mais elle n'était pas à sa place habituelle. C'était le chevalier Bérenger qui se tenait sur le banc à côté de la comtesse Ermentrude. Gislebertus entrevit seulement, derrière la carrure du croisé, l'éclat lumineux de la robe jaune pâle de son aimée, mais ne put accrocher son visage.

L'archidiacre Girart, luisant de sueur, était arrivé au paroxysme de son sermon, et la foule coléreuse se leva d'un coup, reprenant en chœur l'anathème qu'il jetait :

« L'Enfer pour les assassins ! »

Comme l'office se terminait, Gislebertus tenta de se rapprocher d'Ombeline, pour manifester sa présence, en espérant un signe en retour. Mais déjà le chevalier Bérenger entraînait son épouse vers la porte latérale. Gislebertus essaya d'avancer plus vite, mais il était à contre-courant, bousculé, englué dans la masse des fidèles qui sortaient par la porte principale. Ombeline, au bras de son époux, ne se retournait pas. A peine, au moment où elle franchissait le seuil, eut-elle un gracieux mouvement du cou. Gislebertus approchait du chœur. Peut-être aurait-il l'occasion… ? Mais la troupe en surplis des petits chanteurs de la maîtrise, qui traversait en rang devant lui, brisa son élan. La voix sonore du grand chantre Denis l'apostropha.

« Tu viens voir Germain, ton fils ? Je peux te le laisser pour le reste de la journée. J'ai assez, ce matin, de chantres et de petits maîtrisiens. Je vais le dispenser de service pour les obsèques du pauvre diacre assassiné, pour les vêpres et les complies. Tu peux le garder avec toi cette nuit, et même demain matin si tu veux. Cela lui éviterait la longue procession à Saint-Pierre-l'Etrier, fatigante pour ses petites jambes.»

L'enfant courut se jeter dans les bras de son père. Le veuf le souleva du sol pour l'embrasser. Tout à sa quête d'Ombeline, il avait oublié que certains dimanches il pouvait récupérer le garçon après la messe. Il avait un peu honte de ne pas s'en être préoccupé tout à l'heure, et de n'avoir pas même remarqué le petit qui chantait au milieu des autres maîtrisiens. Il aimait pourtant infiniment son garçon, et il réclamait régulièrement d'habitude des passe-droits pour le voir plus souvent.

— Je te remercie du fond du cœur de me laisser Germain. Je peux, grâce à ta complaisance, profiter un peu de sa présence. En le confiant à l'Eglise, comme je l'avais été moi-même, je voulais lui assurer une éducation précieuse parmi les rejetons des plus nobles familles. J'ai la chance d'habiter la ville où tu diriges la maîtrise, sinon je ne pourrais le voir aussi souvent.

Le chanoine haussa les épaules:

— Je suppose que tu n'iras pas toi-même marcher au premier rang des membres de la confrérie qui demain fêtent la Saint-Pierre.

— Tu as raison, je n'avais pas l'intention de participer à la procession. Je ne suis pas tailleur de pierres, ni maçon, Je suis sculpteur. Je n'appartiens pas à leur corporation. Je n'approuve pas cette idée nouvelle de confrérie qui devrait faire de saint Pierre, dont le métier était de pêcher des poissons, le patron des travailleurs de la pierre, en raison d'un simple jeu de mots.

— Je ne vais pas te contrarier là-dessus. Mais ton attitude est critiquée. Tu devrais faire attention. Sur ce, je cours rejoindre mes petits chanteurs qui m'attendent. »

Le père et le fils se racontèrent mille riens avec bonheur. Puis, main dans la main, ils se promenèrent. Tout en marchant, Gislebertus constata une fois encore combien le petit lui rappelait sa maman, sa chère Ursule. Il avait les mêmes cheveux drus, très noirs, le même œil un peu fendu, la même façon de marcher, les mêmes fous-rires inattendus. Ils s'étaient mariés peu de temps après son installation à Autun. Cependant leur union n'avait duré qu'une seule année puisqu'Ursule était morte en donnant naissance à Germain.

Peu à peu, les fidèles qui avaient assisté aux offices se dispersaient, commentant à voix basse les évènements tragiques évoqués. La ville haute retrouvait le calme des dimanches autour du chantier désert et muet. Tandis qu'ils s'éloignaient, le garçon poussa soudain un cri d'horreur en se blottissant contre son père :

« Là, l'homme-arbre »

Devant eux se tenait un personnage étrange, digne d'épouvanter les petits enfants. Le corps était paré de riches vêtements qui ne pouvaient faire oublier cette hideur des chairs apparentes, recouvertes de protubérances grises. Le visage était parsemé de verrues et de squames. La paupière gauche boursouflée par une éruption visqueuse biffait l'œil. Des purulences mangeaient la bouche, obscène fruit éclaté. Le menton coulait. Les mains, atrocement déformées, ne ressemblaient plus à des mains humaines. Les doigts se gantaient d'épaisses couches de pelures déchirées, pendantes comme les écorces d'un vieil arbre. Les pieds bouffis, magmas envahis de loupes et croûtes grumeleuses qui débordaient de partout, ne lui permettaient de marcher qu'avec les plus grandes difficultés.

— N'aie pas peur, fiston. Lambremont, l'homme- arbre, comme tu l'appelles, est effrayant mais très gentil. Je le connais bien. C'est un ami. Je discute souvent avec lui. Viens, nous allons lui parler ! »

Mais l'enfant totalement révulsé ne voulait rien savoir et se serra encore plus fort contre son père, les yeux cachés dans sa blouse. Gislebertus n'insista pas et, faisant signe de la main à son ami, il lui cria:

« A bientôt. »

Apercevant Blaise le forgeron et Agathe, il entraîna son fils vers eux. La jeune femme protégeait de son châle le bébé serré contre son flanc. Elle maugréait envers les prêtres :

« Avec leur idée de renforcer les pèlerinages à saint Lazare, nous sommes de plus en plus envahis par des malades épouvantables qui viennent chercher guérison. On ne peut plus faire deux pas dans la rue sans tomber sur des malheureux répugnants dont la peau part en lambeaux. Je crains leur contact pour mon enfant. Ses deux sœurs sont mortes, déjà.

— Il me fait peur, l'homme-arbre » ajouta le petit Germain avec un frisson de dégoût.

Gislebertus salua le couple et s'éloigna, la menotte tremblante de l'enfant dans sa main ferme. Il était un peu honteux d'avoir paru repousser son ami Lambremont, et de ne pas l'avoir défendu. Mais il ne voulait pas traumatiser Germain. Il se promit de s'en expliquer avec le malheureux dès que possible. L'homme-arbre était un pèlerin venu tout exprès à Autun pour implorer saint Lazare de le guérir de son épouvantable maladie de peau. Il était installé dans la ville depuis deux mois, assidu chaque jour au culte des reliques, persuadé que son obstination à expier ses péchés et demander secours auprès du saint guérisseur lui apporterait miséricorde. Il venait des Flandres où il s'était enrichi dans le commerce du drap, et dans le triste état physique où il se trouvait dorénavant, disposait de ses deniers avec une grande générosité. Il appréciait énormément le travail de Gislebertus. Ils avaient tous deux des conversations passionnées sur les forces du Mal et sur la façon dont le sculpteur pourrait les évoquer dans la pierre.

15. *Où Ombeline éveille les soupçons.*

Bérenger s'enquit de son épouse. La dame de compagnie, Radegonde, lui répondit qu'elle était dans son oratoire où elle avait coutume de se retirer pour prier. Le chevalier demanda où se trouvait cet oratoire. Radegonde assura qu'Ombeline ordonnait de n'être point dérangée. Bérenger trouvait qu'elle avait déjà assez prié à la messe tout à l'heure. Il insista, éleva la voix, et intima à la domestique de le conduire. Radegonde s'exécuta. L'oratoire se situait dans une partie écartée du palais de la comtesse, après le cellier à confitures et le fruitier. Bérenger frappa et appela. Sans obtenir de réponse. Il s'énerva et donna un coup violent contre la porte.

Attirée par le bruit, la comtesse Ermentrude s'était précipitée, morigénant le chevalier qui perturbait la vie tranquille de cette demeure et leurs habitudes de femmes pieuses. N'avait-il pas honte de vouloir déranger son épouse alors qu'elle conversait avec Dieu ? Elle appela d'une voix douce. Ombeline, de l'autre côté de la porte, répondit qu'elle priait comme chaque jour pour l'âme de leur petit enfant; qu'elle s'était trouvée bien seule lorsqu'il avait fallu le porter en terre ; qu'elle devait maintenant prendre le temps de rendre grâces au Seigneur qui avait permis à son mari de revenir de sa longue croisade. Bérenger, confus, ne put que se retirer, grommelant de vagues excuses, sous le regard courroucé d'Ermentrude.

Le chevalier cependant se posait bien des questions. Il commençait à trouver intolérable le comportement de son épouse. Il voulait bien admettre que son retour non annoncé ait quelque peu modifié la routine du palais de la comtesse Ermentrude, et les habitudes de sa jeune femme. Il lui fallait sans doute un peu de temps pour qu'elle réapprenne à vivre avec lui. Mais l'accueil reçu ne correspondait pas à ce qu'il attendait. Il pensait rentrer en conquérant glorieux, faisant l'admiration des froussards qui avaient évité la Croisade, et comblant de joie son épouse éplorée. Or elle avait prétexté une indisposition pour se refuser à lui. Cela ne pouvait perdurer. Même s'il se trouvait sur les terres de la vieille comtesse qu'il ne pouvait ostensiblement contrarier, cela n'empêchait pas qu'il fût le seigneur et maître d'Ombeline. La duègne orgueilleuse ne pourrait protéger sa petite fille plus longtemps en se mettant en travers de sa volonté. De toute façon, il avait bien l'intention de ne pas traîner dans cette ville d'Autun. Le temps de régler quelques dispositions avec les marchands qu'il avait escortés jusqu'ici, dans quelques jours il repartirait, emmenant avec lui cette épouse rétive.

Soupçonneux, il contourna le bâtiment dont il étudia la disposition. De type défensif il n'était éclairé que par une fenêtre haute, scandée de quatre colonnettes étroites surmontées de sobres chapiteaux soutenant des arcatures. Cette architecture ne permettait ni de regarder dans l'oratoire, ni d'y pénétrer au prix d'une escalade.

16. *Où l'assassin s'explique.*

Lazare, l'assassin, n'était pas fier lorsqu'il se présenta à la porte particulière du chanoine Foulques. Ce riche clerc avait en effet obtenu, à force de persévérance, d'intrigues multiples, de basses manœuvres et de largesses habilement prodiguées, l'autorisation de posséder et d'habiter sa propre demeure en dehors des bâtiments du chapitre, à condition qu'il s'acquitte des autres obligations inhérentes à sa charge. Cette dérogation n'avait pas été facile à obtenir: il était un des tout premiers à en bénéficier. S'il prenait encore la plupart du temps ses repas de midi avec les autres membres du chapitre canonial, il ne supportait plus la promiscuité monotone et insipide des dîners au réfectoire. Il supportait encore moins de devoir dormir dans un simple box au milieu du grand dortoir, dérangé par les ronflements persistants et les mouvements nocturnes de ses confrères. A quoi auraient pu servir les richesses qu'il avait, année après année, amassées, par ruse, par opiniâtreté, par calcul, par dureté, s'il n'avait pu en disposer et en profiter à sa guise ? Il avait été l'un de ceux qui avaient conduit le mouvement de réforme des statuts canoniaux à Autun. Lui et quelques rares autres avaient vaincu les réticences du conformisme ecclésiastique, et s'étaient installés dans des logis privés qu'ils avaient fait construire dans l'enceinte, près de la cathédrale.

Quand, en début d'après-midi, la servante vint le prévenir que Lazare demandait à le voir, le chanoine Foulques eut du mal à contenir sa colère devant elle. Cela faisait des heures qu'il se rongeait les sangs en attendant des nouvelles de l'expédition malheureuse qu'il avait commanditée. Il envoya la domestique faire des courses urgentes, et fit entrer Lazare. Le malandrin boitait. Sa blouse déchirée à l'épaule découvrait des éraflures sanguinolentes. Les deux hommes se regardèrent haineusement en silence le temps que la servante ait claqué la porte derrière elle. Alors Lazare se jeta à genoux aux pieds du chanoine qui tonna :

« Imbécile !! Comment as-tu osé venir ici sans respecter mes instructions ? Comment as-tu pu échouer ? Tu n'es qu'un bon à rien. »

Et dans sa rage le chanoine décocha une série de coups de pieds à son subordonné suppliant. Lazare se recroquevilla, les coudes au ventre, le visage dans les mains.

— Je n'ai pas échoué, Maître. Je n'ai pas échoué. Nous avons chouravé l'argenterie.

— Au prix d'un meurtre, connard ! Ce n'est pas ce que j'avais demandé. »

Il envoya encore un coup de pied dans les côtes du malandrin. Mais au mot d'argenterie son œil, noyé dans la graisse, s'était allumé.

« Tu as l'argenterie ?

— Elle est cachée. Je n'ai pas pu cette nuit, à cause de la milice et des patrouilles, approcher des remparts pour faire hisser le butin par le système des paniers. Je me suis pointé ce matin pour vous rencontrer au baptistère comme convenu, mais vous n'y étiez pas.

— Je n'étais pas là à cause de toi, à cause du désordre que tu as créé. Ce meurtre imbécile a bouleversé nos paisibles habitudes. »

Il lui donna un dernier coup de pied :

« Relève-toi, et raconte-moi tout en détail. »

L'assassin raconta comment Emiland et lui s'étaient conformés aux instructions. Ils s'étaient postés dans le cimetière en guettant l'ouverture de la porte de la sacristie. Après avoir assommé le diacre incontinent, ils avaient pénétré dans la salle aux trésors, et avec promptitude et efficacité ils avaient volé et emporté toute l'argenterie à laquelle ils avaient ajouté, pour faire bonne mesure, les plus beaux tissus précieux. Malheureusement, ils avaient été surpris par le réveil prématuré du sacristain. C'était de la faute d'Emiland qui n'avait pas assommé le pisseux de façon suffisamment convaincante. A partir de ce moment fâcheux, l'organisation, jusque-là parfaite, s'était déréglée. Ils avaient été obligés de tuer le sacristain qui, les ayant reconnus, les aurait dénoncés (Lazare se garda bien sur ce point de mettre en valeur son propre geste au couteau effilé.) L'arrivée inopinée du prieur, qui avait immédiatement fait sonner le tocsin pour ameuter la population, les avait obligés à rester cachés et coincés dans la nécropole jusqu'à la tombée de la nuit, puis à tenter de revenir vers le lieu de rendez-vous, au pied des remparts. Mais ils avaient été poursuivis de tous côtés, et c'était miracle si…

« En fait de miracle, je me demande si je ne vais pas en accomplir un beau, en te raccourcissant d'un simple coup d'épée. En attendant ce moment béni, connard, continue précisément ton récit. »

Lazare, qui en avait vu bien d'autres, que les scrupules n'étouffaient pas, et qui faisait en toutes circonstances preuve d'un grand sang-froid, tressaillit cependant: le chanoine Foulques avait la réputation d'un maître exigeant. On disait qu'il était dangereux d'échouer lorsqu'il vous chargeait d'une mission.

Le voyou essaya de dresser un tableau de ses malheurs dans cette affaire qui n'avait dérapé que par la faute initiale de l'escogriffe d'acolyte qu'on lui avait imposé. Il continua son récit, revivant ces instants éprouvants de fuite: ils couraient, leurs sacs tintinnabulant sur l'épaule. Ils avaient traversé en trombe la route romaine et dévalé la pente. Le grand Emiland avait, à longues enjambées, rapidement pris de l'avance. Derrière, Lazare moulinait avec difficulté de ses petites jambes pour arriver à suivre, le cœur battant. Il s'essouffla rapidement. La pente se faisant plus forte, il avait tenté de régler sa course, mais il avait été entraîné par son ventre et le poids du sac qui glissait. Il avait buté dans une taupinière, perdu une sandale, cogné dans une touffe de jeunes roseaux, trébuché et perdu l'équilibre, la jambe douloureuse. En tombant il eut cependant le réflexe de rattraper du bras droit le magot volé qui cognait contre son ventre. Il avait plongé en avant, sans rien perdre de son butin amoureusement serré.

Il avait repris conscience et tenté de se redresser, mais la tête lui avait tourné et il était resté affalé dans les roseaux. Il n'avait cependant pas lâché son trésor. Il avait entendu vaguement une voix basse et inquiète qui l'appelait, mais il se sentait sonné et n'eut la force ni de bouger ni de répondre. Tout était trouble dans sa tête. Il avait entendu encore un chuchotement tout près, et senti confusément une masse au-dessus de lui. Mais cela ne le concernait pas. Comme ne le concernait pas la main qui le secouait en vain. Pourtant quand des doigts avides avaient tiré violemment sur le sac pour le lui arracher, il était sorti de sa torpeur. Il avait résisté, serré encore plus fort la toile grossière, ouvert les yeux et jeté :

« Tu crois quand même pas que te vas m'le piquer ?

—T'es ouf ! j'voulais juste t'réveiller. T'as fait un sacré valdingue. Mais reste pas là, faut s'tirer. »

Lazare s'était relevé avec difficulté, l'épaule et la jambe droites endolories, la tête bourdonnante. Il avait titubé en se dirigeant vers le pont.

« Non, pas par là, on s'ra en pleine vue, on se f'ra gauler à tous les coups. »

Emiland l'avait tiré et poussé dans les roseaux, puis l'avait aidé à descendre la berge, mais Lazare s'était étalé dans le ruisseau. Cette fois encore il n'avait pas lâché son sac précieux. La fraîcheur de l'eau l'avait saisi mais lui avait fait du bien. Son esprit s'éclaircissait tandis que le courant lavait ses plaies.

« Viens, il faut traverser !

— Oui, je m'reconnais, c'est la rivière des Fées. »

Le lit n'était pas très profond. Ils eurent tôt fait de le franchir. Ils avaient remonté une nouvelle pente, protégés par l'obscurité et par l'écran des arbres qui bordaient les berges. Essoufflés, dans la touffeur de ce soir d'été, ils avaient marché plus doucement dans la descente. Lazare boitait et ralentissait leur marche. Bientôt, ils avaient rencontré un nouveau cours d'eau qu'ils avaient traversé puis une étendue de joncs marécageuse, puis encore un autre ruisseau. Ils entendaient toujours derrière eux, de l'autre côté de la butte, les voix des moines et manants à leur poursuite. Un bruit nouveau avait attiré leur attention, un roulement sourd inquiétant qui s'amplifia: des chevaux lancés au galop.

— Et l'argenterie? » Coupa le chanoine qui s'impatientait.

— Nous la conservions encore à ce moment avec nous. Ce n'est qu'ensuite…

— Explique ! Ne me raconte pas de salades.

— Nous nous sommes glissés, pour laisser passer les cavaliers, entre les hautes tiges alignées d'une oseraie. Là nous étions bien planqués, mais nous ne pouvions y passer la nuit. Nous sommes repartis et tombés ensuite sur les viviers à huîtres et à poissons de l'évêque. Comme ils sont gardés, nous avons dû faire un nouveau détour, une grande boucle, et nous avons commencé à remonter vers Couhard. J'avais de plus en plus mal à ma guibole, ma chainse presque neuve était déchirée.

— Abrège ! »

Lazare reçut un coup de pied supplémentaire.

— Après avoir décrit une grande courbe, nous sommes retombés sur l'Acharon. Pour éviter d'être choufés, nous avons décidé de descendre dans le lit froid de la rivière et d'avancer à contre-courant, abrités par la hauteur des berges.

— Abrège.

— Nous avons progressé très lentement comme des cagouilles. Nous entendions tout autour de nous dans la nuit trop claire le bruit inquiétant des sabots des chevaux et les cris des manants à la curée. De quoi vous foutre la chiasse. A un moment un chevalier puissamment armé poussa son bidet juste à côté de nos gueules dans le ruisseau. Nous nous sommes enfoncés dans la flotte protectrice, la trouille aux fesses. Mais ce n'était que pour faire bibiner sa monture. Cependant, tandis que je me blottissais et m'enfonçais dans la baille sous la berge derrière un fouillis de racines enchevêtrées, j'ai découvert une cavité, peut-être creusée par des loutres pour faire leur nid. J'eus l'idée, une fois le cavalier parti, d'y ficher mon sac que j'ai calé avec des caillasses ramassées dans le lit de la rivière. Il y est encore.

— Tu es sûr que l'argenterie est toujours là-bas ?

— Je pense que la cachette est bonne. Mais moins longtemps le sac y restera, mieux cela vaudra.

— Tu es certain de pouvoir retrouver l'endroit ?

— Oui, je crois. Et nous avons ensuite repéré un autre trou sous la berge, pour le sac d'Emiland.

— Bon. Je te donnerai mes instructions et t'indiquerai le moment favorable. Mais n'oublie pas, si tu tiens à la vie, que tu es, sur ta tête, responsable de cette argenterie. Tu peux filer pour l'instant.

— Vous ne voulez pas savoir, maître, comment nous nous sommes séparés et comment j'ai pu rejoindre, au prix de mille difficultés, la cabane de mon atelier de corroyeur où j'ai pu dormir en attendant l'ouverture des portes de la cité. ?

— Cela ne m'intéresse pas.

— Ni même comment mon pote Emiland s'est réfugié auprès d'une pute aux étuves ?

— File !! »

17. *Où s'inquiète la "cour l'évêque".*

Après les messes dominicales, Etienne de Bâgé avait convoqué, dans la salle capitulaire, son conseil qu'on appelait « *la cour l'évêque* ».

L'évêque d'Autun était un grand seigneur féodal, possesseur de nombreux châteaux. Il était comte de Saulieu, baron de Lucenay, d'Issy, de Thoisy, et de Touillon. Quoique son vassal, il était en partie suzerain du duc de Bourgogne qui lui rendait hommage à Autun pour la cession d'un fief dans la partie occidentale du castrum; suzerain aussi des barons de Couches, de Mont-Saint-Jean, de Luzy et de Montperroux qui devaient porter le dais au-dessus de sa tête lors de son entrée solennelle dans sa ville épiscopale d'Autun. Son diocèse, très important et très vaste, allait de Vézelay à Moulins et à Beaune.

Une fois assis sur sa haute chaise cathèdre en bois de merisier incrusté d'écailles, il fit signe de sa crosse aux autres de prendre place sur les bancs de chêne. Il y avait autour de lui presque tous les dignitaires du chapitre : le doyen Abbon, le grand chantre Denis, le prévôt Bernard, et trois des quatre archidiacres, Odon, Girart et Robert, le prétentieux fils du duc de Bourgogne. Etaient aussi présents l'archiprêtre Roclen, le sénéchal Gauthier, l'abbé de Saint-Symphorien et bien sûr celui de Saint-Pierre-de-l'Estrier, Hughes.

Le prélat avait revêtu, en signe de deuil, une simple aube de lin blanc sans aucune fioriture par-dessus sa robe chamarrée.

Seuls, la mitre sur la tête, le pallium[14] au cou, et la crosse à la main, attestaient de son pouvoir. Il s'exprima d'une belle voix grave, énergique, pour s'assurer d'abord que les portes étaient bien fermées et gardées. Après avoir évacué rapidement les affaires courantes habituelles, puis réglé, pour l'après-midi même, les modalités des obsèques et de la succession d'Alphonse, le malheureux sacristain assassiné, il demanda au prévôt Bernard de faire le point sur l'enquête.

Le prévôt détailla ses investigations après le meurtre. Le vol était indubitablement le mobile du crime. Mais bien des points restaient obscurs. Pourquoi la porte de la sacristie, normalement toujours fermée sur l'extérieur, avait-elle été ouverte ? Alphonse, malencontreusement, aurait-il ôté le verrou ? Sinon, qui ? Pourquoi au vol s'était ajouté le meurtre, le plus lâche et le plus ignoble ? Peut-être le sacristain avait-il voulu se battre pour défendre le bien de l'église?

Les recherches entamées peu de temps après l'assassinat n'avaient rien donné. Les battues effectuées tout de suite – puisque l'abbé Hughes avait pratiquement surpris et dérangé les voleurs - à la nuit tombante, par les moines et les convers des deux abbayes, dans la nécropole et ses alentours, avaient été vaines. L'obscurité avait favorisé les criminels. Les cavaliers de l'évêque, menés énergiquement par Monseigneur en personne, avaient bien perquisitionné les faubourgs, fouillant, torches à la main, les halliers et les buissons, traversant les paroisses de Saint-Pantaléon et Saint-Denis. En vain. Des incursions le long de la route s'étaient avérées décevantes. Les masures des serfs proches du lieu du crime avaient été fouillées sans résultat. Les guetteurs aux portes de la ville et sur les remparts n'avaient vu approcher personne, ni rien remarqué d'anormal. Le prévôt fit cependant observer que l'on connaissait depuis quelque temps une fragile mais bienheureuse époque de paix. Aussi, les gardes sur les remparts et les miliciens du guet étaient-ils moins attentifs, moins vigilants qu'en période de pillages

[14] Petite étole de laine blanche à croix noire indiquant une dignité conférée par le pape en personne

et de dangers. Il avait déjà auparavant protesté contre ce relâchement dangereux et inqualifiable. Par ailleurs, les indicateurs et les dénonciateurs habituels dans les villages avoisinants n'avaient rien signalé, non plus que les curés des différentes paroisses qui apprennent bien des choses. Un ratissage par la soldatesque de l'antique nécropole montrerait peut-être des traces significatives. Mais on ne pouvait le faire aujourd'hui dimanche, jour du Seigneur, comme tous le savaient. Il fallait attendre lundi matin, dès le lever du jour, avant la procession. Les recherches, sinon, seraient gênées ensuite par les festivités de la Saint-Pierre qui devaient se dérouler à l'Estrier, lieu même de l'attentat.

L'évêque n'avait pas cru bon de reporter ces cérémonies dans la crainte d'un mouvement de protestation des membres des confréries de la pierre qui avaient préparé le programme depuis longtemps. Les travailleurs sur les chantiers étaient exténués par la longueur des journées de labeur, en cette période proche du solstice d'été où la durée du temps de travail, calquée sur la clarté, paraissait interminable. La chaleur excessive n'arrangeait rien. Les nuits trop courtes réduisaient les moments de récupération et de sommeil. Il était hors de question de leur supprimer un repos et une fête très attendus. Il ne fallait pas risquer de déclencher l'orage des récriminations. Quant aux vilains venus des villages environnants, de corvée par roulement comme manœuvres sur les chantiers d'Eglise, c'était aussi pour eux une occasion de pause et la possibilité de retourner brièvement dans leurs familles pour couper la durée de la séparation. La multiplication des jours fériés était pour tous une soupape de décompression indispensable.

Il restait que le désordre de cette journée gênerait considérablement les recherches du prévôt et contribuerait à brouiller les pistes. En attendant, il n'était pas resté les bras croisés et ses hommes avaient fait le maximum. Ainsi des marchands venus de Flandre avec cinq charrettes chargées de coupons de drap de Malines avaient été arrêtés comme ils se présentaient à la porte Saint-André. Leur cargaison et leurs bagages fouillés, il s'était avéré qu'ils avaient fait de fausses déclarations pour tenter de frauder sur les droits de péage. Rien ne permettait pourtant de rattacher ce délit mineur au vol de la vaisselle d'argent. Cependant, ils devaient repartir mercredi avec un chargement de peaux et de cuirs. Le prévôt ne croyait pas utile de retarder leur départ : les tanneries de la cité avaient besoin de débouchés pour leur production. Le va-et-vient des caravanes de marchands participait à la prospérité générale. Il avait donc renoncé à faire fouetter ces Flamands, -malgré l'envie qu'il en avait au point d'en faire trembler sa moustache - mais proposait qu'on leur inflige une simple amende, pas trop forte, afin de ne pas les décourager de revenir commercer à Autun. Cependant par précaution, il proposait d'envoyer une troupe de cavaliers les rejoindre mercredi, après qu'ils aient parcouru une certaine distance, afin de vérifier qu'ils n'avaient pas de contact hors de la ville avec les voleurs assassins de l'Estrier.

Une autre nouvelle inquiétante, encore qu'il n'y eût apparemment pas de lien direct avec le crime et l'égorgement d'Alphonse, était la découverte de traces de fausse monnaie. Bernard proposa de donner la parole à l'archidiacre Girart qui était le plus qualifié pour en parler. Remerciant le prévôt, l'évêque souhaita donc entendre Girart qui bouillait du désir d'intervenir et de se mettre en valeur.

L'archidiacre, le corps courtaud et gras engoncé dans une longue dalmatique orangée trop richement brodée, expliqua qu'il s'était rendu samedi chez les changeurs pour enquêter. Ces gens, dit-il, étaient des juifs répugnants, mais on était obligé de les fréquenter pour des questions financières[15]. Le premier *changeur*[16], Isaac, à la barbe et aux cheveux frisés, lui avait signalé, samedi matin, la présence de fausses monnaies. Elles émanaient pour la plupart de l'auberge du chapon rouge. Le tenancier de la taverne, interrogé vigoureusement, avait déclaré, Dieu en soit loué, avoir reçu beaucoup de clients. Débordé, il n'aurait pas remarqué la fausseté des pièces qui lui avaient paru de bon aloi. Il avait négligé de les

---

[15] Pour beaucoup de clercs de cette époque de croisades, les juifs étaient seulement tolérés, quand ils n'étaient pas persécutés.
[16] Commerçant faisant les opérations de change en pesant les monnaies.

mordre pour en vérifier la qualité : il s'en mordait maintenant les doigts.

Trois autres *deniers*[17] provenaient d'un fourreur, Fiacre, renommé dans toute la ville haute. Il avait bénéficié ces derniers jours de clients huppés qui profitaient des prix soldés en cette chaude période d'été peu favorable à la vente des fourrures. Parmi ces chalands on trouvait la vieille et riche comtesse Ermentrude et sa petite fille, le seigneur Guy de Roussillon et son épouse, le seigneur Thibault de Saint-Prix et plusieurs membres éminents du chapitre, dont certains, qu'il n'avait pas à nommer, étaient ici présents. Le timbre de voix de l'archidiacre monta légèrement, signe de jubilation, lorsqu'il prononça ces derniers mots. Il ne se rendait pas compte qu'il postillonnait en parlant et que ses voisins détournaient la tête. Une bave blanchâtre moussait à la commissure de ses lèvres.

Girart était ensuite allé chez le deuxième changeur, Melchisédec aux mains avides. Mais après avoir examiné les derniers deniers arrivés, il avait constaté que tous étaient authentiques.

Passant chez le troisième changeur, un Lombard roublard nommé Mattéo, Girart avait découvert un grand nombre de fausses pièces : des deniers du duc de Bourgogne comme chez Isaac, mais aussi d'autres... Le changeur, peu disert, n'était pas sûr de la provenance de ces pièces remarquablement reproduites. Il aurait fait des opérations de change récentes avec des catins et autres filles follieuses et horizontales opérant à l'entrée des remparts, sous les ponts. Elles avaient réalisé d'excellentes affaires ces jours derniers avec l'abondance d'hommes sur les chantiers et l'arrivée d'une caravane de soldats et de marchands. Naturellement, dans ces conditions, il paraissait particulièrement vain de vouloir remonter la filière. A moins, se crut-il obligé d'ajouter avec une ironie désagréable, que l'un des éminents chanoines du chapitre cathédral ne veuille pousser une enquête personnelle plus fouillée dans ce milieu que lui-même connaissait mal.

---

[17] Monnaie d'argent d'un gramme environ qui contient 50% d'argent pur.

Il y eut quelques réactions indignées. Denis menaça l'impertinent, juste avant que l'évêque ne frappe sèchement le sol de sa crosse.

Là-dessus, l'archidiacre, content de son effet, tira une bourse attachée à sa ceinture et sortit quatre deniers qu'il fit circuler en demandant aux membres de la *cour l'évêque* de dire s'ils étaient capables de différencier les vrais des faux. Ce que trois seulement des participants réussirent, encore que ce fût sans doute le fait du hasard. Tous convinrent que le travail des faux-monnayeurs avait été efficace. Il était en particulier difficile à l'œil de distinguer le bon grain de l'ivraie. L'imitation du denier du duc de Bourgogne était presque parfaite. Il est vrai que le modèle, emprunté aux évêques de Langres, était assez courant. En revanche les tolérances de titre et de poids avaient été dépassées.

Sur une question de Robert, l'archidiacre précisa que *l'aloi*[18], c'est-à-dire la proportion d'argent dans l'alliage des pièces, laissait à désirer: il était presque certainement légèrement inférieur à la moitié, c'est-à-dire en dessous de la tolérance admise. En outre, le poids même des deniers, d'un peu moins d'un gramme, manifestait lui aussi un léger *faiblage* [19]: sur ce point encore, il y avait déficit.

Une discussion désordonnée s'était engagée tandis que circulaient les deniers et les commentaires plus ou moins avisés. L'évêque frappa le sol dallé de sa crosse pour obtenir le silence. Dans un calme relatif il demanda à ses conseillers de parler seulement à bon escient, la situation étant inquiétante. D'où provenaient ces monnaies ? On n'avait pas entendu parler de fausses en d'autres lieux voisins.

Personne n'osa plus dire mot. Le doyen Abbon se crut cependant obligé de fustiger l'intérêt que tous semblaient porter à la monnaie :

« Ces pièces d'argent, comme celles d'or, sont des inventions du Diable pour corrompre l'esprit des hommes. Leur utilisation est malsaine et le contact répété avec ces instruments démoniaques ne

---

[18] Proportion d'argent dans l'alliage des pièces

[19] Infériorité de poids d'une monnaie

peut que perturber l'esprit. Quand j'étais jeune, on n'avait nul besoin de deniers ou de *marcs*[20], on pratiquait le troc, l'échange des biens que Dieu nous offrait. Le curé qui desservait la chapelle du château de mon père disait que les pièces d'argent étaient cornues et noires, qu'elles étaient le symbole manifeste de Satan. »

L'archidiacre Girart, outré par cette sortie intempestive du doyen, devint rouge, les joues en feu plus vives que sa riche robe orangée. Il dressa son gros ventre comme un coq de combat ébouriffe ses plumes et s'apprêtait à répondre, quand Etienne l'arrêta d'un signe autoritaire du bras avec une mimique signifiant qu'il ne fallait pas attacher trop d'importance aux paroles pieuses mais désuètes d'Abbon.

L'évêque reprit alors la parole, pour faire remarquer que l'émission sauvage de ces faux deniers risquait de perturber l'économie du diocèse. Il chargeait Girart de garder contact avec les changeurs. Il était important de rester discret tant que cela serait possible afin d'éviter le désordre, si le bruit s'en répandait. Le chapitre devait justement payer prochainement leur salaire à ses employés libres saisonniers : en particulier la foule des artisans sur les chantiers d'églises, tailleurs de pierre, charpentiers, maçons, forgerons, couvreurs, plombiers, peintres, vitriers, sans compter leurs valets.

« La racaille de leurs valets » grommela Girart qui méprisait autant les humbles que les hérétiques.

L'archidiacre Odon demanda s'il se pouvait qu'il y ait un lien entre le vol d'objets en argent et la frappe de faux deniers. La vaisselle sacrée pourrait fournir matière première à bon compte, - mais au prix d'un meurtre -, pour les faussaires.

Il y eut des murmures d'approbation. Cependant l'évêque n'était pas certain que le produit du vol soit destiné aux faussaires : les objets dérobés étaient pour la plupart des pièces d'orfèvrerie très finement ouvragées et donc d'une valeur bien supérieure à leur poids. Il pensait plutôt qu'il serait plus profitable pour les voleurs de revendre cette argenterie loin d'Autun dans quelque ville de

[20] Unité de poids. 2 marcs pèsent une livre (489 grammes)

France ou de l'Empire, ou dans quelque abbaye éloignée, peut-être même aux royaumes chrétiens de Terre sainte. Mais on ne pouvait exclure que l'argenterie soit destinée à être fondue puis mise en frappe sous forme de deniers. Dans ce cas seraient détruites les traces qui permettraient de faire le lien avec le vol et l'assassinat d'Alphonse.

D'autres questions se posaient. Où se trouvait l'atelier de fausse monnaie ? Voilà ce qu'il fallait rechercher. Par ailleurs, quel orfèvre était capable de ciseler un modèle de denier d'une telle précision ? Il faudrait surveiller les deux échoppes de Nazaire et d'Innocent, seuls capables, à sa connaissance, de fabriquer de telles pièces.

Nazaire montait et vendait plutôt des bijoux dans son échoppe de la ville basse. C'est lui qui avait créé l'anneau épiscopal d'Etienne. L'évêque tendit la main dans un mouvement semi-circulaire pour le faire admirer : un chaton ovale polylobé serti d'une améthyste et orné, de part et d'autre, de deux petites têtes de chouette, était fixé sur un jonc d'or. Le travail en était remarquable. Nazaire avait aussi fabriqué la crosse épiscopale : un bâton de chêne rythmé par des anneaux de bronze doré. Le *crosseron*[21], de même métal, se courbait en une volute à pans coupés terminée par une fascinante tête de serpent tirant la langue. L'évêque avait toute confiance dans l'orfèvre qui utilisait scrupuleusement les métaux précieux qui lui étaient fournis. D'ailleurs il travaillait de préférence l'or à l'argent. Cependant on le surveillerait de près, et s'il le fallait on fouillerait son atelier.

Innocent, le deuxième joaillier, quant à lui, était installé dans la ville haute, tout à côté de l'enclos canonial. C'est lui qui bénéficiait le plus souvent de commandes pour du mobilier liturgique. L'archiprêtre Roclen demanda la parole pour se porter garant de la probité de son ami l'orfèvre et pour vanter son habileté et l'excellence de son travail très apprécié. Le dernier calice qu'il avait livré une semaine auparavant était une pure merveille:

[21] Partie supérieure, façonnée en volute, d'une crosse épiscopale ou abbatiale.

« La coupe est un vase de jaspe, venu d'Orient. Sa monture d'argent doré est digne de sa rareté. Elle est rehaussée de pierres précieuses serties dans des bâtes dentelées. Elle présente des granulations et de délicats filigranes doubles perlés, regroupés en grands fleurons. Ce calice est encore plus beau que celui d'argent doré, fabriqué par ce même orfèvre et qui a été volé, hier, parmi d'autres merveilles, à la sacristie de l'église Saint-Pierre. Les deux anses… »

L'évêque, oubliant qu'il venait de faire miroiter lui-même le luxe insolent de ses accessoires épiscopaux, interrompit le malheureux Roclen. Il n'avait pas réuni son conseil pour disserter sur la beauté des calices, si remarquables puissent-ils être… Il fallait en revenir à des propositions…

L'archidiacre Girart osa lui couper la parole et intervenir pour préciser que Gislebertus, le tailleur de pierre, lui aussi connaissait le travail des métaux et se trouvait capable de fabriquer et graver les poinçons nécessaires à la frappe des fausses monnaies. N'avait-il pas réalisé avec la plus grande précision la matrice du sceau en forme de navette qui identifiait la signature de l'évêque ? On pouvait donc, lui aussi, le soupçonner.

Le prévôt les informa alors que, justement, le guet lui avait signalé un suspect sur le rempart hier soir, précisément derrière chez Gislebertus. On avait retrouvé une corde de contrebandier.

Le grand chantre Denis intervint aussitôt pour affirmer qu'il se portait garant de son ami le sculpteur, incapable à son avis d'une telle vilenie. Cependant Girart, la bouche mauvaise, insista pour qu'on ne raye pas Gislebertus de la liste des suspects. Il fut décidé qu'une surveillance particulière s'exercerait autour de Gislebertus et de sa demeure. Etienne de Bâgé, pour conclure, demanda que chacun s'engage à garder, en dehors de la « cour l'évêque », le plus grand silence sur cette affaire. Tous jurèrent, même Robert, fils du duc de Bourgogne.

Resté seul, l'évêque considéra pensivement un denier qui, par précaution, n'avait pas été montré au conseil : d'un côté, autour d'une croix *fichée*[22] entre trois annelets, l'inscription STEPH/EPISC ; au revers, une *croix cantonnée de quatre besants* [23]et AUGU/STAU. Il était effrayé. Ce denier aurait pu être frappé sur ses instructions puisqu'il évoquait un *Etienne, évêque d'Autun.* Mais il n'avait rien ordonné de tel. C'était cela le plus inquiétant. Quelqu'un de très pervers, et assez puissant pour disposer de réserves d'argent pour frapper monnaie, voulait faire croire qu'Etienne avait outrepassé ses droits. Quelqu'un voulait le brouiller avec le duc de Bourgogne. Quelqu'un voulait ranimer la guerre avec le duc !

---

[22] Se dit d'une croix dont la partie inférieure est effilée en pointe.

[23] Se dit d'une croix accompagnée en ses 4 cantons d'imitations du besant, pièce qui sur les armoiries indiquait la participation aux croisades.

18 *Qui surprend Mélisende dans son repaire sylvestre.*

Mélisende, assise à l'ombre du grand saule, la robe retroussée à mi-cuisses, les pieds battant dans l'eau fraîche de la fontaine moussue où nageaient des têtards, soupira d'aise. La journée avait été chaude, la jeune fille avait été très active depuis le matin et elle goûtait le temps de repos qu'elle s'octroyait ce dimanche soir-là. Elle retrouvait toujours sa sérénité au bord de ce bassin de granit. Sa grand-mère, l'aveugle, racontait que c'était un lieu sacré et bénéfique depuis des temps très anciens. Des tessons de terre cuite, trouvés au fond et gravés dans une langue inconnue, gardaient la trace d'un culte séculaire. Pourtant, à y réfléchir, Mélisende n'éprouvait pas vraiment sa joie habituelle à l'idée de passer deux jours, tranquille et seule, dans son refuge chéri.

Là, sur cet alleu, terre libre ne relevant d'aucun seigneur, avait vécu sa mère, Gudule, qui connaissait les plantes et les simples des collines, les sources et les bois sacrés, les pierres levées des anciens rites et des nouveaux sacrifices, les pistes des lynx, les erres des loups et la trace des martres, le souvenir des ours, des elfes, des fées, des ogres et des garous…

Gudule semait au printemps, dans un sol pierreux exposé au soleil, une plante à fleurs jaunes que personne ne cultivait dans la région et qu'elle appelait guède. Elle en cueillait tous les vingt-cinq jours les feuilles en cassant le pétiole. Elle jetait sa récolte dans un grand chaudron d'eau chaude et l'y maintenait quelques instants. Après soutirage et refroidissement elle battait avec vigueur le liquide ainsi obtenu. On voyait alors une coloration bleue très rare apparaître. Elle laissait reposer ensuite jusqu'à ce que le jus se précipite en poudre.

Elle cultivait également la gaude ou réséda, appelée encore herbe jaune, et le genêt de teinturier ou genestrolle. Ils étaient écrasés à l'aide d'une meule et mêlés à de la cendre de sarments de vigne pour former une pâte. Enfin, Saturnin lui avait ramené d'un voyage en Alsace une plante très rare, la garance aux lisses aiguillons couverts de feuilles verdâtres, mais dont les rhizomes rampants rouges étaient chargés de longues racines qui, après avoir macéré dans l'eau, étaient à leur tour broyées à la meule et séchées.

Elle confiait une partie de ces poudres et ces pâtes à Saturnin son mari qui les utilisait dans ses préparations savantes et dans ses mélanges subtils. Le pastel pur aux tonalités bleues, mélangé à la gaude, permettait d'obtenir des nuances vertes ; mélangé à la garance et aux kermès, des violets et des pourpres.

Car Saturnin, échangeait aussi une partie des productions de Gudule avec ses confrères peintres rencontrés au gré de ses chantiers et pérégrinations, comme avec certains enlumineurs dans des monastères: ils lui fournissaient d'autres ingrédients précieux qui lui manquaient pour fabriquer ses couleurs. Ainsi du kermès qui vit sur l'yeuse et sur certains chênes sous forme de cochenilles globuleuses à segments épineux. Les femelles grosses comme un pois s'installent sur les rameaux et au moment de la ponte se recouvrent d'une pellicule cornée qui sert à fabriquer un pigment rouge, connu sous le nom de graine d'écarlate, que Saturnin ramenait du sud quand il allait par ailleurs faire provisions de terres ocrées à Roussillon.

Gudule revendait le reste à des teinturiers lors des foires rituelles d'Autun, le premier septembre et le premier mars.

Melisende, toute petite, avait vécu là, avec ses deux frères aînés et la grand-mère aveugle, dans les jupons rassurants de sa mère et dans la sylve protectrice. Son père Saturnin le peintre était souvent absent, selon les travaux qu'on lui confiait. Mais c'est là qu'il se ressourçait chaque fois qu'il le pouvait. Il y gardait soigneusement ses réserves de terres naturellement colorées et tous les ingrédients compliqués nécessaires à la pratique de son art. Il y faisait ses préparations, inventait et essayait de nouveaux mélanges, de nouveaux liants.

Quand la maladie eut emporté en quelques semaines Gudule et les deux garçons, le veuf avait confié la chaumière à la grand-mère, et avait emmené avec lui Mélisende à travers l'Empire ou le Royaume au gré des commandes. Elle avait alors mené avec lui cette vie nomade d'un chantier à l'autre. Elle l'avait secondé comme elle l'avait pu, élevée comme un garçon, habillée de *chainses*[24], *bliauds*[25] et *braies*[26], cheveux courts sous un bonnet roussâtre, partageant les tablées bruyantes des compagnons, et même souvent les dortoirs des hommes, calée sur la paillasse commune, entre son père et la boîte à peintures, à proximité de voix et parfois de main, exposée aux plaisanteries grasses et aux obscénités de chambrée. Il l'avait protégée jalousement et lui avait confié tous les secrets et tous les savoir-faire de son métier et de son art.

Elle avait peut-être onze ans quand ils eurent l'occasion de revenir en Autunois, à l'initiative de Gislebertus qui avait croisé auparavant le peintre sur des chantiers et appréciait beaucoup son sens de la couleur et sa technique éprouvée. Saturnin s'était fixé là, estimant qu'il avait du travail pour une bonne dizaine d'années. Après avoir partagé le réfectoire et le dortoir habituels, il avait rapidement trouvé à louer une chambre à l'étage d'une demeure appartenant à un chanoine. Surtout, au grand bonheur de son garçon manqué de fille, ils pouvaient regagner, les jours chômés, la chaumière au fond des bois. Elle n'était qu'à un peu plus de trois heures de marche de la ville, ce qui n'était rien. Ils s'y rendaient le plus souvent possible. Mélisende y retrouvait le souvenir heureux

---

[24] Vêtement de toile porté entre la chemise et le bliaud.

[25] Longue tunique de dessus portée par homme ou femmes

[26] Pantalon large.

des jours paisibles enfuis, et un vent de liberté dans ce balcon en forêt, loin des contraintes compliquées de la vie communautaire du chantier de la basilique.

Les anciennes plantations de Gudule étaient redevenues des friches envahies de mauvaises herbes et d'orties. Mais c'était sans importance: ni le père, ni la fille ne s'en souciaient. Là, dans cette chaumière du Bois Fretoy exposée plein sud, Saturnin avait entre les murs de pisé ses réserves si précieuses de poudres, terres ocrées et mixtures diverses. Mélisende, tandis que son père se reposait au soleil ou vaquait à ses préparations, retrouvait les jeux, les rites, les cachettes secrètes, les écureuils, les têtards et les grenouilles de son enfance. Surtout, elle redevenait peu à peu une fille.

Elle avait récupéré, soigneusement rangées dans un coffre, les deux chemises et les deux robes de sa mère. Elle les avait essayées. Les robes étaient trop longues. Mélisende n'avait pas appris à coudre, son père ayant négligé jusque-là cette part de son éducation. Cependant Saturnin, qui ne s'était pas remarié, était habitué à se débrouiller seul et était homme de ressources. Il avait montré à la fillette comment tenir l'aiguille et elle avait eu tôt fait d'adapter les vêtements. Elle avait trouvé aussi une poupée, à qui elle avait tenté de confectionner un trousseau. Elle était rapidement devenue habile. Elle s'était mise, avec des crins, des poils d'animaux divers, des joncs, de la paille, des cheveux, des débris de cuir ou de chiffons, à fabriquer d'autres figurines, à qui elle donnait vie comme d'étranges images tutélaires, porteuses de ses confidences et de ses aspirations secrètes.

Elle avait sur le chantier continué à s'habiller comme un garçon, mais quand elle était à Fretoy, alors elle se vêtait comme une fillette ou plutôt comme une petite femme. Elle avait un don naturel pour se parer d'un rien : colliers, bracelets, rubans, bandeaux d'herbes et de fleurs tressées, coquilles de minuscules escargots, petits carrés d'écorces peintes...Son père, maintenant, l'encourageait et admirait son sens inné et son ingéniosité à orner ses pauvres frusques comme elle avait toujours su enjoliver et colorer la grise vie du veuf par ses rires fous, sa fantaisie, ses mystères mêmes.

Elle avait aussi commencé à laisser pousser ses cheveux qui, une fois lavés dans le ruisseau, séchés et peignés, éclataient d'un roux provocateur. Elle s'enchantait de leur somptuosité soyeuse épandue sur ses épaules blanches. Son père cependant hochait la tête et la mettait en garde :

« Cache tes cheveux. Il y a des fanatiques dans cette région qui pourraient croire que ta tignasse flamboyante est la marque de l'Enfer et du Diable. »

La petite riait mais n'omettait jamais de mettre son bonnet sur le chantier jusqu'à ce qu'elle le remplace par un voile, une guimpe ou autre turban très élaboré.

Elle avait en effet commencé l'année suivante d'assumer sa féminité, et de la manifester aussi sur son lieu de travail. Peu conventionnelle, elle s'habillait à sa guise, généralement de tissus aux teintes vives qu'elle assemblait elle-même et qu'elle ornait au bout du pinceau de rehauts de couleurs. Si elle portait encore parfois des braies sous des tuniques tabliers courtes, c'était par commodité. Personne autour d'elle ne s'était trop choqué de ses fantaisies vestimentaires, pas même la plupart des chanoines qui l'avaient connue enfant affublée d'oripeaux masculins et s'étaient accoutumés peu à peu à ses métamorphoses.

Très jeune elle s'était imposée par la maîtrise de ses dessins et la subtilité de son coup de pinceau, par l'étendue de ses connaissances techniques et sa perception, si essentielle à cette époque, de la symbolique des couleurs. Le grand chantre Denis, qui s'y connaissait, était persuadé qu'elle avait plus d'habileté, d'inventivité et de sens harmonique des tons que son père : Saturnin lui avait, avec son amour paternel patient et obstiné, transmis tout son savoir. Elle brillait en plus d'un talent évident.

C'est pourquoi, quand le peintre était brutalement décédé, il y avait seulement six mois, le grand chantre avait soutenu avec Gislebertus l'idée d'embaucher sa fille pour le remplacer. Plusieurs chanoines s'y étaient bien opposés, craignant le désordre que pourrait créer sur le chantier la présence de cette femelle à un poste important, et stigmatisant par ailleurs sa jeunesse. Cependant tous avaient dû admettre ensuite que ce choix avait été judicieux et chacun ne pouvait que se louer de son travail.

Mélisende avait trouvé à se loger chez un bronzier dont elle connaissait la fille, Pétronille : c'était une jouvencelle de son âge, exquise mais sauvage, que la vie n'avait pas épargnée, fragile comme une douce céramique fissurée. Son caractère fantasque s'accordait avec le sien. Toutes deux partageaient une petite chambre au-dessus de l'atelier du fondeur.

Assise, donc, les pieds dans l'eau, elle se laissait aller à ses songes. Elle appréciait d'habitude cette solitude champêtre. Jamais elle n'avait amené quelqu'un ici à Fretoy. Jamais personne n'avait vu à quoi elle occupait ses loisirs. Pourtant, à un seul homme elle aurait montré son domaine secret et les fruits sibyllins de ses soins passionnés. Que pouvait-il bien faire, lui, en cette fin d'après-midi ?

*

Gislebertus avait déjeuné avec son fils Germain à la taverne du Lion d'or. Puis ils s'étaient promenés, main dans la main. Ils avaient assisté à des joutes nautiques sur la rivière. Le petit riait et applaudissait quand un des joueurs tombait à l'eau. Puis ils avaient erré dans une partie ancienne et presqu'abandonnée de la ville. Ils avaient monté avec peine les gradins dégradés du vaste amphithéâtre romain désert, où seules des chèvres folles se moquaient en bondissant dans les ruines envahies d'une végétation sauvage. Tandis que sonnait le glas pour les obsèques du sacristain assassiné auxquelles assistaient une grande partie des habitants, ils avaient contemplé tous deux le paisible paysage qui s'étendait jusqu'aux premiers contreforts arrondis du Morvan sauvage.

Le sculpteur aimait ces collines douces, ces vallons humides, ces forêts touffues et mystérieuses. Ces reliefs mollement arrondis à l'horizon lui faisaient songer à de grands corps de géantes allongées au loin et il y percevait la courbe nonchalante d'une épaule, l'inflexion d'une hanche, l'ondulation frisée d'une chevelure épanouie.

Puis ils étaient rentrés, se racontant mille riens avec bonheur. Cependant, comme ils étaient presque arrivés, Gislebertus voulut faire un léger détour pour passer devant le palais d'Ermentrude. Il crut apercevoir un instant à l'étage sa chère Ombeline. Elle ne l'avait sans doute pas remarqué. Il aurait voulu insister, mais le garçonnet se mit à pleurnicher. Il était fatigué. Gislebertus se décida à rejoindre son domicile. Germain demanda à boire, il avait chaud. Mais son père avait oublié que la cruche d'eau était vide. Il lui restait une poignée de cerises juteuses que l'enfant dégusta avec plaisir. Gislebertus lui promit qu'ils iraient tout à l'heure boire et manger à l'auberge toute proche, après s'être reposés.

Germain, somnolent, se coucha sur la paillasse. Assis à son chevet, le sculpteur lui chanta doucement une chanson à la mode qu'avait composée Abélard, une dizaine d'années auparavant. L'enfant s'endormit. Gislebertus, désœuvré et désemparé, entreprit de dessiner un projet qu'il esquissa d'un stylet acéré sur une tablette de bois enduite de cire. Il était soucieux cependant, et avait du mal à se concentrer sur la tâche qu'il voulait s'imposer. Il aurait préféré pouvoir avancer la grande sculpture de la tentation d'Eve. Mais l'Eglise, trop respectueuse du repos liturgique obligatoire, le lui interdisait.

Il entendit des pas dans l'impasse. Les battements de son cœur s'accélèrent. Ombeline ! Mais personne ne frappa. Les pas hésitants s'éloignèrent. Il alla ouvrir la porte, mais la ruelle était vide. Deux des gardes de l'évêque discutaient paisiblement au coin de l'impasse. Voyant que l'enfant dormait profondément, il n'y tint plus. Il décida de sortir juste un instant, pour aller voir si Ombeline était toujours à sa fenêtre et s'il pourrait lui faire un signe.

Le sculpteur salua distraitement les deux hommes portant la livrée de l'évêque. Il ne les connaissait pas, bien que beaucoup des gardes lui fussent familiers. Il hésita à leur demander s'ils avaient vu passer une jeune femme richement vêtue. Il n'osa pas. Le palais était tout près, dans l'impasse suivante qui donnait sur les remparts. Il rôda quelque temps. En vain. Les vêpres sonnaient.

Dépité, il s'en revint à pas lents. Il faisait encore chaud. Au coin de la place, les deux bavards avaient disparu. Un chanoine se hâtait vers Saint-Nazaire. En contrebas, venant de la porte châtelaine, un joyeux groupe de novices plaisantait. Leur tournant le dos, Gislebertus regagna sa porte au heurtoir à tête diabolique. Mais quand il l'ouvrit, il fut effaré: le petit Germain gisait à côté de sa paillasse. Un peu de sang suintait de son front.

19. *Où le lundi 29 juin, fête de Saint-Pierre, on découvre une stèle étrange.*

Lundi matin, au milieu des clercs endeuillés par le crime de samedi, l'abbé Hughes attendait la procession devant le porche des églises jumelées Saint-Pierre-Saint-Etienne sur la colline sacrée de l'Estrier. Hier il avait déjà accueilli l'évêque pour les obsèques du malheureux égorgé. Maintenant, à mille pas, sortant de la ville par la porte romaine saint André, s'ébranlait le cortège de la confrérie des métiers de la pierre venant honorer la fête de ses saints patrons. Malgré la peine de tous les amis du sacristain assassiné, il était cependant hors de question que ce drame puisse compromettre et altérer l'ordonnancement de la cérémonie traditionnelle, « la frairie » organisée à cette date.

Les gens d'armes de l'évêque ouvraient la marche, *lance d'hast* [27]au poing, épée au côté, casque conique au front, bouclier au bras gauche. Suivaient les enfants, élèves de la maîtrise de la cathédrale, en robe pourpre, qui chantaient les hymnes. Puis, précédé d'un porteur d'oriflamme à ses couleurs, rouge et jaune, et de deux diacres élevant chacun, au bout d'un long manche, un *flabellum*[28], , se présentait l'évêque Etienne de Bâgé en personne, sur une magnifique haquenée grise andalouse caparaçonnée aux couleurs de son blason. Le prélat, coiffé d'une mitre argentée, était vêtu d'une chasuble somptueuse de soie chamarrée d'or et de pierreries.

---

[27] Arme blanche dont le fer est emmanché au bout d'une longue hampe.

[28] Grand éventail en plumes de paon

Les principaux dignitaires du chapitre, le doyen Abbon, l'archidiacre Girart, le prévôt Bernard, l'archiprêtre Roclen, le sénéchal Gauthier, le bibliothécaire Joseph, les chanoines Gengoulph et Robert, tous en robes magnifiques, l'accompagnaient à dos de mules. Abélard, dans son sobre froc noir, la mitre *auriphrygiée*[29] sur la tête, faisait aussi partie de ce groupe, de même que les chevaliers de l'escorte armée personnelle de l'évêque, en cottes *jazequenées*[30] d'anneaux et de mailles d'acier sous d'éclatantes tuniques bigarrées. Marchaient ensuite les chantres et sous-chantres qui, sous la direction de Denis, entonnaient en chœur les strophes selon le mode grégorien.

Derrière s'étendait l'impressionnante procession des membres des confréries saint Pierre et saint Etienne, bâtonniers déployant les emblèmes du métier et les bannières saintes, maîtres, artisans et apprentis, avec leurs statues des saints patrons portées sur des brancards d'épaule. Aux corporations de la pierre venues du chantier de la basilique Saint-Lazare qui avaient l'honneur de marcher devant, s'étaient joints, à la sortie de la cité, devant la porte romaine fortifiée, tous les confrères des autres nombreux chantiers qui émaillaient la ville et les villages environnants. A distance, dans un désordre sympathique, suivaient les femmes. Certaines commentaient à voix basse les échos d'un meurtre et d'un vol sacrilège. Elles écoutaient avec une avidité mêlée d'effroi, faisant passer la nouvelle de rang en rang, tentant de ramener dans leurs jupes reprisées leurs enfants qui s'égaillaient et couraient ça et là entre rires et sanglots. Venaient enfin quelques gardes armés, ainsi que les ânes chargés de paniers de nourriture et de barriques de vin destinés au repas sur l'herbe qui permettrait de prolonger au mieux le caractère festif de cette belle journée. Les victuailles étaient offertes par les confréries, les tonneaux de vin par l'évêque.

---

[29] Se dit d'une mitre en soie blanche brodée d'or. La mitre abbatiale est moins riche que celle des évêques. Elle est auriphrygiée pour les exempts (qui ont fait confirmer leur élection par le pape et non par l'évêque), simplement blanche pour les non exempts.

[30] Garni de mailles d'acier

La cérémonie terminée, tandis que les membres de la confrérie, leurs épouses et leurs enfants se retrouvaient joyeusement dans une prairie voisine pour un grand banquet sur l'herbe, les dignitaires ecclésiastiques qui d'ordinaire déjeunaient à la table d'Hughes, abbé de Saint-Etienne, s'en retournèrent à cheval ou à dos de mules, dans leurs demeures respectives ou au réfectoire du chapitre: en raison de l'assassinat du sacristain et du deuil déclaré, le festin, qui avait si bien été préparé la veille au soir en ces lieux, était annulé.

Abélard ne les avait pas accompagnés. Il errait dans l'ancienne nécropole, suivi de son disciple Eusèbe et du grand chantre Denis qui avait confié sa chorale de petits maîtrisiens au deuxième chantre. Le philosophe boudait. Il avait pris un prétexte pour refuser de participer au déjeuner avec les chanoines dont l'accueil n'était pas ce qu'il avait escompté. Son prêche de la veille « *De Eleemosyna pro sanctimonialibus* », destiné à obtenir des dons pour Héloïse et ses moniales, avait pâti de l'effervescence due à l'assassinat du bedeau. Non seulement il avait été éclipsé par le sermon aux vulgaires accents infernaux de l'archidiacre Girart, mais il avait scandalisé certains chanoines persuadés qu'il ne pouvait décidément se passer d'Héloïse. Abélard voulait y voir la main de ses ennemis qui avaient fait en sorte une fois de plus de le discréditer.

Il avait besoin de marcher pour se calmer. Faisant fi des sombres évènements, un merveilleux et chaud soleil au sortir de l'église obscure les baignait d'une insouciance incongrue. Tous trois passaient silencieux parmi les étranges tombes antiques, tandis que s'estompaient plus loin les cris et les rires des membres de la confrérie qui savouraient leur congé. Devant une stèle funéraire au fronton joliment orné de deux colombes, Abélard, retrouvant sa langue, fit remarquer :

« Quel site singulier ! Je ne reconnais pas le mode habituel d'inhumation…

— C'est que nous sommes dans un lieu de culte et de pèlerinage vraiment très ancien, vénéré dans toute la Gaule. Grégoire de Tours s'en faisait déjà l'écho il y a six cents ans.

— Etait-ce dans son *Histoire des Francs* ? Je ne …

— Tu le liras, si tu le souhaites, dans son *In gloria confessorum* dont nous avons la chance de posséder une belle copie enluminée dans notre bibliothèque, » répondit, tout fier, le grand chantre. Puis faisant un large geste de la main, il poursuivit : « Ici gisent les tombeaux des premiers évêques d'Autun, puis ceux des fidèles qui désiraient reposer le plus près possible des reliques bénéfiques des saints. C'est dans ce faubourg que, dès le deuxième siècle de notre ère, si l'on en croit la tradition, se réunissaient les premiers chrétiens, venus d'Orient. Ils auraient bâti leurs églises, là justement où vient de se terminer la cérémonie, sur le site sacré d'un peuple païen aux cultes mystérieux.

— A propos de cérémonie, » osa les interrompre Eusèbe, « je l'ai trouvée magnifique, quoiqu'un peu étrange parfois. Ainsi, pourquoi l'évêque et le grand maître de la confrérie ont-ils ensemble déposé aux pieds de saint Pierre une gerbe de fleurs aussi quelconque ? Il n'est pourtant en cette saison pas difficile de composer de superbes bouquets. »

Ce fut Abélard, avec sa suffisance habituelle, qui répondit :

— Je peux t'expliquer cette coutume qui n'a rien de locale comme tu le crois. Moi qui suis né à l'ouest lointain, dans le diocèse de Nantes, je la connais. Mon père, le seigneur du Pallet, qui avait une vénération pour saint Pierre dont il m'a donné le nom, - c'est aussi ma fête aujourd'hui - la pratiquait. Ce n'est pas la beauté fragile des fleurs qui compte, mais leur poids symbolique. Ce gros bouquet champêtre était composé de variétés accolées au nom de saint Pierre : il y avait de l'épeautre, cette variété de blé à seul grain, image de l'unité de la doctrine ; de l'osmonde, cette belle fougère qui croît dans les bois humides ; de la gerbe d'or. Il y avait aussi certaines de ces herbes médicinales appelées herbes de saint Pierre: la pariétaire, dite aussi épinard de muraille, casse-pierre ou perce-muraille, remède diurétique contre la maladie de la pierre ; la scabieuse, ou mors du diable, contre la gale ; la saponaire à fleur lilas ou rose pâle ; l'androsace qui rougit comme une débutante quand on froisse ses feuilles ; et d'autres encore… »

Tout en parlant ils continuaient à marcher lentement entre les vestiges: fronton renversé sur l'herbe, fragment brisé orné là encore d'une colombe, buste tronqué en bas-relief…Soudain Abélard poussa un cri.

Devant eux, au pied d'un cerisier sauvage rouge de fruits trop mûrs, une plaque de marbre brisée portait de larges traces brunies. De grosses mouches verdâtres vrombissaient et se collaient aux cerises écrasées comme au sang séché.

« C'est ici qu'est tombé le malheureux sacristain assassiné le soir de ton arrivée !! Et c'est un peu plus loin, là-bas, où la terre a été fraîchement retournée, que se trouve maintenant, sous une simple croix de bois, sa dépouille en attendant son transfert dans une sépulture plus digne.»

Les deux amis, et Eusèbe, émus, et rappelés, en cette fin de matinée paisible, à l'horreur de cette mort violente, prièrent pour l'âme de la victime, puis, pour tous les défunts plus anciens qui gisaient alentour.

Ils se décidèrent à examiner la dalle de marbre gravée avec précision d'inscriptions en lignes régulières et soignées. Curieusement, dans cette nécropole désaffectée, c'était une des rares stèles entretenues et nettoyées par des mains toujours pieuses. Les graphies en étaient relativement nettes sur ce marbre blanc poli éclaboussé de sang sur l'arête brisée. Abélard se pencha:

« On dirait du grec ! »

Repris aussitôt par son démon de l'étude, et sa curiosité des textes anciens, oublieux déjà de l'évènement tragique dont la pierre portait encore la souillure désolante, il mouilla de salive avec ses doigts une partie intacte. Interloqué, Denis le regardait avec réprobation. Sans y prendre garde, Abélard continuait son exploration.

« Voilà qui est surprenant. On retrouve chacune des lettres du premier mot, reprise successivement à la verticale au début de chacun des vers. Cela ressemble à un acrostiche. Mais le texte parait crypté et je n'arrive pas à le déchiffrer. L'auteur a voulu, sans doute, laisser un message hermétique.

Cependant, attendez, je crois deviner I X θ T θ Ψ Σ
X
θ
T
θ
Ψ
Σ
le mot *poisson*, premier signe figuratif du christianisme, antérieur à la croix. » Il précisa, fier de son savoir: « Les initiales de ce mot, codé à cause des persécutions au début de l'ère chrétienne, formaient l'anagramme de **I**esous **Ch**ristos **Th**eou **Y**os **S**oter qui signifie Jésus Christ fils de Dieu Sauveur.» Il se redressa très ému: « Est-ce que tu te rends compte, Eusèbe ? Nous avons peut-être là les vestiges les plus anciens attestant la présence en Gaule d'apôtres venus d'Orient. » Il continuait à étudier la plaque avec grand soin, mais finit par capituler. « Je n'arrive pas à déchiffrer le reste : il me faudrait à tout le moins déjà remettre en place les parties brisées. J'abandonne ! »

Il s'éloigna et se mit par dépit ou par bravade à fredonner, comme sans y penser, les bribes d'une chanson d'amour nostalgique qu'il avait composée et qui avait toujours beaucoup de succès auprès de ses étudiants et, davantage encore, auprès de leurs amies. Denis, étonné, remarqua:

« Ta romance est très belle et tu as une voix superbe de baryton. Cependant, permets- moi de te dire que ta technique vocale laisse à désirer. Si tu veux je peux t'enseigner quelques éléments de base et t'assurer beaucoup de succès.

— J'ai déjà beaucoup de succès… » Il recommençait à chantonner, quand il s'arrêta net. Il désigna, en hoquetant d'un air effrayé, une silhouette noire apparue derrière un muret et qui s'éloignait déjà : « C'est lui ! Mes ennemis me poursuivent jusqu'ici !

— Qui ?

— J'ai cru reconnaître un moine rebelle de saint Gildas que j'avais menacé d'excommunication. Il m'avait promis, par mensonge, qu'il ne m'inquiéterait plus. Tu l'as reconnu, toi aussi, Eusèbe ?

— Je n'ai pas remarqué son visage sous la capuche.

— Ne t'inquiète donc plus » voulut le rassurer Denis. « Ce n'est sans doute qu'un des paisibles moines de l'abbaye Saint-Symphorien toute proche.

— Ne te moque pas de mes craintes. Elles sont fondées. Ces brigands ont déjà tenté de me tuer sur des chemins de traverse !

— Allons, tout est calme, ne fais pas une fixation. Et puis nous sommes en force, le rassura Denis en bombant sa grande carcasse. Pensons plutôt à déjeuner, j'ai faim. Allons maintenant, ma femme, Luce, nous aura préparé un petit en-cas en ton honneur.

— Ta femme ? Comment peux-tu être marié et chanoine ?

— Je suis une exception. J'ai été marié auparavant, et j'ai eu deux garçons, grands maintenant et mariés à leur tour. J'ai bénéficié d'une tolérance pour devenir chanoine et chantre dans cet évêché à une époque où l'on avait besoin de mes talents. Ce ne serait plus possible maintenant. L'Eglise est plus stricte désormais. Cependant, sous condition de discrétion, on a autorisé Luce à s'installer dans une petite maison, non loin de l'enclos canonial. C'est une femme remarquable, tu verras»

Abélard, amer, ne put s'empêcher de grimacer :

— Tu as eu beaucoup de chance, toi, mon cher Denis.»

Se rendant compte qu'il venait de raviver par sa gaffe la blessure profonde d'Abélard, le grand chantre s'empressa de changer de sujet:

—Tu as rendez-vous cet après-midi avec notre sculpteur. Je suis heureux que vous ayez sympathisé. C'est un grand artiste mais je me fais du souci pour lui. Beaucoup de nos chanoines voudraient qu'on le congédie malgré la protection de l'évêque pour faire appel à un tailleur de pierre plus docile. Ses œuvres les déroutent parce qu'il ne respecte pas assez les codes traditionnels. Son travail est trop inventif et trop osé pour eux. On critique aussi son comportement. Il est trop orgueilleux. On jurerait qu'il cherche à donner des arguments à ses détracteurs. »

20. *A la recherche d'Eve.*

Il n'était pas loin de midi. Gislebertus et son fils, qui étaient allés admirer un montreur d'ours, virent la troupe quelque peu désordonnée des petits chanteurs de la maîtrise remonter la pente du castrum pour prendre leur repas au réfectoire. Le sculpteur serra encore une fois l'enfant contre lui, avant de le laisser rejoindre ses camarades.

Le garçon semblait en forme malgré un joli coquard au front. Son père avait eu très peur en le découvrant à terre. Heureusement cela ne semblait pas grave. Germain avait dû faire un cauchemar. Il avait raconté qu'il avait été réveillé par un bruit. Il avait alors aperçu un être inconnu qui semblait fouiller dans l'atelier. Terrorisé, il s'était levé mais l'intrus avait brandi une fourche rouge en lui criant « Je vais t'emporter en enfer ». Il avait trois cornes sur la tête, assurait le petit. Sa langue était énorme et poilue, et son visage mangé d'horribles verrues. Le Diable lui avait donné un coup de fourche qui lui avait transpercé la tête. Germain s'était senti tomber. Heureusement son papa était arrivé pour chasser le démon avant qu'il ne l'emmène en enfer.

« Tu as trop d'imagination, mon garçon ! » avait dit le sculpteur en lui baignant doucement le front avec un peu de vin. « Tu t'es cogné contre le coin de la table. Ce n'est rien. » Il avait glissé un denier d'argent entre les plis d'un linge, l'avait pressé contre le petit front fiévreux et noué le tissu derrière la tête. Peu à peu, l'enfant s'était détendu et avait presqu'oublié ce qui lui était arrivé. Ils avaient passé une soirée paisible, et le garçon avait dormi, serré contre son père, sur la paillasse. La nuit avait été calme.

S'il était arrivé à rassurer Germain, Gislebertus s'inquiétait cependant : son fils était trop nerveux, et son sommeil trop agité. Il faudrait qu'il en touche un mot au grand chantre Denis afin qu'il intervienne pour que le chanoine médecin du chapitre prescrive quelque calmant. Il regarda avec tendresse, jusqu'à ce qu'il soit hors de vue, le gamin qui s'éloignait vers le réfectoire au milieu des petits maîtrisiens à qui il racontait déjà sans doute les péripéties de son week-end.

En retournant vers son logis, il réalisa qu'ils avaient pratiquement dévoré au petit déjeuner, les maigres réserves dont il disposait. Il hésitait à se contenter pour midi du seul quignon de pain dur qui lui restait: il n'y avait, en ce jour de fête, pas de repas servi puisque le chantier était fermé. Comme il arrivait au coin de l'impasse où il demeurait, il aperçut la svelte silhouette de Mélisende, à dix pas de sa porte. Sans réfléchir, il eut un mouvement de recul. Elle lui tournait le dos, et ne l'avait sans doute pas vu, ni entendu arriver. En dépit de ses déclarations provocantes de l'avant-veille, il ne s'attendait pas à la rencontrer : les jours de congés ou de fête, elle ne restait jamais dans la citadelle. Nul, parmi ses compagnons du chantier, ne savait apparemment où elle se rendait en ces occasions. Elle semblait hésitante. Etait-elle postée là, petite peste, pour l'épier ? Elle ne se doutait pas que l'objet de sa curiosité était derrière elle, l'observant à son tour, gibier devenu chasseur. Elle s'était appuyée sur le mur, dans une pose déhanchée, très gracieuse, Gislebertus devait en convenir. Néanmoins, il s'esquiva le plus silencieusement possible. La question du repas était réglée. Pour éviter Mélisende, il n'entrerait pas chez lui et irait à l'auberge.

Quand il revint, après avoir déjeuné, elle avait disparu.

Un peu plus tard, Abélard vint frapper comme convenu au heurtoir à tête de diable de la porte de Gislebertus qui habitait une petite maison, propriété du chapitre. Les murs, jusqu'à mi-hauteur d'homme, étaient de pierres récupérées sur les vestiges d'un temple païen; ils supportaient sur toute leur longueur une poutre sablière en châtaignier surmontée de colombages du même bois, joints par un torchis de paille et d'argile. La pièce unique, au sol de terre battue, prenait jour sur la rue par une petite fenêtre aux carreaux tendus de parchemin, et sur l'arrière, par une porte à la partie supérieure translucide en toile blanche cirée. Elle était peu meublée : un lit avec paillasse et draps de chanvre, une table sur tréteaux avec un banc court, deux coffres, un lutrin. Aucun instrument de cuisine ni de foyer - manifestement Gislebertus prenait la plupart de ses repas ailleurs - mais une grande jarre vide pour l'eau, à demi enchâssée dans le sol. Sur une planche fixée au mur, un tonnelet de vin et de la vaisselle de bois gravée d'entrelacs, des chandelles de suif. Sur d'autres étagères une multitude de petites sculptures de bronzes antiques et de fragments de marbre. Autour de la salle, d'autres vestiges plus lourds, parfois brisés, posés à même le sol ou sur des socles de bois.

Voyant que son nouvel ami attardait son regard sur ces figurines et statuettes, Gislebertus, tout en lui servant un gobelet de vin, précisa :

« J'ai récupéré ces vestiges. Il y en a un peu partout dans le sol de l'antique cité romaine, et les habitants ne s'y intéressent pas. Les gens qui les trouvent lors des travaux de terrassement, et sur les différents chantiers d'Autun, ne serait-ce que sur celui de la basilique, me les apportent car ils savent que je leur donnerai quelques deniers en récompense. »

Songeur, Abélard caressait une statuette en alliage cuivreux dont il manquait le bras droit, la main gauche et les attributs emblématiques.

— Si je ne me trompe voici une représentation de la déesse Minerve. Elle est casquée et porte sur la poitrine l'égide ornée d'une tête de Gorgone.

— Oui, c'est Minerve déesse de la sagesse et des arts. Ce qui m'intéresse dans cette statuette, c'est l'impression de mouvement qui déplace, de façon très vivante, les plis de son péplos. Seule la pointe de son pied droit repose au sol. Je possède d'autres Minerve, mais elles sont toutes trop statiques. Celle-ci est la plus aboutie. Je suis heureux que tu l'aies remarquée.

— Je reconnais un certain nombre d'autres dieux et déesses antiques, mais plusieurs me sont étrangers » poursuivit Abélard en soulevant d'un air étonné un petit taureau de bronze porteur de trois cornes. « Cependant, ne crains-tu pas des ennuis avec l'autorité ecclésiastique pour exposer ces témoignages du paganisme ?

— Je ne vénère pas ces divinités oubliées, je suis un bon chrétien. J'admire simplement le travail des maîtres anciens. Je n'ai jamais approuvé saint Martin pour avoir détruit quantité d'œuvres d'art au prétexte qu'il s'agissait de faux dieux. Je le considère même comme un criminel à ce titre. A toi qui es un esprit ouvert et rationnel je peux bien dire ce que je pense.

— Fais attention quand même. Le sectarisme et l'absurdité de certains de mes confrères hommes d'églises me stupéfient. Ils sont toujours prêts à accuser d'hérésie ou de sorcellerie, et à punir en conséquence.

— J'en connais cependant au moins un, le grand chantre Denis, qui sauve, lui aussi, ces dieux païens de la destruction. Mais nous reprendrons cette conversation plus tard. Il est temps de faire ce pour quoi tu es venu. »

Après lui avoir offert encore un peu de vin, Gislebertus fit passer Abélard derrière la porte à toile cirée translucide, dans la deuxième partie de la demeure qui servait d'atelier. Ils se trouvaient dans un appentis à claire-voie donnant sur un petit jardin en friche encombré, lui aussi, de vestiges de marbre ou de troncs de différents bois mis à sécher.

Sur une sellette il avait préparé une motte fraîche de terre, et un jeu de mirettes et d'ébauchoirs. Retroussant ses manches, il plongea les mains dans la glaise.

« J'ai réfléchi cette nuit, avant de m'endormir, et ce matin encore. Je trouve ton idée pleine de sagesse. En même temps, sculpter le visage d'Héloïse comme tu me le proposes pour figurer Eve, est pour moi un grand honneur. Sa beauté est célèbre. Je n'aurais pu imaginer modèle plus emblématique.

— Certes, mais cela doit rester un secret entre nous. Héloïse est Abbesse, maintenant ! Elle ne saurait être l'occasion d'un scandale.

— Ce sera à toi de me guider. Je me fie à ta mémoire visuelle. Pour l'instant je vais faire une première ébauche. »

Rapidement le sculpteur malaxa l'argile. Sous ses doigts habiles des contours se précisèrent. Etonné par la dextérité de son ami, Abélard vit se construire en quelques instants un visage. Celui d'Ombeline, de profil, la tête un peu redressée dans la paume de sa main droite, l'œil rêveur…

— Je suis époustouflé. Quel talent tu as ! Quelle ressemblance incroyable! Elle prend vie sous ta main. Quelques passes habiles, et ton amie émerge ! »

Le sculpteur ne répondait pas. Il cherchait autour de lui d'un air égaré.

— Je n'ai plus d'eau. J'ai besoin d'humidifier la terre. » Puis ses yeux s'éclairèrent. Il courut saisir la cruche de vin et en versa un peu dans une coupelle vide. Il y trempa trois doigts et caressa le visage doucement féminin qui se lissa comme par enchantement.

— Comme elle est belle » murmura le théologien.

— N'est-ce pas ? » Confirma Gislebertus, ému. Et il effleura le beau visage d'argile qui se brouilla.

« Maintenant, décris-moi Héloïse.

— Ce n'est pas si facile. »

Abélard hésitait, se plongeait dans ses souvenirs. Comment décrire cette grâce incomparable, cette vénusté, cette aura irrésistible, cette beauté absolue qui, pour lui, caractérisaient Héloïse ?

« Je ne sais pas comment t'aider, comment déterminer…

— Laisse-moi faire. C'est plus simple que tu ne crois. Voyons, que penses-tu de ces cheveux ?

— Ils sont trop remontés sur le front, trop exubérants. Ceux d'Héloïse sont beaucoup plus fins. Séparés presque symétriquement par une raie, ils coulent le long de ses joues et tombent sur ses épaules jusque dans son dos.

— Quelle est leur couleur ?

— Elle est blonde aux yeux bleus. Mais que diable vient faire la couleur ici ?

— Rien. La teinte ne change pas la structure d'un visage, mais la façon dont tu en parles m'aide à comprendre comment tu la vois. »

Le sculpteur s'était saisi de l'ébauchoir et modelait des ondes sinueuses qui enveloppaient étroitement le visage.

« En fait ce que j'imagine d'après tes paroles correspond tout à fait au mouvement de chevelure que j'avais prévu, à la force expressive que je veux traduire pour parvenir à mes fins. Regarde, cette toison fluide et souple coule avec la simplicité de l'évidence : elle est belle et suggestive comme le péché lui-même.

— Oui, limpide et suave comme un appel au péché… ».

Abélard ferma les yeux quelques secondes, un sourire sur les lèvres. Puis, regardant de nouveau intensément l'ébauche de glaise, il précisa :

« Maintenant il faut reprendre le front qui n'est pas si droit, ni si élevé. »

Le sculpteur, tâtonnant, enlevait insensiblement un peu de terre avec sa mirette, en rajoutait, en retirait encore un soupçon, consultant du regard, à chaque opération, Abélard qui hochait la tête de négations en approbations.

L'arc des sourcils ne fut qu'insensiblement modifié, tandis que l'œil était résolument agrandi sous une paupière plus large et plus bombée. Le nez exquis droit et très fin d'Ombeline se transforma, à petites touches correctrices, puis finit par se retrousser imperceptiblement; les narines frémissantes s'ouvrirent, l'arête, plus charnue, se charpenta. Le menton s'affina au premier toucher de la mirette. La bouche fut plus difficile à mettre en place et le mouvement des lèvres nécessita maintes reprises. Peu à peu, l'amant d'Héloïse reconnaissait les traits chéris.

Abélard s'était totalement pris au jeu. Il s'investissait, avec une émotion grandissante, dans ce curieux processus de création : le travail des mains du seul Gislebertus, impulsé par la volonté conjointe et complice de leurs deux cerveaux, pour évoquer la beauté de la femme aimée du seul Abélard.

Au bout d'une heure d'essais et de tâtonnements, l'amant d'Héloïse se déclara non seulement satisfait mais véritablement enthousiasmé. La ressemblance avec celle qui était toujours présente dans ses rêves était totale. L'œil brillant d'émotion, il félicita plus que chaudement le sculpteur.

Cependant l'artiste tempéra son exaltation :

« Ce n'est rien encore. Je crois que j'ai compris la structure du visage d'Héloïse, ses proportions et particularités, et même peut-être un peu son caractère. Il me reste maintenant, à partir de ces mêmes éléments, à créer le visage d'Eve. A créer un visage qui dépasse la simple beauté humaine. A créer une image envoûtante, inoubliable. Je vais tout recommencer.»

Là-dessus, il souleva la planchette qui portait l'œuvre. Abélard poussa de hauts cris.

— Attention !! Ne détruis pas ce chef d'œuvre !! Je t'en prie !! »

Gislebertus posa tranquillement de côté la tablette et son précieux fardeau.

— Ne crains rien. Si tu le veux je te donnerai cette terre en souvenir. Je la ferai cuire chez un potier, après y avoir apporté quelques finitions indispensables. Mais pour le moment nous avons mieux à faire et notre travail à terminer. »

Tout en parlant il mettait en place de la glaise fraîche sur la sellette: « je vais ébaucher un volume à partir des éléments que nous avons établis. J'aurai besoin de ton avis tout à l'heure. En attendant sers-toi un peu de vin – je ne peux le faire car j'ai les mains pleines d'argile - et parle-moi d'Héloïse tandis que je modèle. »

21. *Qui évoque Héloïse.*

Abélard, qui ne demandait que cela – il aurait parlé d'Héloïse pendant des heures ! – commença sans se faire prier :

« J'avais donc obtenu de son oncle Fulbert d'habiter sous le même toit que celle que je convoitais. Sous prétexte de l'instruire je pouvais l'approcher à ma convenance. Je consacrai le temps de chaque leçon à développer les moyens de la séduire. Comme tu le sais je n'eus guère de mal à réussir et elle répondit de tout cœur à mon amour. Les livres qu'elle devait étudier étaient ouverts mais il se mêlait plus de paroles passionnées que de philosophie, plus de baisers que de raisonnements. Nos yeux se cherchaient, réfléchissant notre amour naissant bien plus qu'ils ne se portaient sur les textes. Mes mains revenaient plus souvent à ses seins qu'à ses livres…

— J'ai mis plus longtemps que toi sans doute à me faire aimer d'Ombeline. Je n'ai pas eu ton talent pour imaginer et susciter des occasions favorables. Nous avons tardé à reconnaître que nous nous aimions. Mais la violence grandissante de notre passion a fini par briser les digues et les tabous. Nous avons bravé les convenances, défié les commandements de Dieu. Nous moquant des risques, nous nous sommes lancé corps et âmes dans l'adultère.

— Vous avez su jusqu'à présent garder votre liaison cachée. Reste prudent et protège ton secret… Moi j'ai cru être habile. J'ai cru pouvoir ménager mon amour et ma carrière, j'ai cru pouvoir épouser clandestinement Héloïse. Je me suis lourdement trompé.

J'ai payé dans ma chair le prix fort et je reste, tu le sais et le monde entier le sait à ma grande honte, atrocement mutilé. Un soir trois hommes de main mandatés par Fulbert me firent subir la plus barbare et la plus honteuse des vengeances : ils me tranchèrent les couilles afin de me punir par où j'avais péché.

— Je le savais, bien sûr. Mais l'entendre de ta bouche, c'est une autre histoire. Quelle horreur ! Quels monstres ! J'avais, je crois, treize ans à l'époque. Avec mes camarades à Cluny, au scriptorium et surtout le soir au dortoir glacé, choqués, nous évoquions à voix basse et avec terreur cette *faïda*, cette ancienne loi du talion des Francs qui nous ramenait au plus sombre de l'époque barbare. »

Gislebertus ne disait pas totalement la vérité. Il oubliait de parler de cette fascination mêlée de répulsion qui avait saisi les adolescents se chuchotant la nuit les détails de l'agression. Un peu gêné, il leva les yeux de la glaise qu'il modelait et regarda en coin le châtré. Mais Abélard, immobile, debout et se voûtant un peu au milieu de la pièce, était perdu dans ses souvenirs douloureux. Après quelques instants de silence le sculpteur demanda :

« As-tu beaucoup souffert ?

— Je souffrais de la compassion de mes amis et surtout de mes élèves, je sentais ma honte plus que ma mutilation, ma chute plus que la douleur. Je me sentais banni même de l'Eglise, comme immonde et impur, puisque dans le Deutéronome, au chapitre XXI, il est dit: *« l'eunuque dont les testicules auront été écrasés ou coupés n'entrera pas dans le royaume de Dieu ».*

Les deux hommes restèrent silencieux un long moment. Gislebertus ne savait que dire, qui ne fût pas convenu, à cet ami désemparé. Il continuait à modeler l'argile. Enfin il se leva et remplit deux gobelets de vin. Il tendit l'un sans mot dire avec un sourire chaleureux. Abélard trempa machinalement ses lèvres et sortit de son cauchemar et de son hébétude. Il prenait conscience maintenant de la lourde chaleur d'été, du vrombissement d'une abeille autour de la cruche, du chant d'une tourterelle sur la branche d'un néflier, de la dispute acide de deux fillettes. Sur le mur qui séparait le petit jardin du chemin de ronde, se tapissait un chat tigré roux et blanc à la queue nonchalante...

« Il est à toi cet animal ? » demanda-t-il sans tourner la tête. « Je n'en ai pas vu beaucoup jusqu'à présent. Ces bêtes sont rares. Il parait qu'elles sont excellentes pour chasser les souris. Mais dans mon abbaye de Saint-Gildas nous continuons à utiliser des genettes.

— Le chat roux ? Non vraiment. On ne sait d'où il vient et s'il a un maître. Il a très mauvaise réputation. Tout le monde le chasse. Mais il aime bien venir se prélasser au soleil sur mon mur…

— Quelle réputation ?

— Les vieilles femmes, - mais à la réflexion il n'y a pas que les vieilles femmes, les enfants aussi -, disent que quand quelqu'un doit mourir, cet animal étrange entre dans la maison, puis dans la chambre du moribond trois jours avant l'événement fatal ; qu'il ne se trompe jamais : il sait toujours qui va trépasser. C'est pourquoi tout le monde le craint et le chasse, à grands cris et lancers de pierres comme s'il était porteur d'une science mystérieuse, voire démoniaque. On le considère en tous cas comme un dangereux messager.

Moi, je ne crois pas à cela. J'aime bien voir ce chat sur mon mur. Il est très décoratif. Sa vue me repose. De toute façon il ne cherche jamais à entrer dans la maison. »

Abélard s'aperçut qu'il avait très soif et vida le gobelet. Il s'intéressa alors de nouveau au travail en cours sur la sellette. Il fut saisi. Ce nouveau visage reposant dans la main en conque se dégageait avec force de la glaise.

Tourné de trois quarts, comme pour le surveiller du coin de l'œil, c'était, cette fois encore, celui d'Héloïse.

« C'est elle, c'est toujours elle ! Mais différente déjà, tout en restant si ressemblante à celle que j'ai connue. Comment fais-tu pour comprendre? Je ne t'ai presque rien dit.

— Tu m'en as dit beaucoup sur toi, et cela me permet de l'imaginer non telle qu'elle est, peut-être, mais telle que tu la vois, ce qui n'est pas tout à fait la même chose. Maintenant il nous reste à transposer encore un peu Héloïse pour créer Eve au moment de la Tentation. Il faut que ma statue acquière l'expression qui conviendrait à la Première Séductrice sans perdre ce que tu aimes en Héloïse. Parle-moi d'elle encore.

— Tu as entendu louer son intelligence exceptionnelle, l'étendue de son érudition, si rare pour une fille, sa sagesse précoce et déjà reconnue de tous avant que je la rencontre. Mais qui pourrait imaginer la vivacité de son esprit, la brillance de ses intuitions, la clarté de ses raisonnements, la précision de ses analyses, la rigueur de son jugement ? Qui pourrait appréhender sa volonté de fer, son courage inébranlable ? Et cependant tout cela n'est rien en regard de ses qualités d'amoureuse. Quelles femmes ont su porter aussi loin qu'elle la perfection dans l'amour et la passion? Est-il possible de trouver épouse si frondeuse face aux conventions, si audacieuse dans les jeux de la séduction et en même temps si soumise et délicieuse, si attentive à me plaire et à satisfaire mes moindres désirs. Est-il possible de trouver amour si immodéré ? Sur un ordre de moi, elle aurait tout accepté. J'étais le seul maître de son corps et de son cœur. Si je le lui avais demandé, elle aurait accepté de mourir pour moi. Elle était capable de me dire certain jour :

« Le nom qui me semble le plus sacré et le plus précieux c'est celui d'épouse. Mais moi je préfère qu'on m'appelle ta maitresse, et même, laisse-moi te le dire, ta concubine ou ta putain ».

Telle était, telle est la violence de son amour. Je ne te mens pas, Gislebertus : la dernière fois que je l'ai vue, alors que nous allions être séparés à jamais, elle m'a dit – et je ne peux oublier ses paroles qui m'ont percé de désespoir et de remords comme une flèche à pointe de diamant fichée pour toujours en moi - elle m'a dit, de sa voix si claire qui pourtant se brisait :

« *Toujours se présentent à mes yeux les plaisirs si doux des amants que nous avons goûtés ensemble. Leurs images me poursuivent dans le sommeil. Pendant la célébration de la Messe où je devrais m'adonner à la pure prière, des fantasmagories obscènes s'emparent de mon imagination et je suis plus occupée de turpitudes que d'oraison. Au lieu de gémir sur ce que j'ai commis, je soupire sur ce que je ne peux plus commettre.* »

Le châtré avait de nouveau oublié où il se trouvait. Il poursuivit comme pour lui-même :

« Et pourtant, elle ne sait pas que j'éprouve sans cesse les mêmes regrets, la même envie de la faire taire sous les baisers, la même envie de serrer contre moi son corps svelte, chaud et gourmand, de la caresser violemment et doucement, de pénétrer longuement son sexe accueillant, humide et houleux, d'éjaculer enfin en un spasme vigoureux. »

A trop évoquer Héloïse, Abélard s'était laissé emporter par ses souvenirs et sa passion toujours intacte. Gislebertus s'étonnait de cette sortie. Le clerc surprit son expression et s'empourpra très légèrement.

« Ne me regarde pas ainsi sans rien dire, d'un air interloqué si éloquent! Oui, je suis châtré ! Oui je suis impuissant! »

Il poursuivit plus doucement, dans un sourire retrouvé, complice et paisible :

« Cela n'empêche pas, hélas, le désir. On ne me l'a pas enlevé, comme tu vois, et il peut me mordre à toute heure. »

22. *Où Mélisende regagne prématurément Autun.*

Mélisende avait prévu de faire la grasse matinée, ce lundi férié, mais elle s'était réveillée malgré tout assez tôt. En fait, elle n'avait pas très bien dormi. Elle, qui s'était fait une joie de passer deux jours tranquilles en pleine nature sauvage sur ses terres de Fretoy pour profiter au calme du temps magnifique en ce début d'été, et pouvoir s'adonner sans témoin à ses loisirs favoris, n'y avait plus goût ce matin. Ce qu'elle élaborait ici discrètement lui était pourtant devenu un besoin hebdomadaire. Elle en rêvait quand elle était bloquée à Autun par les impératifs du chantier.

Cependant quelque chose d'encore inconnu éprouvait sa farouche indépendance, contrariait son besoin de liberté, brouillait ses repères, corrompait ses convictions, entravait sa créativité, déjouait ses initiatives, obnubilait son esprit, troublait ses sens...Elle entrevit confusément qu'elle faisait fausse route.

Elle avait tenté, la veille, tout au long de ce dimanche dont elle s'était, par avance, fait innocemment une joie, de se plonger dans ses activités habituelles qui n'avaient pu lui apporter leurs émotions, leurs frissons, leurs satisfactions attendus. Elle se rendait compte finalement que l'entrain cosmopolite du chantier de la basilique, la chaude camaraderie des compagnons, l'affection respectueuse des petits apprentis Syagre et Bastien, la présence rassurante et exaltante de Gislebertus surtout, il fallait bien se l'avouer, lui manquaient. Elle rougit en évoquant sa dernière conversation avec le sculpteur. Comment avait-elle pu oser lui faire pareille proposition? Elle n'en revenait pas encore. Mais aussi, pourquoi ne lui accordait-il pas l'attention qu'elle méritait ? Pourquoi s'obstinait-il à ne pas la regarder comme une femme ?

Elle réalisait avec peine que, paradoxalement, elle avait toujours voulu, jusqu'à présent, agir comme un garçon. Elle n'avait jamais accepté cette soumission et cette absence d'initiatives que la société imposait aux filles. Aussi, pour se prouver qu'elle comptait autant que les mâles, s'était- elle crue obligée d'emprunter certaines de leurs pires façons de se comporter.

En même temps, à contrario, elle avait été inquiète mais fière de grandir et de voir son propre corps se transformer. Elle devenait une femme. Une jolie femme peut-être, sans doute même, si elle s'en tenait aux allusions, aux regards, aux avances de ses compagnons de chantier ou des hommes sur son chemin. Il n'y avait, regrettait-elle, que Gislebertus, le seul pourtant dont elle aurait aimé sentir le regard approbateur et caressant se poser sur elle, qui semblât aveugle à sa neuve vénusté. Il se bornait à remarquer ses qualités professionnelles. Celles-là au moins, elle avait réussi à les imposer contre les traditions masculines qui s'opposaient au double handicap de sa féminité et de sa jeunesse.

Elle était comme un sable sec attendant vainement la vague qui allait l'amollir. Elle aurait tant voulu séduire Gislebertus. Elle était malheureuse de se sentir si maladroite. Elle savait avec habileté peindre les pierres, mais ne pouvait que barbouiller ses sentiments. Elevée dans un milieu trop masculin, elle en avait acquis les façons. Si elle raillait les travers des garçons, ce n'était que pour mieux se les approprier. Elle agissait donc avec une audace trop virile. Sans doute n'avait-elle pas sù faire la différence entre provocation naïve et séduction subtile.

Elle avait multiplié vis-à-vis du sculpteur les poses, comme lorsqu'elle lui avait impudemment lancé sa proposition trop suggestive, sans avoir vraiment conscience du caractère sexuel de son attitude. En essayant de se faire remarquer et admirer de lui, ne voulait-elle pas simplement se prouver qu'elle pouvait être désirable, sans vraiment souhaiter être désirée ?

En même temps, elle ne supportait pas d'avoir échoué, de ne pas savoir ce qu'il pensait vraiment, ce qu'il pensait d'elle. Cette idée la tourmentait et avait gâché son week-end sylvestre. De plus, - et combien c'était difficile de se l'avouer -, elle ne supportait plus de rester loin de lui.

Elle se décida soudain. En un tournemain elle fut prête, ramassant les sachets de poudres et les flacons de mixtures dont elle aurait besoin pour son métier dans la semaine, les fourrant dans son bissac. Elle se mit en route pour Autun, dont elle apercevait, en contrebas au loin, les murailles, les tours et les clochers minuscules. Elle s'enfonça dans le sous-bois rayé d'ombres odorantes et dévala joyeusement les pentes, en mâchouillant un quignon de pain durci.

Quand elle parvint, après trois heures de marche rapide, à la cité, elle trouva une atmosphère inhabituelle. Peu de gens se pressaient à la porte devant le poste de garde, si bien qu'elle eut droit à la fouille de son bissac. Elle entendit, au-delà des murailles, le son étouffé et psalmodié des cantiques repris en chœur par une foule. C'était l'écho des festivités de la Saint- Pierre. Dédaignant la procession traditionnelle, elle préféra aller rôder dans les ruelles calmes de la haute ville épiscopale.

Essayant de se donner une contenance, elle tourna sur la place, passant et repassant devant l'impasse où habitait celui qu'elle espérait croiser comme par hasard. En vain. Elle se décida enfin en rougissant à frapper d'un petit poing timide à la porte close, puis à utiliser le heurtoir à tête de diable. Mais il n'y avait manifestement personne. Elle s'en voulait maintenant d'avoir quitté, sur un coup de tête, son refuge adoré de la forêt. Désœuvrée, elle rejoignit d'instinct le chantier désert de la basilique, prenant du recul pour regarder l'effet de son travail. Cependant le bruit d'une cavalcade l'alerta bientôt. C'était l'évêque qui rentrait avec sa suite et sa troupe. Puis elle entendit les petits maîtrisiens qui chantaient en montant la pente. Au même moment elle finit par apercevoir, venant en sens inverse, Gislebertus, donnant la main à un petit garçon en robe rouge – sans doute Germain, son fils - . Son cœur se mit à battre plus fort: c'est lui qu'elle voulait voir, c'est dans cet espoir qu'elle était revenue à Autun plutôt que de rester à son cher Fretoy. Réprimant son envie de courir l'aborder, elle réfléchit que les circonstances n'étaient pas favorables, qu'il lui fallait le voir seul, et qu'il vaudrait mieux attendre qu'il ait ramené son fils à la maîtrise pour l'heure du repas. Il y avait maintenant de l'animation sur la place. Ambert-Bouffi, le fou de l'évêque, venait dans sa direction. Mélisende ne l'aimait pas, et préférait l'éviter. Elle se posta donc un peu plus loin à l'orée de sa ruelle pour attendre, l'air de rien, Gislebertus. Elle avait fait un mauvais calcul : elle ne le voyait pas revenir. Quand l'heure du repas fut passée, elle décida à contrecœur de cesser de faire le pied de grue et de rentrer chez ses logeurs.

Ce fut son amie Pétronille, une jeune fille de son âge, qui lui ouvrit la porte. Malgré son front et ses mains noircis, le tablier de cuir crasseux passé sur sa pauvre robe, elle était d'une étonnante beauté, rehaussée d'un sourire accueillant. Elle était si heureuse que Mélisende lui ait fait, pour une fois, la surprise de revenir un jour de congé. Elle-même était au travail, aux côtés de son père et de sa mère car le repos à l'occasion de la Saint-Pierre ne concernait que les métiers du bâtiment. Les artisans bronziers en étaient exclus.

Pétronille, toute émoustillée, suggéra de profiter un peu de cette présence, rare l'après-midi, de Mélisende, pour partager cet instant de liberté. Si cela convenait à son amie, et si elle n'était pas trop fatiguée par sa marche matinale, elles pourraient sortir toutes deux, lécher les étals des marchands et les échoppes des artisans, ce qu'elle n'aimait guère faire seule.

Mélisende accepta. Elle pensait, qu'en l'absence de Gislebertus, elle ne pouvait traîner des heures à l'attendre sans se faire remarquer. Après leur promenade, elle pourrait retourner ensuite voir si le sculpteur était rentré.

Pétronille entra donc à l'atelier pour demander à son employeur de père l'autorisation exceptionnelle d'abandonner sa besogne pour accompagner Mélisende. La jeune peintre la suivit: elle était toujours curieuse de pénétrer dans cet antre obscur que traversaient parfois des fulgurances lumineuses dignes du dieu Vulcain, et d'observer la technique du bronzier. Elle n'en avait habituellement pas l'occasion, car elle travaillait elle-même dans la journée, et quand elle rentrait le soir chez son logeur, il avait lui aussi déjà cessé son activité, dont elle ne connaissait presque rien.

Pantaléon, le bronzier, et sa famille avaient été en déplacement pendant plus d'un mois chez un seigneur rural qui avait commandé un travail dans son château-fort. Ils n'étaient rentrés que depuis peu. En cette période de solstice d'été les journées de travail étaient si longues que vendredi soir Mélisende s'était couchée sur le coin de paillasse qui lui était réservé dans la salle commune, sitôt la soupe avalée, sans avoir eu l'occasion de discuter longtemps avec ses hôtes retrouvés.

L'atelier, à l'arrière de la salle d'habitation, sans aucune autre ouverture qu'un orifice dans le toit pour la fumée, était relativement sombre: les travaux de fonderie nécessitent en effet une certaine obscurité afin d'évaluer, à partir de la couleur du métal liquide, le moment précis de la coulée. Mélisende au début ne distingua que le rougeoiement d'un foyer sur lequel se penchaient deux silhouettes partiellement éclairées.

Pantaléon, masse sombre accroupie sur son travail, était de bonne humeur.

« Je termine, » cria-t-il sans se lever pour l'embrasser, « je suis en train de fabriquer le « *bronzage* » de douze clochettes en tôle de fer. J'en avais reçu commande, il y a deux mois, j'avais touché une avance sous forme d'un tonnelet de vin, il faut bien que je les fasse. Mais c'est la dernière fois que j'accomplis pareil travail. Dorénavant je ne créerai que des objets dignes de moi, qui seront en véritable métal précieux. Notre vie est en train de changer favorablement. Nous avons déjà engraissé. C'est un vrai miracle, car l'hiver et le début du printemps, où je n'avais plus aucun travail de fonderie, avaient été très difficiles. Je ne savais plus comment nourrir ma famélique famille.»

Mélisende se souvenait de cette période printanière : il lui était arrivé de prendre le risque de voler parfois à la cantine du chantier un reste de repas pour rapporter le soir à Pétronille et à ses parents. Ses yeux accommodant peu à peu, la jeune fille commençait à mieux distinguer. L'atelier comportait plusieurs postes de travail : dans l'espace du fond, près de la base du rempart, un four pour la fusion, semi enterré, dépassant faiblement du sol; un autre foyer circulaire en pierres, légèrement surélevé au-dessus du niveau du sol, pour le recuit; trois supports d'enclume. A droite, séparée par un muret bas, une zone de stockage pour le charbon de bois, les réserves de terre réfractaire, de plâtre, et de cire, divers matériaux bruts ou en cours de transformation. A gauche sur des étagères, les moules, différentes pinces et marteaux, un petit outillage, et les pièces semi-finies qui attendaient d'être assemblées, décorées, puis finement polies. Près de l'entrée, dans la partie mieux éclairée donnant sur la salle de séjour, deux tables basses rustiques servaient de plan de travail.

Les braises étaient attisées par un double soufflet qu'Ursule, la maîtresse de maison, agenouillée, le dos bossu, actionnait en pesant alternativement d'une main puis de l'autre. Pantaléon, mal protégé par un morceau de cuir souple en lambeaux, était en train de sortir du foyer, avec de longues pinces aux becs courbes, les gaines de bronzage et les déposait sur le sol en terre battue de l'atelier. Il ramassa ensuite la première. Elle avait déjà refroidi. L'artisan s'assit sur un tabouret bas, coinça, entre ses cuisses sur son tablier de cuir, la gangue de terre réfractaire. Il la frappa avec précaution à l'aide d'un léger marteau. Tandis que la croûte argileuse se fissurait, puis tombait par plaques, Mélisende aperçut alors la clochette qui se dégageait. La surface semblait uniformément recouverte d'une fine couche d'un blond terne.

Pantaléon grogna doucement de satisfaction. Tout en travaillant, il expliqua que jeudi dernier, il avait mis en forme les clochettes, martelées sur un tas en pierre. Il avait ensuite recouvert les douze pièces, de fils ou de tôles en alliage cuivreux, puis les avait badigeonnées d'un produit démoulant à base de cendres et d'huiles avant d'appliquer une pâte d'argile légèrement sableuse. Il avait ensuite laissé sécher plusieurs jours ces gangues de bronzage. Ce matin il les avait déposées dans le foyer circulaire où, avec l'aide d'Ursule, il avait fait monter puis entretenu une haute température.

Mélisende trouvait que c'étaient beaucoup d'efforts pour un résultat peu probant. Ursule expliqua:

« Une fois que Pétronille leur aura fait subir un bon polissage, elles brilleront et donneront l'impression d'être en or.»

Mélisende tournait dans l'atelier en attendant que son amie, qui avait obtenu sans trop de peine l'autorisation espérée, se soit nettoyé un peu les mains et le visage. Pantaléon ne refusait pas grand-chose à sa fille quand il le pouvait. Des sept enfants qu'il avait donnés à Ursule, Pétronille était la préférée. La plus fragile aussi. Sa beauté frémissante ne pouvait faire oublier longtemps la fêlure profonde qui la minait. Elle avait été abusée à treize ans par un soi-disant pèlerin dans des circonstances effroyables, jamais vraiment éclaircies. Depuis, Pantaléon, qui se reprochait de n'avoir pas su la protéger, veillait doublement sur elle et sur l'enfant né de cette mésaventure. Il était heureux de la présence chez eux de Mélisende qui avait sur sa fille une bonne influence, car Pétronille, depuis le viol, était devenue d'une sauvagerie exacerbée et n'avait que trop souvent tendance à fuir la société. Il se réjouissait qu'elle eût, pour une fois, envie de sortir en compagnie de son amie.

Il l'autorisa donc à abandonner son travail en cours et à se promener. Il lui demanda en contrepartie si elle pourrait en profiter pour lui acheter des gants de protection. Il leur tournait le dos, mais Mélisende le vit avec étonnement dans la pénombre farfouiller dans la cachette du four éteint pour extraire, lui sembla-t-il, une poignée de monnaies qui sonnèrent légèrement.

Avant de sortir, Pétronille indiqua fièrement à son amie, sur une étagère, une petite figurine de bronze qu'elle avait presque fini de polir. Mélisende prit l'objet avant de la féliciter. Le contact lisse du métal était doux. En cherchant où le reposer, elle déplaça légèrement un tissu qui recouvrait des petites barres grisâtres en forme de cercueil.

« C'est ma réserve précieuse et secrète de métaux pour la fonderie. Ce sont des saumons de plomb. Celui-ci est d'étain. Et cet autre de cuivre » lui expliqua Pantaléon. Mélisende, curieuse, avisa au milieu du paquet, à la réverbération changeante des braises, un morceau qui luisait faiblement, comme une lune pâle dans une nuit nuageuse.

— Et cela ? »

Pantaléon ne répondit pas. Mélisende ne vit pas son air contrarié, et répéta innocemment sa question.

— C'est de l'argent, » se décida Pantaléon. Il crut bon d'expliquer: « Je dois faire pour l'évêque une série de vingt-quatre gobelets d'argent gravés à son chiffre. Je lui avais déjà fabriqué les mêmes en étain, - un travail magnifique - mais il ne voit plus que par l'argent maintenant. Il m'en a pesé et confié pour une petite fortune. Aussi je te demanderai d'être discrète et de n'en parler à personne. Il ne faudrait pas tenter les voleurs.»

Mélisende promit naturellement de tenir sa langue. Il y eut encore un silence. Puis Ursule, toute pliée au-dessus du foyer dont les flammes caressaient sa difformité, prit la parole :

« Mélisende, d'où viens-tu ? Tu n'as pas entendu les bruits qui agitent toute la ville ? »

La jeune fille fit un geste d'ignorance :

— Je rentre de Fretoy par les chemins de traverse. La citadelle semble vide, je n'ai encore parlé à personne. »

Alors Ursule, de sa voix de confidences, raconta le meurtre du sacristain, et l'inquiétant vol sacrilège.

23. *Où Ombeline s'affirme.*

Au même moment, Gislebertus venait de terminer le visage de terre de l'Eve sur la sellette, à la satisfaction des deux hommes. Après s'être lavé les mains et les poignets d'un peu de vin, il avait convié Abélard à passer de l'atelier au logis. Ils devisaient dans la douce torpeur de la fin d'après-midi. Soudain le heurtoir de bronze frappa à l'entrée. Surpris, le sculpteur se leva de son banc, ferma par précaution l'atelier, puis ouvrit la porte extérieure.

Ombeline entra. C'était la première fois qu'elle venait chez Gislebertus en passant par la ruelle, en plein jour de surcroît! Son pas précipité fit bruisser autour de ses longues jambes sa riche robe claire soyeuse, incongrue dans cette salle modeste.

« Pourquoi me fais-tu attendre dans la rue? Enfin, je te trouve et je peux te parler. J'ai pu m'échapper un instant pendant que Bérenger est parti admirer des faucons dressés que doit lui montrer je ne sais quel nobliau du coin. »

Le sculpteur voulut l'enlacer et l'embrasser. Elle mourait d'envie qu'il la prenne dans ses bras. Cependant elle le repoussa :

« Non, ne me touche pas ! Pas encore. Je veux d'abord savoir si tu m'aimes toujours et si tu as choisi de satisfaire ma demande. »

Avant que Gislebertus, stupéfait, puisse réagir, Abélard s'était levé. Il déclara qu'il s'apprêtait justement à partir. Ombeline le pria de n'en rien faire. Elle n'en avait que pour peu de temps. Elle voulait seulement savoir ce que Gislebertus avait décidé: ce sphinx irritant n'avait, à sa déception, rien laissé transparaître de ses intentions, au cours du dîner chez l'évêque, deux soirs auparavant.

— Tu sais bien que je t'aime ! Rester par obligation assis en face de toi comme un digne étranger paralysé, ne m'amusait pas plus que toi. C'était un véritable supplice de Tantale. »

Elle se forçait à rester froide :

— Ne m'abuse pas de mots sucrés.

— Ombeline chérie, franchement, sois raisonnable. Je ne peux accéder à ta demande. Si je sculptais ton si beau visage pour le tympan de la basilique, tu serais reconnue de tous et d'abord de ton mari. Ce serait comme si je voulais exposer de façon éclatante l'adultère. Ce serait une provocation grave. Tu serais en danger; nous serions tous deux en grand danger. »

Ombeline devint très pale. Gislebertus continuait avec la précipitation du nageur qui veut échapper au courant fatal :

« Ombeline, cependant, sais-tu que cette Eve qui te préoccupe a aussi un corps ? Que ce corps que j'ai commencé à sculpter avec bonheur pour le linteau, c'est justement le tien ? Sais-tu qu'en pensant à toi, à ta beauté si troublante, à la souplesse tendre de tes membres, à la douceur de ta peau, jamais je n'ai travaillé dans un tel enthousiasme ni, en même temps, dans une telle angoisse. Je sens que cette œuvre sera la plus chargée d'émotion et de symbole, la plus magnifique que j'aie jamais entreprise. Ce long corps délié, qui resplendira dans son émouvante nudité primitive, et que tout le monde va admirer, c'est le tien. Pourtant, Ombeline, personne ne doit le savoir. Cela doit rester notre secret. Pour le garder, je ne peux dévoiler ton visage. Si les autres le reconnaissaient dans celui de la pécheresse originelle, ce serait avouer notre faute commune, ce serait signer, de ma propre main, notre perte.

— Et quel visage aurais-tu le culot de choisir pour remplacer le mien ? »

Gislebertus regarda en coin Abélard qui secoua imperceptiblement la tête rapidement de gauche à droite. Ombeline ne vit pas cette mimique, mais elle perçut quelque chose.

« Ne te dérobe pas en détournant ton regard. Qui oserais-tu choisir ?

— Personne qu'on puisse reconnaître et qui puisse te déplaire. Je laisserai courir mon ciseau. Qu'importe le réalisme plus ou moins visible dans la courbe d'un nez ou d'une lèvre ? Seule compte pour moi l'harmonie d'ensemble de l'œuvre, et les lignes se mettront en place naturellement. De la même façon, vois-tu, je comptais me représenter en Adam : c'est mon propre corps que j'ai déjà taillé et qui sera placé en duo vis-à-vis du tien. Mais personne ne nous reconnaîtra. D'ailleurs, je ne sais pas encore à qui ressemblera exactement le visage que je dois terminer. »

Il souriait à Ombeline en parlant, essayant désespérément de la convaincre. Elle voyait bien l'amour qu'il lui portait et qui le dévorait. Mais en même temps, les paroles du sculpteur sonnaient faux. Elle fit un mouvement, comme pour partir. Gislebertus s'empressa de continuer, pour la retenir au fil de ses mots :

« Ton beau visage, je te le promets, il me servira de modèle bientôt, pour la Vierge Marie ...ou pourquoi pas Sainte-Anne sur le chapiteau de l'Annonciation.

_ Il s'agit bien d'Annonciation ! J'aurais pu être enceinte maintes fois depuis que je me suis donnée à toi, ici même, en cachette, il y a cent quatre-vingt-cinq jours. Nous ne l'avons pas souhaité, nous avons pris des précautions. Je me suis fait donner aussi de savantes décoctions d'herbes et de je ne sais quoi, pour me protéger. J'ai fait ce qu'il fallait quand c'était nécessaire.» Ses yeux clairs se brouillèrent un instant. S'il savait seulement... Elle ne lui avait pas tout dit, et lui ne comprenait rien. « J'en viens à le regretter aujourd'hui. »

Comme le sculpteur, ému, faisait un mouvement vers elle pour la serrer dans ses bras, elle l'arrêta. Oh, pourtant, que c'était donc difficile de ne pas fondre !

« Cesse ! Ne te méprends pas. Je suis toujours fâchée après toi qui ne veux m'écouter. Tu n'es pas à la hauteur de la situation. Retire tes mains qui sentent la vinasse.

— Mais c'est absurde ! Le retour de ton croisé de mari nous pose plein de problèmes et complique déjà les occasions de nous rencontrer. Ne rends pas les choses encore plus difficiles.

— Tu ne comprends donc rien ? Alors, attends, il faut que je rassemble mes forces pour te dire quelque chose de terrible. C'est que nous n'en aurons plus, d'occasions de nous rencontrer. C'en est fini. Nous ne pourrons plus nous revoir. Mon mari veut partir aux Grelodots pour tout vendre, manoir et maigres terres, et retourner en Palestine où ce guerrier a gagné un riche fief à la pointe de l'épée. Il veut m'emmener avec lui. »

Gislebertus était aussi livide que son amie. Il se laissa tomber sur le banc, hagard, se releva d'un coup de rein et se mit à arpenter la pièce. Ombeline était restée près de la porte, droite, raidie dans sa douleur, élancée et lumineuse dans sa robe aurore claire, ange resplendissant qui apportait la nuit du cœur. Son voile, très lâche en raison de la chaleur, avait glissé, ses délicieux cheveux couleur de miel débordaient en épaisses et soyeuses ondes frémissantes. Sa voix douce, cette voix si aimée du sculpteur, cette voix si apaisante d'ordinaire, était la même qui, ce jour, proférait un avenir insupportable.

« Toi aussi, si tu m'aimais autant que tu le proclames, tu trouverais le moyen de m'emmener loin d'ici. Nous pourrions fuir et recommencer une autre vie ailleurs, ensemble.

— Ce n'est pas si simple. Nous n'irions pas loin sans nous faire prendre.

— Nous pourrions nous cacher au milieu d'un groupe de pauvres pèlerins allant à Compostelle ?

— Penses-tu, toi qui as été élevée dans le luxe et la soie, pouvoir vivre comme une pauvresse ?

—Oui » dit-elle fièrement, « si tu m'aides. »

Elle le regarda d'un air tendre, plus enjôleuse :

« De toute façon, risque pour risque, le temps d'organiser notre fuite, tu peux déjà, en gage d'amour, sculpter une Eve qui me ressemble, comme je souhaite.

— Je ne peux pas, Ombeline, je te l'ai déjà dit, ce ne serait pas…

— C'est trop dangereux, Belle Dame. »

C'était Abélard qui avait écouté avec regret cette grave dispute d'amoureux, et qui, comme elle jetait les yeux sur lui, n'avait pu se retenir d'intervenir pour soutenir son ami.

— Toi, je ne t'ai rien demandé » rétorqua-t-elle. Puis, se retournant vers son amant : « Et toi, tu ne m'aimes pas autant que je t'aime et comme tu devrais m'aimer.»

Ombeline était magnifique dans sa colère :

« Vous autres hommes ? Vous êtes des lâches. Vous n'osez pas aimer totalement, sans retenue».

Elle toisa Abélard.

« Pourquoi, toi le philosophe, poète et musicien, ne vis-tu pas avec celle que tu avais si bien chantée ?

— Mais je ne pouvais plus, je…

— Héloïse et toi, votre histoire d'amour était si belle. J'en ai pleuré quand on me l'a racontée. Pourtant, j'ai été déçue ensuite par les derniers épisodes. Etait-ce une raison suffisante, parce qu'on t'avait mutilé, pour te faire moine et pour l'enfermer au couvent ? Moi, je ne me serais pas laissé faire. Je serais restée près de mon amoureux ; je me serais si bien occupée de lui, je l'aurais soigné et dorloté avec tant de sollicitude, je l'aurais…

— C'est facile de parler ainsi ! Quand nous avons été victimes de cette sauvagerie monstrueuse, cela nous a complètement, effroyablement perturbés. J'étais dominé par la honte. Toute joie future me paraissait éteinte. Nous avons pris la décision qui nous paraissait, alors, la seule possible, la seule digne. » Il soupira. « Aujourd'hui, pourtant, je me pose la question de savoir si j'ai, si nous avons bien fait. En vérité,… »

Arrivé à cet instant, Abélard dut s'interrompre. Il avait du mal à respirer, sa large poitrine se soulevait par à-coups, et il avait perdu ses allures flamboyantes.

« En vérité, douze interminables années après cette tragédie, je vais vous dire ce que je n'ai jamais dit à personne et que je n'admettrai jamais publiquement.»

Il fit encore une pause, ses yeux très sombres dans ceux mordorés, très clairs, de la jeune femme, et reprit :

« Ombeline, j'ai beaucoup de sympathie pour toi, et pour une raison que je ne saurais expliquer, tu me rappelles mon Héloïse. Eh bien, sache Ombeline, sache – Héloïse elle-même ne le sait pas, et ne le saura pas – qu'il ne s'est passé de jour que je ne remette en cause cette décision. Je crois aujourd'hui que c'était une dramatique erreur. J'ai sacrifié mon amour à ma carrière, j'ai sacrifié notre bonheur à notre image. Mais, c'est trop tard: dorénavant je ne peux, nous ne pouvons retourner en arrière. Il en sera ainsi jusqu'à notre mort à tous deux. Alors seulement nous pourrons de nouveau, peut-être, dormir ensemble dans la terre molle et accueillante du Paraclet. »

Des gouttes de sueur perlaient sur le front et les joues du moine. Gislebertus n'avait pas cessé de fixer intensément Ombeline. La jeune femme, décontenancée, regardait alternativement les deux hommes. Abélard l'importunait en ce moment décisif. Elle voulait bousculer encore son amant trop indécis. Elle n'avait pas perdu tout espoir. Mais elle avait trop peu de temps devant elle. Elle devait partir bientôt. Cependant elle était fascinée par cet orateur célèbre qui mettait à nu devant elle les errements de son propre amour. Naïvement elle pensait qu'il pourrait aider ou favoriser le leur, si menacé. Mais chacun avait ses propres soucis, était enfermé dans son monde. Abélard ne parlait que de lui :

« J'essaie d'aider Héloïse de mon mieux. Ainsi, je puis vous le dire, la véritable raison de mon voyage et de mon séjour ici, c'est l'espoir d'obtenir pour elle et ses sœurs une prébende qui leur permettrait de vivre. Savez-vous que les moniales d'Argenteuil, dont elle était devenue la prieure, ont été expropriées, chassées, expulsées par l'hypocrite conseiller du roi de France, Suger, désireux de s'emparer de leur abbaye. Ce salaud mitré n'avait pas hésité pour cela à fabriquer un faux document. Pour pallier, dans l'urgence, leur dénuement, j'ai offert à Héloïse et à ses moniales, ma terre du Paraclet, au bord de la douce rivière Ardisson. Je lui ai fait, avec l'assentiment de l'évêque du diocèse, donation entière de l'oratoire et de ses dépendances. Depuis, je suis sur les routes pour prêcher et obtenir des subsides pour Héloïse et sa nouvelle communauté. Je dois rencontrer sous peu le nouveau pape Innocent II pour qu'il confirme en leur faveur ma donation et le privilège à perpétuité pour elles et pour celles qui leur succéderaient.

Cependant » ajouta-t-il, en quittant le regard d'Ombeline, pour se tourner vers Gislebertus, « si mon histoire amoureuse s'achève - et elle se termine mal- la vôtre, toute jeune encore, si secrète qu'elle soit, doit-elle aussi s'abîmer et se perdre ?

— Non » cria la jeune femme en se blottissant juste un instant contre le sculpteur ! « Réfléchissons au moyen de nous enfuir. Laisse-moi maintenant, je n'ai que trop traîné. Je dois partir. Je ne peux éveiller les soupçons avant notre fuite. Je voudrais juste que tu me promettes de m'enlever bientôt.»

Gislebertus ne répondait pas, la bouche trop occupée à embrasser ses cheveux où il cherchait l'odeur familière.

« Tu ne me comprends pas !! Je m'en vais.

— Laisse-moi réfléchir…»

Se dégageant, elle ouvrit la porte, retroussa légèrement sa robe lumineuse et franchit le seuil. Pour Gislebertus ce fut comme si la pièce s'était assombrie d'un coup. Mais elle rentra aussitôt, le rouge aux tempes. Sans lui laisser le temps de s'étonner ou de se réjouir, elle lança avec une violence rare chez elle :

— Quelle est cette fille que j'ai vue rôder autour de ta maison ?

— Quelle fille ? Je ne vois pas ce que tu veux d… »

Elle lui coupa la parole comme d'un couteau tranchant :

_ Cette fille, bizarrement vêtue, à la cotte tachée de couleurs. Cela fait plusieurs fois que je la surprends ! »

A l'instant, Gislebertus se souvint de l'importune Mélisende. Il pensa : je l'avais oubliée, celle-là ! Il constatait, avec une admiration amère et douloureuse, cette formidable intuition d'Ombeline, cette jalousie injuste et légitime cependant.

— Tu te troubles, je le vois. Alors réponds.

— Mais, Ombeline, il n'y a personne d'autre que toi. Cette fille que tu as vue est peut-être Mélisende qui a la charge, sur le chantier, de la mise en couleurs. Nous n'avons que des rapports de travail, je peux te le jurer.

— Ne te parjure pas, c'est inutile. C'est donc elle qui te fait réfléchir. C'était avec elle que tu étais samedi soir ? Alors reste avec cette gamine que tu trouves mieux que moi. Trousse-la, sculpte-la même sur le tympan si le cœur t'en dit. »

Avant que Gislebertus, désemparé, ait pu protester de sa bonne foi, furieuse, mais surtout désespérée, elle avait claqué la porte.

Quelques instants plus tard, Abélard prit congé, désolé : l'évêque l'attendait. Sur le seuil, il tressaillit, jambes tremblantes, en surprenant au coin de la ruelle une silhouette monacale noire appuyée sur un solide bâton qui ne se dissimula pas assez vite…

« C'est bien lui ! Je le reconnais malgré sa capuche. Il me guette, le misérable ».

Comme le personnage repéré détalait, Gislebertus, sans savoir pourquoi, mais parce qu'il avait besoin d'action pour expulser sa douleur, courut à sa poursuite. En vain.

« Je te remercie », dit Abélard, à la porte de l'évêché où le sculpteur avait tenu à l'accompagner. « Je te raconterai demain pourquoi ce brigand voulait me tuer. »

24. *Pétronille et Mélisende aux tanneries.*

Au même moment, Mélisende, dans une attitude charmante, mince et svelte dans sa robe turquoise, la tête un peu penchée, écoutait les explications d'Ursule. Il semblait que sa féminité, si longtemps bridée, s'exhalât maintenant avec infiniment de grâce. Cependant, si la jeune peintre était jolie et séduisante, quand elles sortaient ensemble, elle était éclipsée par son amie.

Pétronille était en effet d'une beauté exceptionnelle. Tous ses gestes étaient chargés d'une élégance naturelle infinie. Elle attachait, sans le rechercher, le regard de tous les hommes. Elle avait une silhouette de rêve, racée, souple, et capiteuse à la fois, une démarche naturellement sensuelle, un attrait subtil qui se magnifiait dans chacun de ses gestes, par une cambrure exquise, l'envol infime de sa robe, le frémissement délicat de sa gorge sous le tissu rustique. Sa chevelure d'un noir soyeux débordait toujours de la guimpe en souples mèches rebelles et caressantes sur un cou mince, gracile, ravissant. Le visage, tendrement dessiné, était d'une harmonie parfaite, émouvante. Cependant quand son regard merveilleusement ourlé derrière les cils recourbés se relevait timidement sur vous, les yeux paraissaient immenses, noirs, profonds, insondables, et vous noyaient d'une mystérieuse mélancolie.

Les deux jeunes filles prirent congé et sortirent dans la ruelle tandis qu'Ursule refermait soigneusement la porte. Cette partie du castrum était alors relativement déserte. Seuls trois bambins jouaient dans la rue sous la garde nonchalante d'une fillette qui filait du chanvre sur une quenouille d'osier. Ils s'amusaient à chercher des projectiles pour lancer sur un chat roux placide qui les regardait de haut au bord d'un toit. L'un deux tourna sur lui-même pour jeter d'un geste dérisoire un morceau séché de crottin de cheval. C'était Eloi, le fils bâtard de Pétronille, la bouille élargie d'un sourire étonné et ravi. Les deux jeunes femmes lui envoyèrent un baiser du bout des doigts, évitant de frôler ses mains souillées qu'il tendait vers elles en riant.

Une fois hors du château, Mélisende s'apprêtait à descendre vers le fort Marchault, où se trouvaient la plupart des étals de commerçants. Mais Pétronille lui fit signe qu'elle avait autre chose en tête. Elle expliqua que c'était moins cher d'aller acheter directement des gants dans le quartier des tanneurs. Ses parents et elle y avaient des amis. Les deux filles sortirent donc de la cité par la porte Saint-Andoche. Là, dans le faubourg, elles remontèrent le ruisseau de Meung qui dévalait depuis les pentes du Mont des Druides, le long de la frêle palissade hérissée de pieux et d'épines et de l'alignement solide des remparts de pierre. Tout de suite elles furent saisies par l'odeur épouvantable qui se dégageait des très nombreuses fosses de trempage.

Dans ce faubourg s'étaient installées les tanneries puantes. L'endroit était favorable (si on l'ose dire en se bouchant le nez) car il bénéficiait d'abord de l'eau nécessaire avec le ruisseau de Meung qui traversait les bassins et avec la fontaine de Prévain qui ne gelait pas l'hiver et alimentait la grande fosse. D'autre part, la forêt morvandelle, toute proche, fournissait en quantité le *tan*: une écorce de jeunes chênes, battue, moulue et séchée en charpie, indispensable pour le travail des peaux.

Pétronille et Mélisende dépassèrent les misérables chaumières où vivaient les familles de pauvres manants employés dans ces tanneries. Le long des murs bas en pisé, sur de rudimentaires râteliers, des galettes brunâtres étaient mises à sécher, protégées des intempéries par l'avancée de la paille pourrissante des toits. En effet, les écorces broyées, après avoir servi au tannage des peaux, étaient récupérées, pressées et réduites en boulettes écrasées. Cela donnait, une fois séchées, des dizaines de milliers de mottes à brûler qui étaient recherchées pour leur prix modique et leur bonne valeur calorifique. Les enfants en livraient par charrettes entières dans toute la ville basse de Marchaux, dans les masures des villages alentour, et même dans certaines demeures de la Ville Haute. Ce n'était là que petit commerce de miséreux.

Les tanneries, elles, faisaient assurément la richesse de leurs propriétaires, chanoines du chapitre ou seigneurs locaux. Mais, eux, qui en retiraient les bénéfices juteux, se gardaient bien d'habiter et de vivre près de ces fosses malodorantes. Leurs palais étaient érigés dans la ville épiscopale, leurs demeures bourgeoises dans la ville basse, leurs manoirs dans les fiefs ruraux. Cependant, toute une foule pouilleuse, hommes, femmes et enfants, s'activait, dans ce faubourg Talus, à transformer les peaux en un composé imputrescible et serré: le cuir.

Pétronille et Mélisende, en remontant le glacis dégagé de toute végétation entre rempart et ruisseau écumant, le long de la barbacane puis de la palissade aux pieux de frêne, croisaient ces tanneurs absorbés par leur tâche. Des manants aux dents gâtées, armés d'un couteau de *carminage,* nettoyaient et étiraient les peaux qui étaient ensuite, après un début de fermentation, débourrées ou épilées. Des femmes presque nues, les jambes et les bras brunis par la teinture et le soleil, les mettaient à gonfler dans des bassins de jusée successifs de plus en plus concentrés. D'autres commençaient à sortir, des fosses puantes, les peaux qui marinaient en lits alternatifs avec du tan depuis quelques mois. Elles faisaient la chaîne, s'éclaboussant à chaque passage de liquides répugnants et de ragots obscènes ou douloureux. Plus loin, leurs maris ou leurs pères brossaient alors les cuirs, puis les battaient, obligés de suivre la cadence donnée par un vieillard enroué. Longuement, très longuement, à grands ahanements réguliers, à grandes suées aussi, la séance se prolongeait.

Quand les peaux avaient été assez battues, des fillettes aux jambes frêles les transportaient, en titubant sous la charge, dans une prairie ensoleillée où elles les étalaient sur l'herbe récemment fanée pour les faire sécher, les tournant et retournant, les déplaçant continuellement selon les mouvements du soleil. De nombreuses grosses mouches noires ou vertes bourdonnaient, mais aussi des moustiques plus avides, à la piqûre douloureuse, porteurs de fièvre. Plusieurs de ces malheureux serfs tentaient de s'en protéger en s'enduisant le corps d'une huile minérale extraite du schiste bitumineux dont les roches tendres affleuraient à proximité. L'aspect noirâtre de leur peau leur donnait l'air terrifiant d'échappés de l'enfer.

La venue des deux jeunes femmes, l'une très belle et l'autre fraîche et avenante, ne passa pas inaperçue. A chaque bassin ou presque, elles étaient l'objet de gloussements approbatifs, de grasses plaisanteries ou d'invites non dissimulées. Mal à l'aise au début, Mélisende, retrouva confiance. Comme elle n'avait pas sa langue dans sa poche, elle répondit avec bonne humeur, retournant les plaisanteries en moqueries:

« Ferme-la, crapaud pustuleux. Et toi là-bas, échalas lubrique, fais recoller tes oreilles sinon elles vont s'envoler… ».

Toutefois les deux amies prenaient bien soin de ne pas s'arrêter. Elles passèrent dans le quartier des molletiers où l'on défonçait les peaux de vache. Un blondinet dont les cheveux tiraient sur le roux, à la moustache rare, à la peau grasse et boutonneuse, siffla pour attirer leur attention. Toutes deux le connaissaient. Mélisende lui rétorqua :

— Alors, fouine verruqueuse, que t'arrive-t-il ? Tu as un bien joli gnon sur le front ! Tu t'es fait tabasser par tes copains ? T'as l'air malin avec ta souquenille déchirée retroussée entre les jambes. Dis-moi, j'ai aussi l'impression que tu ne frappes pas droit avec ta bigorne, tu vas tout de travers »

Content d'avoir un prétexte pour s'arrêter un peu, Lazare, - c'était, le lecteur l'aura reconnu, l'assassin du sacristain -, rétorqua, appuyé sur son long marteau de bois :

— T' fous pas d' ma gueule. Je m'suis cassé la margoulette samedi soir, je boite et ça m'gène pour bosser; j'manque d'équilibre quand je frappe ces satanées peaux de vache. C'est l'enfer, j't'assure.

— Je te connais, tu as voulu comme toujours t'retourner sur une pucelle, t'as pas regardé devant toi et t'es tombé. Cela t'apprendra. »

Elles s'éloignèrent en riant pour se diriger du côté des corroyeurs. Des ouvriers drayaient les peaux avec des couteaux dits butoirs pour égaliser leur épaisseur. Plus loin, penché sur un établi, un escogriffe au visage angélique et niais leur faisaient subir le paumelage afin de les assouplir et de leur donner du grain à l'aide d'une sorte de rabot, la *marguerite*. Pétronille voulut s'arrêter. Les deux amies le connaissaient. Le bel Emiland, à qui on aurait donné le bon Dieu sans confession, leur sourit tandis qu'elles le regardaient appuyer l'outil sur le cuir alternativement côté chair et côté fleur.

« C'est mon père qui a reçu commande pour fixer les dents de cuivre sur la marguerite.» précisa fièrement Pétronille.

Un grand costaud, l'œil gauche gonflé fermé par une sorte d'orgelet, rigolait ostensiblement :

— Vous voulez que je vous le montre, moi, mon outil? »

Mélisende, soudain confuse, entraîna Pétronille qui innocemment, sans prêter attention au drôle, continuait:

— C'est papa aussi qui a fabriqué cette étire, et d'autres instruments encore» s'enorgueillit-elle. Prenant son amie par le bras, elle lui murmura en confidence: « Heureusement que nous avons obtenu cette commande, il y a trois mois. Nous n'avions, tu le sais, plus aucun travail de fonderie. Papa s'est débrouillé pour trouver des activités de substitution, sinon nous aurions vraiment souffert de la faim. Par chance, cela nous a ouvert d'autres portes inattendues mais vraiment fructueuses. Dorénavant la situation est bien meilleure.» Elle hésita, regardant autour d'elle, se pencha tout contre l'oreille de son amie et chuchota: « je ne devrais pas te le confier, mais papa dit que maintenant nous sommes riches.

— Tais-toi donc alors, c'est sans doute plus prudent» lui conseilla Mélisende, en lui faisant signe de baisser la voix. Elle tira l'innocente bavarde un peu plus loin où une femme entre deux âges, les seins tombants sous une informe robe poisseuse, parait les peaux : elle les examinait soigneusement à bout de bras, puis ôtait du côté de la chair toutes les parties plus charnues et grossières avec un couteau circulaire, la lunette, afin d'obtenir une épaisseur égale.

« Cet outil-là, en forme de disque, a été beaucoup plus difficile à fabriquer » poursuivait Pétronille, sans prêter attention aux remarques de son amie. Et s'adressant à la femme : « Comment cela s'appelle déjà, Austrebalde ? »

Ce fut le chef d'atelier qui surveillait depuis un moment la progression des deux jeunes femmes qui répondit :

— Cela s'appelle une lunette à parer, Pétronille. J'ai certes grand plaisir à te voir, toujours aussi belle, ainsi que ton amie. Mais ce n'est pas la place de deux jeunes filles de traîner ainsi sans raison dans la puanteur au milieu des tanneurs et des corroyeurs.

— Nous ne venons pas sans raison, mon cher Bourdoisel. Papa m'envoie car nous avons besoin de pièces de cuir pour protéger nos mains, surtout quand nous manipulons du métal chaud ou en fusion.

— Hélas tu ne trouveras pas de gants à acheter chez moi, belle Pétronille. Pour orner tes jolies mains tu devras aller au fort Marchaux, à la boutique de la veuve Bondelue.

— Je ne pensais pas acheter de gants, je voudrais, » et Pétronille lui fit son plus charmant sourire, « que tu me fournisses de la peau pour fabriquer des sortes de moufles de protection.

— Il faut que tu saches que mes peaux, si souples et fines qu'elles soient, sont des cuirs de vache. Tu devrais aller un peu plus loin à la mégisserie qui prépare des peaux blanches, d'agneau ou de mouton, destinées à la ganterie.»

Mais Pétronille, à la surprise de Mélisende, s'obstinait :

— Si je viens chez toi, Bourdoisel, c'est parce que je te connais, et que nous avons œuvré pour toi et pour ton patron le chanoine Gengoulph. Les peaux que tu prépares seront parfaites pour nos exigences: en fait ce sont juste des moufles de travail dont nous avons besoin. Je les coudrai moi-même.» Elle sourit, gracieuse dans tous ses gestes. « J'ai de quoi te payer.»

Les yeux du chef corroyeur s'allumèrent.

— Veux-tu me payer en nature ? Je ne dis pas non, belle… »

Joignant le geste à la parole il tenta de la prendre par la taille. Mais elle se rebiffa.

— Enlève ta patte. Pas question, espèce de salaud !

— Goret puant » ajouta Mélisende ! « Viens Pétronille, laisse-le dans sa bauge. »

Mais Pétronille insistait.

— J'ai de l'argent pour payer. Regarde ! »

Et elle sortit d'une bourse, attachée à son bras gauche par un lacet et cachée dans sa manche, quelques deniers qu'elle voulut brandir. Bourdoisel n'y jeta qu'un coup d'œil rapide, d'un air dépité.

— Bof ! J'aurais dû m'y attendre. » Il grimaça un sourire. « Excuse-moi. Je plaisantais bien sûr. Garde tes deniers. Je n'en veux pas. Ton père est un ami et j'aurai besoin bientôt de nouveaux outils. Attendez ici. Je reviens. J'ai ce qu'il vous faut. » Il fila, et tout fier réapparut assez vite avec une peau: «Voilà. La mégisserie appartient aussi au chanoine Gengoulph. Ce n'est pas étonnant, d'ailleurs, avec un nom pareil.

— Je ne vois pas…

— Saint Gengoux est le patron des gantiers, des mégissiers et des tanneurs. Mais revenons à nos affaires. »

Bourdoisel tendit triomphalement son trophée.

— Ceci est la peau d'une génisse qui était tombée dans un ravin et que les loups avaient commencé à dévorer. Elle a été abîmée plus que nous ne le pensions. Mais il reste assez de matière pour faire des moufles convenables. Si tu arrives à les coudre… car ce n'est pas si simple.

— J'y arriverai, et Mélisende m'aidera, n'est-ce-pas ?

— Alors, pose ta main ici, sur cette peau, Pétronille. Ecarte un peu l'index.

— Attention, ce n'est pas pour moi, mais pour mon père !

— J'avais compris. Ton père sera servi. Mais avant, laisse-moi le plaisir de contribuer à protéger d'aussi jolies mains. »

Pétronille se laissa faire et posa sa main sur le cuir. Il découpa assez large autour de la fine menotte droite, puis demanda à Pétronille de poser la gauche. Il se donnait ainsi l'occasion de se pencher encore sur cette beauté rétive et d'humer d'un peu plus près sa fragrance troublante. Il réclama un baiser en remerciement. Vive et preste elle se dégagea.

— Tu peux les garder, tes peaux !! »

Elle se dirigeait vers la mégisserie quand Bourdoisel la rappela :

— Ne te fâche pas ! Reviens ! Je ne te demanderai rien. Nous allons tailler maintenant des moufles pour ton père. Je vais demander à Austrebalde de les couper autour de ma main qui servira cette fois de patron.»

Tandis que Bourdoisel était immobilisé, les doigts épais sur l'établi d'Austrebalde, le mégissier voisin, Aubin, s'était approché, attiré lui aussi par la beauté de Pétronille à qui il susurra d'une voix étonnamment douce :

— Je peux te fournir directement des peaux blanches autrement plus belles et plus adaptées. Pour toi, pour tes fines menottes, je verrais du chevreau, une peau mise à la chaux, trempée dans l'eau, travaillée du côté de la fleur, mise en confit dans un bain d'eau et de son, passée au blanc quelques minutes dans une dissolution chaude de ma composition, puis dans un bain pâteux de farine de froment et de jaunes d'œufs.

— Nous n'avons pas besoin de toi, cher ami, » rétorqua Bourdoisel. « Tu sais que je n'aime pas qu'on se mêle de mes affaires. » Là-dessus, la main libérée, il se redressa de toute sa hauteur. Aubin, qui était assez frêle, n'insista pas.

— C'est dommage », plaisanta Mélisende pour taquiner Bourdoisel, « il est joli garçon.»

Tout en disant cela, elle ne put s'empêcher de penser que Bourdoisel, s'il était manifestement plus grand qu'Aubin, semblait bien freluquet lui-même, à côté de son Gislebertus à la large carrure. Celui-là, elle ne parvenait pas à l'oublier. Il fallait qu'elle le vît. Serait-il chez lui tout à l'heure ? Sinon où le trouver ? Elle n'avait plus envie de traîner. Elle voulait rentrer dans la citadelle.

25. *Mardi matin 30 juin, sur le chantier de Saint-Lazare.*

Le sculpteur, le premier sur le chantier, s'était remis au travail dès l'aube. Il était heureux de retrouver ses outils. A ses ciseaux, au moins, il pouvait faire confiance. S'il souffrait, si sa vie sentimentale était compromise, au moins sa passion sculpturale pouvait-elle s'exercer sans ambages. Terminés les hésitations et les doutes qui l'avaient assailli les jours précédents. Il savait exactement où il allait.

Bientôt l'animation habituelle du chantier, le bruit féroce, lui signifièrent que tous, alentour, avaient repris leur poste. Il n'y prêta que peu d'attention et leva à peine les yeux de son ouvrage, trop absorbé. Quand le soleil eut commencé à chauffer il posa sa massette et son ciseau et prit le temps de souffler pour regarder avec un peu de recul l'effet de son effort.

Il avait bien avancé. Tout se déroulait pour le mieux. Cependant, il se rendit compte qu'il avait soif. Cela lui rappela qu'il n'avait plus d'eau à la maison. Il chercha des yeux les deux garçons chargés de remplir régulièrement sa jarre. Bastien et Syagre n'étaient pas loin : le premier écrasait des pigments bleus dans un petit mortier, tandis que le plus jeune, grimpé à l'échelle derrière Mélisende juchée au sommet, faisait passer à la jeune fille une coupelle remplie de peinture.

Les deux enfants portaient de pauvres chemises déchirées, trop courte pour l'un, trop longue pour l'autre, constellées de taches et coulures de peinture. Ils étaient arrivés sur le chantier au printemps, venus d'on ne sait où. Il semblait que leurs parents, malades, qui allaient en pèlerinage, fussent décédés, en route. Les petits avaient vagabondé quelque temps, quémandant ici ou là avant d'arriver à Autun. Mélisende avait alors repéré les deux orphelins maigres, dépenaillés et crasseux. Elle avait proposé à Gislebertus de les intégrer dans l'équipe : elle avait besoin d'aides, elle ne pouvait assumer seule le travail de peinture. Déjà, quand elle peignait au côté de son père, ils n'y arrivaient pas à deux. Alors maintenant…C'est ainsi qu'elle avait demandé à Gislebertus:

« Il m'est difficile – parce que je suis une femme - de commander sans problème à des hommes de mon âge, c'est pire encore avec de plus vieux. Le premier manœuvre que tu m'avais adjoint, Moustache-Avantageuse, ne pensait qu'à plaisanter, s'échapper pour retrouver ses potes et rire grassement à l'autre bout du chantier. Il était obsédé surtout par l'espoir de profiter de la situation pour réussir à me peloter. Le vieux Eusèbe-Dents-Pourries à l'haleine fétide, qui l'a remplacé, ne s'intéresse pas à son travail, reste confit dans ses habitudes, et conteste mes ordres qu'il ne comprend pas. Aussi je n'en veux plus, il faut le renvoyer. A la place je souhaite embaucher moi-même ces deux petiots qui tout à l'heure, tandis que je préparais mes couleurs, puis peignais de rouge une draperie de pierre, observaient avec fascination mes actions. A voir leur bouille intéressée, je suis sûre que ce travail leur conviendra mieux que de porter des paniers de mortier toute la journée. Je suis persuadée qu'ils apprendront vite…

— D'accord, si tu y tiens » avait répondu le sculpteur, qui sentait bien que l'on pouvait améliorer le fonctionnement de l'équipe peinture. Cependant, loin de laisser éclater sa joie, la jeune fille avait rougi fortement, poursuivant d'une voix timide mais cependant résolue :

« Je demande aussi à pouvoir les rémunérer moi-même.

— Mais ce n'est pas…

— Je pourrai ainsi avoir toute autorité sur eux. Pour toi ce sera même plus avantageux. Tu payais sept deniers Eusèbe-Dents-

Pourries, et tu me donnais à moi un *sou*[31] et neuf deniers. Tu me donneras dorénavant deux sous, et je leur redistribuerai la différence, soit un denier et une obole chacun. Tu y gagneras quatre deniers. »

Gislebertus avait souri.

— Je t'accorde ce que tu demandes. Non pour gagner quatre deniers. Mais je crois qu'il faut te faire confiance, tu sais sans doute mieux que moi comment tu dois faire marcher ta petite équipe.

— Oh, merci » avait-elle repris, rayonnante. « Tu ne le regretteras pas. »

Et là-dessus, elle s'était haussée sur la pointe des pieds pour lui faire sur la joue un baiser filial. Il avait juste fait une restriction :

— Dents-Pourries, comme tu l'appelles, était chargé d'aller puiser pour moi de l'eau à la fontaine pour remplir ensuite ma jarre à la maison. Puisque c'est ton souhait, je vais le renvoyer et veillerai à ce qu'il retrouve du travail aussitôt. J'irai parler au maître charretier, je sais qu'un de ses hommes s'est brisé une jambe et qu'il manque de manœuvres. C'est donc entendu. A partir de demain c'est l'un des enfants que tu embauches qui me rendra le même service car je n'ai pas de temps à consacrer à cette corvée. Tu m'enverras donc l'un d'eux chaque jour chercher la clé de ma demeure. Naturellement tu en seras responsable. Le gamin, quand il sera chez moi, ne devra toucher à rien. C'est impératif. »

Cet arrangement avait jusqu'à présent donné toute satisfaction. Les deux petits apprentis étaient dociles, dévoués, et s'intéressaient tout à fait à leur travail dont ils apprenaient les rudiments avec curiosité. Même s'ils ne parlaient pas ou très mal, à leur arrivée, la langue vernaculaire romane ou l'argot en usage sur le chantier, ils s'étaient adaptés très vite. Gislebertus convenait qu'il n'avait qu'à s'en louer. Le seul point qui clochait était la corvée d'eau pour laquelle ils traînaient manifestement les pieds. Avant-hier il avait été si absorbé par son travail qu'il avait oublié de vérifier que les garçons avaient bien rempli la jarre qui hélas était restée vide.

---

[31] Un sol vaut douze deniers

Aussi appela-t-il d'une voix forte la jeune peintre, pour lui faire part de son mécontentement.

Quand elle se fut retournée, toute souriante et accueillante, toute heureuse, il fut décontenancé. Elle était terriblement séduisante. Elle avait mis un bliaud à manches courtes qu'il ne lui connaissait pas, plus long que sa blouse précédente, d'une couleur feuille morte qui lui allait divinement au teint, et sur lequel elle avait jeté un petit tablier de toile écrue taché de couleurs. Elle avait, comme d'habitude, soigneusement enturbanné son cou gracile, son menton et sa chevelure de savants entrelacs incarnats et fauves. Le sculpteur, la voyant si délicieuse, ne put s'empêcher de grimacer. Cette fraîche vénusté ne lui rappelait que trop la scène injuste que lui avait jouée Ombeline la veille, et les propres manœuvres de Mélisende, samedi dernier. Il avait négligé les avances de celle qui restait pour lui *la petite*. Il dut pourtant admettre qu'Ombeline n'avait pas eu tout à fait tort en lui faisant une scène. Il regrettait de s'être mis, sans qu'il le veuille, sans avoir pu s'expliquer et se défendre, dans une situation qui se compliquait, à un moment déjà suffisamment angoissant.

Quoiqu'il en fût, à peine l'avait-il appelée, que l'adolescente avait sauté, comme une rainette hors de son bocal, plus qu'elle n'était descendue de son échelle, avait jeté son tablier, et preste, accourait vers lui de sa démarche dansante.

Le sculpteur n'avait rien de personnel à lui dire. Il lui fit remarquer d'un ton volontairement froid que les garçons avaient omis leur corvée d'eau, samedi, qu' avant-hier et hier, jours de congé, il était resté démuni et que cela ne devait plus se reproduire. Que pour l'instant ils aillent immédiatement remplir leur office et la jarre !

Si elle était déçue par son propos et plus encore par le ton qu'il prenait, elle réussit à ne le montrer qu'à peine. Elle s'efforçait de garder un sourire enjôleur. Elle répondit que la commission serait faite, les enfants grondés et l'eau apportée dans les meilleurs délais. Elle le couvait des yeux tout en parlant, le visage levé vers le sien, petit oiseau qui voulait manger le chat. Gislebertus, gêné, détourna le regard et aperçut alors le maître bâtisseur Guillaume qui, lui faisant signe, semblait vouloir se diriger vers eux. Gislebertus devinait déjà ce dont Guillaume souhaitait l'entretenir. Justement, les derniers mots de Mélisende lui rappelaient cruellement qu'ils ne disposaient que de trop peu de temps avant l'ouverture de la basilique aux pèlerins. Il répondit donc au salut du maçon et lui fit signe de les rejoindre. Mélisende, un peu dépitée mais n'en laissant rien paraître, suivit le regard et le geste du sculpteur.

« Ah, c'est le Petit-Bossu ! » dit-elle, avec une moue puis une grimace drôle et impertinente. « Qu'est-ce qu'il glandouille encore par ici ? »

Celui qu'elle appelait bossu ne l'était pas. C'était seulement un homme âgé, très expérimenté, qui se courbait sur une canne pour marcher. Le temps qu'il les rejoigne, Mélisende aurait déjà accompli trois allers-retours. Cependant, même s'il ne se déplaçait qu'à pas hésitants, l'homme savait ce qu'il voulait et comment l'obtenir. D'un abord austère, acariâtre et abrupt, il n'était pas aimé. Mais tous reconnaissaient ses compétences. Quand il les eut rejoints, le petit bossu ne perdit pas de temps en formules de courtoisie et entra directement dans le vif du sujet :

« J'apprends que tu aurais promis à l'évêque que la basilique serait ouverte pour la venue des pèlerins à l'occasion des festivités de la Saint-Ladre le 1er septembre. Tu es fou, nous n'aurons pas le temps, c'est dans tout juste deux mois !! J'ai le regret de te dire, par ailleurs, que tu n'avais pas, - que le Diable m'étouffe si je ne dis vrai - tu n'avais pas à t'engager, donc à m'engager sans m'en avoir parlé !! »

Le « petit bossu » s'étouffait effectivement en éructant sa bile. Le sculpteur calmement lui répondit :

— Mais mon cher Maître Maçon, nous en avions déjà parlé maintes fois. Le premier septembre était bien l'objectif que nous nous étions fixé pour la clôture des travaux du transept et l'ouverture, fastueuse, de la basilique aux pèlerins.

— Tu as du culot, bordel de merde ! Tu sais très bien que nous avons pris du retard. Les dispositions, que nous avions envisagées et acceptées pour que le portail d'entrée soit accessible aux fidèles dans deux mois exactement, n'ont pas été respectées. Le tympan aurait dû, depuis un mois déjà, être en place. La responsabilité de ce retard ne peut m'être imputée. Je suis ponctuel. Je suis quelqu'un de sérieux, moi!!»

Sans oser le dire formellement, Guillaume laissait entendre que c'était la faute de Gislebertus, qui ne s'était pas assuré, lorsqu'il était allé choisir les blocs dans la carrière, de la qualité des deux pierres nécessaires pour le linteau.

Gislebertus répéta encore une fois, que sur des pierres de cette dimension, il arrivait de trouver des failles cachées : comme le mois dernier, où en le sculptant, il s'était aperçu que l'un des deux blocs, vicieux, risquait de se fracturer et de présenter donc un danger gravissime d'accident si on l'utilisait comme linteau. Il s'était aussitôt rendu à la carrière pour en repérer et choisir un autre dans une nouvelle veine dont on commençait l'extraction. En attendant que le futur linteau ait été ébousiné puis épannelé, hissé sur un fardier tiré au pas lent des bœufs, et enfin livré samedi, il en avait profité pour finir de sculpter tous les autres éléments destinés au tympan et aux voussoirs, tandis que les hommes de son équipe avaient taillé et numéroté tous ceux qui seraient nécessaires pour terminer la façade nord, y compris les huit arcatures et claveaux du faux triforium et ceux des trois fenêtres hautes.

Le transept était en effet presque achevé. Les deux murs latéraux avaient été élevés et la voûte, en ogive brisée, posée. Les charpentiers commençaient à positionner les poutres pour le toit. La façade nord s'esquissait de chaque côté de l'espace central, encore vide, du futur porche.

Gislebertus ne demandait que quelques jours pour achever sa « Tentation d'Eve ». Toutes les autres pièces étant déjà sculptées, elles pourraient être mises en place ensuite sans plus attendre. Cependant cette opération par les maçons de Guillaume s'avérerait délicate. Outre les deux éléments du linteau, très lourds, il faudrait hisser ensuite, pour clore l'arc du porche, les douze pierres imagées formant le tympan, les seize autres pour les anges de l'archivolte interne, et une quarantaine encore pour les rinceaux des deux archivoltes externes, à décor de feuillage. Un certain nombre d'ajustements s'avéreraient nécessaires et prendraient du temps. Il faudrait enfin disposer au-dessus les pierres innombrables pour élever le reste du large mur jusqu'au fronton. Le sculpteur le savait bien. Malgré les justifications données à Guillaume, il ne pouvait se cacher sa responsabilité. Il avait laissé traîner les choses, parce qu'il s'était trouvé dans une période de doute, parce qu'Ombeline l'avait perturbé, et qu'il n'avait pas su apporter de réponse à ses demandes folles.

Oh, comme il regrettait qu'elle soit partie furieuse, hier ! Tout était devenu si compliqué. Il fallait absolument qu'il la revoie rapidement.

26. *Où commence une algarade.*

Mélisende s'était écartée un peu par discrétion pendant la dispute, mais elle écoutait attentivement. Elle s'inquiétait donc. Elle savait qu'elle ne pourrait normalement intervenir pour la partie qui devait être peinte que lorsque tout aurait été déjà maçonné. Face aux deux hommes, dressée de toute sa petite taille elle leur lança :

« Jamais je ne pourrai terminer le subtil et minutieux travail de peinture à temps. Je n'interviens normalement que lorsque les autres ont fini. Je suis obligée, pour commencer à les peindre, d'attendre que vous ayez hissé et ajusté toutes ces pierres sculptées; d'attendre même pour mettre ma patte sur les éléments déjà en place: le trumeau représentant saint Lazare, les pilastres cannelés et les colonnes ainsi que les chapiteaux historiés qui les surplombent.

— Il faudra pourtant que tu aies terminé dans les délais prescrits» reprit le maître bâtisseur. « Le chapitre et l'évêque y tiennent absolument.

— Alors vous devrez *absolument, »* et elle insista, mutine, aguicheuse et ferme à la fois sur la reprise du mot, « aller plus vite, afin de me laisser plus de temps pour mon ouvrage. »

Derrière ses gestes gracieux on sentait poindre une réelle inquiétude. Le Petit-Bossu, rouge bougon, n'était guère sensible à ses démonstrations. Le sculpteur, quant à lui, tourmenté par ses propres profonds soucis, réalisait cependant l'ampleur des surfaces et volumes à peindre avec précision, et la difficulté qu'allait devoir affronter la jeune fille pour achever dans les délais. Il ne s'en était pas assez préoccupé auparavant. Et il commençait à comprendre que le maître bâtisseur ne leur faciliterait peut-être pas la tâche. En effet l'équipe chargée de la peinture était sous la responsabilité du sculpteur. Si l'évêque se montrait mécontent dans deux mois parce que le décor aurait été inachevé, Guillaume, ayant pour sa part mené à bien le bâti, pourrait en imputer toute la faute à Gislebertus.

Aussi, avec un clin d'œil complice à Mélisende, le sculpteur prit-il le bras de Guillaume qui grommelait des paroles acides, pour l'interrompre :

« Mon cher Maître Guillaume, je suis persuadé que nous pourrons tous y arriver dans les stricts délais, si nous travaillons en bonne harmonie comme nous l'enseigne le Seigneur Dieu, et comme l'exigent nos commanditaires de la *Fabrique.* » (Ainsi appelait-on sur le chantier l'organisation de la confrérie commanditaire de l'Œuvre-Saint- Nazaire.) « C'est pourquoi, pour accélérer les choses, je propose que tu fasses mettre en place après déjeuner la moitié gauche du linteau. Il me reste juste à fignoler le visage d'Adam. J'aurai fini avant midi. Par ailleurs, j'aurai terminé cette sculpture de la partie droite dès lundi prochain, peut-être même avant la fin de cette semaine. Prends tes dispositions de ton côté. Fais venir face au portail une équipe supplémentaire avec des engins de levage, treuils ou grues, c'est ton affaire. Déplace quelques charpentiers et maçons spécialisés qui s'affairent actuellement à la grande nef, ainsi que leurs manœuvres et leurs charretiers. Assigne-leur, comme nouvel objectif, de monter cette façade du transept nord…

Quant à moi, je puis t'assurer, mon cher Guillaume, que, selon la volonté du seigneur évêque, je prendrai mes dispositions avec mon équipe pour que tout soit exécuté en temps voulu. A l'aube du premier septembre, jour de la Saint-Ladre, au plus tard, le portail, pieds-droits, tympan et voussures, sera entièrement peint. »

Cependant, Mélisende continuait à s'inquiéter :

— Il faudrait que je puisse commencer à peindre dès le tympan posé. Mais les étais et cintres qui soutiennent les voussures du porche vont me gêner. Quand seront-ils enlevés ?

— Par précaution il faudrait les conserver tant que nous travaillerons au-dessus. Au moins jusqu'à ce que nous ayons monté les rangées de pierre jusqu'au premier niveau, à la base du faux triforium.» Guillaume affecta de ne s'adresser qu'à Gislebertus, « Alors, ta reine de la peinturlure pourrait se glisser sous la voûte du porche pour barbouiller le tympan. Mais ce n'est pas souhaitable. Elle se croira protégée quand elle travaillera. Elle va sans arrêt descendre de sa petite échelle afin de prendre du recul pour contempler ses coloriages, changer de teintes, discuter avec les deux garnements qui lui servent d'aides, déplacer son escabeau. Elle oubliera que nous travaillons en surplomb, qu'à n'importe quel moment peuvent chuter grosses ou petites pierres, coulures de mortier et autres débris. Tous trois seront sans cesse en danger. S'il y a accident en dessous, je ne veux pas être responsable. »

La jeune fille ne se laissa pas faire :

— C'est vrai que j'ai besoin parfois de recul pour apprécier mon ouvrage, mais je saurai faire attention, et je vous préviendrai chaque fois que je devrai sortir de la partie abritée.

Je ne peux vraiment pas attendre le dernier moment pour peindre : mon travail est bien plus subtil et délicat que tu ne le laisses entendre. J'ai des contraintes techniques à respecter. Je dois passer quatre couches successives et attendre plusieurs jours entre chaque.

— Je sais naturellement toute cette cuisine. Mais je ne peux t'autoriser à traîner, avec deux enfants de surcroît, en dessous de la façade que nous élevons. La voûte qui te protégera sera trop étroite, même si j'ajoutais un auvent protecteur de planches. Songe que je vais mettre là-haut mes huit maçons poseurs en deux équipes de chaque côté du porche, chacune avec ses treuils, ses cordages, et ses manœuvres pour faire tourner les roues et les approvisionner en pierres et en mortier. En même temps ils côtoieront déjà les charpentiers avec leur personnel, leurs propres moyens de levage, leurs poutres, solives et chevrons. Crois-moi j'aurai assez d'occupations sans avoir à me soucier en plus des peintres. Tu peux aller sans problème barbouiller les chapiteaux dans la partie déjà construite de la nef, nous allons l'abandonner pour l'instant afin de tout concentrer sur la façade de l'entrée. Nous allons faire le maximum afin de terminer pour le premier septembre. » Il ricana désagréablement. « Si nous n'avions pas fini, nous arrêterions de toute façon les travaux une semaine avant, afin de dégager le parvis et les marches de pierre, des sacs de sable qui les protégeaient. Tu pourras toujours peindre sans danger à ce moment-là.

S'il y a retard, toute la faute en reviendra à Maître Gislebertus, ton patron, qui aurait dû songer à tout cela auparavant. C'est à lui à s'organiser maintenant ou bien à justifier son erreur devant l'évêque, le chapitre, et la fabrique qui avaient depuis longtemps formulé leur désir. »

Mélisende voulut répliquer mais Gislebertus lui fit un signe impératif de se taire et de se tenir à l'écart. Il répondit :

— Je vais m'organiser. Je sais prendre mes responsabilités. Veille, toi-même, à ce que tes maçons fassent preuve de diligence et d'efficacité si tu ne veux encourir la colère des responsables de la Fabrique. »

La tension était montée entre les deux chefs. Elle était palpable également entre leurs subordonnés restés à distance et qui sentaient venir l'orage.

— Quoiqu'il en soit, je vais donner mes instructions. A tout à l'heure. ! » Le Petit-Bossu les salua gauchement. Il n'était pas très à l'aise avec Gislebertus qu'il savait directement protégé par l'évêque. Il était un peu jaloux de ses prérogatives, mais n'osait l'affronter davantage, ayant déjà été remis à sa place plusieurs fois. Il s'éloigna donc en claudiquant sans avoir jeté un seul coup d'œil sur la sculpture en cours et sans avoir fait mine de s'y intéresser.

La jeune fille au contraire avait profité des derniers échanges entre les deux hommes pour contourner le bloc et le regarder avec une curiosité avide. Elle était terriblement impressionnée. Déjà, une force extraordinaire et une étrange beauté se dégageaient de la sculpture inachevée. Mélisende sentait naître, dans les masses encore brutes, un chef d'œuvre fascinant. Comme elle aimerait participer à cette création ! Malheureusement, Gislebertus ne lui donnait aucun signe d'encouragement.

Elle devina une présence dans son dos, mais ne se retourna pas. C'était lui, elle en était sûre. Soudain timide, elle ne savait comment se comporter. Elle ne bougea pas, tandis qu'elle se sentait toute poisseuse de sueur. Le soleil n'était pourtant pas encore à son zénith, mais il faisait déjà trop chaud. Elle pensa que la belle robe des jours de fête, qu'elle avait décidé d'enfiler ce matin-là pour lui plaire, était devenue trop étroite et n'était pas adaptée en cette période de canicule.

Le son attendu de la voix de Gislebertus la fit pourtant involontairement tressaillir. Il s'efforçait, lui sembla-t-il, d'employer son ton le plus professionnel pour lui parler.

« Tu as bien fait d'attirer mon attention sur le temps qui t'est nécessaire pour peindre, dans les délais, l'ensemble du portail. Aussi, écoute ce que je te propose. Tu vas continuer tout de suite le travail que tu avais commencé sur un chapiteau de la nef en utilisant la couleur que tu avais préparée. Dès que celle-ci aura été épuisée, fais nettoyer tes pinceaux et reviens me voir. Demande tout de suite à l'aîné des garçons de préparer de l'ocre jaune comme sous-couche d'apprêt. Fais vite.»

Sa voix s'était adoucie, plus chaleureuse, plus prometteuse. Elle se retourna d'un coup, l'air étonné, ses yeux violets où dansaient des paillettes festives cherchant les siens. Le sculpteur saisit ce regard sans y répondre et poursuivit plus sèchement :

« Reportons à cet après-midi la corvée d'eau. Je te dirai quand le petit devra y aller. File maintenant, nous reparlerons tout à l'heure »

Elle partit donc, l'air boudeur, sans empressement excessif, mais s'efforçant d'onduler des hanches. Elle était si gracieuse cependant dans son dépit un peu forcé, que Gislebertus ne put s'empêcher de la regarder comme elle contournait le bloc de pierre et son pupitre, le cou un peu penché vers lui, la silhouette soulignée par la sueur qui moulait sa belle blouse trop chaude de l'hiver dernier sur son ventre plat, sa taille fine et ses seins qui gonflaient le tissu.

Il détachait d'elle son regard pour surveiller machinalement le chantier à la recherche de ses tailleurs de pierre, quand son œil enregistra, en lisière, la moire aux reflets jade d'une robe claire. C'était bien Ombeline, arrêtée à l'ombre, immobile, au-delà de l'agitation des travaux, tournée dans leur direction. Depuis combien de temps était-elle là sous ce porche à l'observer silencieusement? Sa gorge devint sèche. Une joie subite et tumultueuse irradia. Il fut transporté d'un espoir irraisonné, qui voulait effacer les soucis, comme le passage du racloir sur un palimpseste efface les erreurs et redonne de quoi écrire une nouvelle page. Il lui fit un grand signe du bras. Elle ne répondit pas. Il posa son maillet et s'empressa, esquissa trois pas rapides vers elle. Mais elle lui tourna le dos, remonta la rue, et disparut dans la cohue.

27. *Où les compagnons changent de programme.*

Le sculpteur désespéré accéléra sa course au milieu des embarras du chantier, et parvint là où elle s'était tenue. Mais elle était vraiment partie. Dépité, la poitrine oppressée et douloureuse, il s'en retourna lentement, tête basse. Si fort avait été un instant son espoir en l'apercevant, si farouche était sa déception. A sa rage s'ajoutait l'humiliation de sa course inutile. Il avait l'impression que tous, sur le chantier et sur la place, le regardaient avec commisération. Il ignorait en fait que chacun était trop occupé par ses propres activités ou ses propres problèmes pour avoir remarqué son trouble. Certains l'avaient bien vu courir, mais sans se poser de question.

Seule Mélisende s'était retournée au bruit ; mais elle n'avait pu voir l'objet de ce démarrage éclair.

Gislebertus, d'un pas devenu las, descendit la pente pour rejoindre à l'autre bout du chantier le groupe des compagnons tailleurs de pierre. Au passage il déposa ses ciseaux auprès de Blaise le forgeron qui martelait une pièce d'acier rougie, lui tapa sur l'épaule, puis se pencha pour embrasser, sur le front noir de suie, Agathe qui, assise à même le sol à l'ombre, les jambes allongées, le dos contre la roue d'un fardier, venait de dégrafer sa blouse de laine sale pour donner le sein à son bébé. Le sculpteur lui trouva les traits tirés, les yeux encore plus creux et plus sombres que l'avant-veille. Comme il s'inquiétait de sa santé, elle lui répondit que cela allait mais qu'elle était vraiment fatiguée. Elle dormait mal la nuit à cause de la chaleur qui ne tombait guère et parce que le bébé pleurait plus que d'habitude.

« Toi-même, t'as l'air crevé, nerveux et soucieux. Faut te détendre. » Ses yeux s'éclairèrent, adoucissant le visage ingrat, au nez trop gros, barbouillé de suie. « Pourquoi tu viendrais pas avec nous pour casser la croûte sur l'herbe, dimanche ? »

Gislebertus avait passé une partie de ses derniers dimanches avec Ombeline. L'invitation amicale d'Agathe résonnait en lui comme un signal, le glas d'une époque bénie révolue dont il n'acceptait pas de faire le deuil. Il essaya de rester digne, de ravaler sa douleur. Pourtant cette femme fruste, épuisée, aux grands yeux cernés rougis par la fumée, doux et compassionnels, sentait confusément la peine qu'il éprouvait. Il ne lui avait jamais parlé de son amour, de son amour perdu pour Ombeline. Mais elle savait manifestement. Bien qu'ils se soient toujours efforcés de rester discrets lors de ses rencontres avec la femme du croisé, il semblait bien que leur aventure ait été éventée et soit devenue secret de polichinelle ! En tous cas, Agathe avait deviné son désarroi présent. Sans un mot pour évoquer la situation, elle essayait à sa façon de lui apporter une aide, un réconfort.

Blaise avait cessé de marteler la pièce d'acier qui se refroidissait et, s'essuyant les mains sur son tablier de cuir, vint rejoindre son épouse :

« Agathe a raison. Accompagne-nous dimanche. Cela fait longtemps que nous n'avons pas profité ensemble des bienfaits de la forêt, plus fraîche l'été. Je connais un vallon où cascade une eau froide vivifiante. Nous pourrons nous y baigner. Ce sera un régal ! Viens, tu nous feras plaisir. »

Le sculpteur fut ému de l'amitié sincère qu'ils lui manifestaient. Il les remercia et accepta chaleureusement sans plus de façons.

Cependant la cloche du chantier sonna la pause matinale, saluée par une clameur d'enthousiasme et de soulagement. Tout près d'eux, Racho épannelait un futur chapiteau. Odon et Marco, agrippés à chaque bout d'une longue scie, s'escrimaient en cadence sur un bloc récalcitrant, Martin-Pêchu traçait les cannelures d'un pilastre. Tous posèrent leurs outils. En quelques instants les bruits, qui témoignaient de l'activité habituelle du labeur des hommes, s'estompèrent, remplacés par les rires, les plaisanteries et les conversations.

Sur un signe de Racho qui soulevait sa cruche d'un air convainquant, Gislebertus proposa à Blaise de l'accompagner pour boire un instant avec les compagnons pierreux qui travaillaient à proximité. Tous savouraient le repos bienvenu et le plaisir de trinquer ensemble. Ils apprécièrent la gorgée de vin léger pour rincer la poussière selon la formule de Racho. Blaise porta la cruche à Agathe qui restait assise, à l'ombre, à donner le sein. Tous sur le chantier évitaient, surtout en cette période de canicule, de boire l'eau qui croupissait facilement.

A la fin de la pause, quand la cloche sonna, Racho et Martin-Pêchu, une fois désaltérés et détendus, s'apprêtaient à reprendre leur tâche quand Gislebertus leur dit :

« Rangez votre matériel, gardez vos massettes, pointes et jeux de ciseaux, en particulier les *ognettes*[32] et *rondelles*[33], puis rejoignez-moi. J'ai besoin de vous pour intervenir sur le bloc de la Tentation d'Eve. J'étais venu pour vous chercher. »

Ils remontèrent ensemble. En passant, vision fugitive, Gislebertus vit que Mélisende, dans l'ombre de la partie de la nef couverte, était déjà perchée sur son échelle, tout en haut, et, leur tournant le dos, s'activait, le pinceau en main, tandis que ses deux jeunes aides, à ses pieds, écrasaient en grimaçant des terres ocrées dans un mortier.

Le sculpteur montra à Racho et Martin-Pêchu des parties à évider et à approfondir sur la grande pierre. Il n'avait pas besoin de leur dire de faire attention et d'éviter les coups de ciseau malheureux. Tous deux étaient habiles et la sûreté de leur main était éprouvée. Autant Martin-Pêchu était grand et sec, les muscles

---

[32] Ciseau dont le tranchant plat est en fer de lance. Sert à évider des parties profondes ou étroites.

[33] Ciseau dont l'extrémité est terminée par un tranchant plat semi-circulaire. Utilisée pour évider et fouiller.

noueux, le visage glabre aux joues creuses, autant Racho était petit et rondouillard, l'œil rieur et les cheveux en bataille. Le premier était austère et silencieux. Le second bavard et moqueur.

Martin trouva que l'ouvrage avait déjà beaucoup avancé. Il admirait le talent de son maître. Il aspirait à devenir, comme lui, un vrai sculpteur. Très mystique, il pensait que plus il deviendrait adroit, mieux il serait à même de célébrer la gloire de Dieu. Cependant, s'il était fier d'avoir été choisi, il regrettait un peu que ce soit justement sur ce travail particulier que Gislebertus lui demande de collaborer. Il estimait, quant à lui, que l'inspiration de son patron était souvent trop imaginative, parfois presque païenne, et ne collait pas assez aux nécessités d'un strict enseignement religieux. Pour lui la sculpture ne devait être qu'un grand recueil d'images que chacun, qu'il soit moine, chevalier ou simple serf, pourrait comprendre et lire pour son édification et le salut de son âme. Il en avait parlé à son confesseur, l'archidiacre Girart. Comme ce pieux conseiller, il jugeait déplacé de risquer de donner du péché une vision attirante. Il craignait l'interprétation que Gislebertus pourrait apporter au thème délicat de la Tentation, en sculptant une Eve trop impudique, propre à troubler les esprits.

Quant à Racho, il fut époustouflé par la force qui se dégageait déjà de cette masse de pierre encore brute. C'est avec fierté qu'il empoigna ses outils. Il sentait que cette pièce revêtait une grande importance pour Gislebertus et était tout excité d'avoir pour une fois l'occasion de participer à ce travail de sculpture pure qu'il ne pratiquait pas assez souvent à son gré. D'habitude Gislebertus ne le laissait intervenir que pour des finitions au trépan à archet. Cette technique délicate était devenue la spécialité de Racho. Il n'avait pas son pareil en effet, au moyen d'une corde reliée aux deux extrémités d'un arc en bois, pour animer de la main droite la mèche du perçoir d'un mouvement rotatif rapide. Le fil s'enroulait en glissant autour de la tige. Racho appuyait avec dextérité de l'autre main sur la tête de l'axe en forme de noix et forait ainsi dans la roche des séries de trous alignés pour figurer par exemple les dentelles ou les broderies d'un vêtement, les effets de passementerie, ou les boucles de cheveux.

Gislebertus, quant à lui, s'attaqua au visage d'Adam qui était resté encore grossier et flou sur l'autre bloc. Quelques coups de ciseau d'une grande précision affinèrent et busquèrent insensiblement le nez impérieux, ouvrirent les narines, ourlèrent les lèvres délicates, arquèrent les sourcils étonnés, inscrivirent la fossette du menton, dressèrent les boucles souples d'une chevelure abondante descendant par-dessus les oreilles jusqu'à la base du cou, et les courtes volutes d'une barbe frisée. Il fut très vite satisfait. Tandis qu'il rectifiait les arêtes et polissait légèrement les formes, il appela Racho :

« Va chercher ton trépan que nous creusions la pupille des yeux ».

Il lui indiqua très précisément où poser la mèche et multiplia les directives. Racho mania l'archet avec la plus grande précaution. Gislebertus, satisfait, remercia chaleureusement son compagnon qui se mit à plaisanter et à rire pour dissimuler sa fierté. Le sculpteur épousseta la pierre avec une balayette de genêts.

« Voilà, ce bloc est terminé. Les hommes de Guillaume vont pouvoir placer les louves afin de le soulever après le déjeuner pour le mettre en place. »

Ils reculèrent de quelques pas. Plusieurs travailleurs du chantier les avaient rejoints, curieux. Tous contemplèrent l'image d'un beau jeune homme aux traits harmonieux, l'air courtois et affable, l'œil interrogateur.

— Comme il est mignon » dit Agathe, berçant son bébé dans les bras. « Il ne ressemble à aucun d'entre nous.

— Je croyais, Gislebertus, que tu te serais pris toi-même comme modèle pour Adam. C'est dommage. Celui-ci est joli garçon; mais il n'est pas costaud comme toi » enchérit Mélisende qui était descendue de son échelle et arrivait, ses pinceaux propres à la main, suivie des deux garçonnets portant mortier et matériel.

— Il est tout nu, » ajouta Agathe, en insistant sur le dernier mot et en pouffant, « malheureusement Gislebertus s'est cru obligé de cacher l'essentiel derrière un feuillage. Du coup on ne sait pas si Adam est bien monté. C'est pourtant une question essentielle pour l'avenir de l'humanité. »

Tous rirent de bon cœur. Tous sentaient avec un certain malaise cette tension qui régnait ce jour-là sur le chantier et tentaient de la conjurer en plaisantant ensemble. Gislebertus s'efforça de rire avec eux. Sans grande conviction. Puis, d'un geste paternel de la main, il chassa ses compagnons vers leurs postes de travail respectifs.

« Allez, n'encombrez pas l'arène. Il va y avoir beaucoup trop de monde ici tout à l'heure ! »

Déjà en effet débarquaient dans ce coin de la fabrique les hommes de Guillaume. Les charpentiers grimpèrent sur les échafaudages de la façade nord du transept. Ils firent jouer les cordages qui s'étaient assoupis quelques jours. Ils vérifièrent la grue tournante, tout là-haut au sommet du mur, la firent pivoter un peu. Ils décidèrent alors de la déplacer légèrement et de la caler en conséquence. Une troupe de charretiers musculeux aux épaisses moustaches amenait un treuil avec sa grande roue. Une fois déchargé juste devant l'axe du porche, les charpentiers s'en saisirent et commencèrent l'installation.

Pendant ce temps Gislebertus priait Mélisende, en lui prenant la main, de s'asseoir sur un essieu de charrette. Ce qu'elle refusa avec horreur : elle craignait trop de gâcher sa jolie robe de fête inadaptée. Le sculpteur s'assit donc et elle resta debout, Bastien et Syagre couchés à ses pieds, esclaves adorateurs, dérisoires gardes du corps, tandis qu'il commença :

« Je vais te donner une mission de confiance, je vais vous donner une mission de confiance, » corrigea-t-il envers les deux apprentis. « Il nous faut trouver le moyen de gagner du temps. Nous avons un travail de peinture très important et difficile à mettre en œuvre. Il faut que nous prenions aujourd'hui et demain de l'avance, sinon nous serons coincés. Je sais que je peux compter sur vous trois comme fidèles collaborateurs habiles. »

Les deux garçons se redressèrent dans leurs haillons tandis que le sculpteur continuait :

« Je vais vous demander exceptionnellement de travailler plus longtemps encore que d'habitude, malgré les journées de travail déjà trop longues. Mais vous en serez largement récompensés et je vous réserverai plus tard des moments de repos supplémentaires. Si vous étiez en difficulté, je m'engage personnellement, s'il le faut, à prendre le pinceau pour vous donner un coup de main.

Nous sommes d'accord ? Oui ? Alors vous allez immédiatement peindre, sur la face sculptée de ce linteau d'Adam, la sous couche préparatoire à base de céruse avec l'ocre jaune, en pâte fluide mais épaisse. Vous appuierez fortement sur le pinceau pour bien faire pénétrer dans toutes les irrégularités de la pierre et les trous de surface. Nous avons la chance qu'il fasse très chaud déjà. La peinture n'en séchera que plus vite et nous allons bénéficier du délai habituellement accordé au repas et à la sieste, avant la mise en place du bloc.

— Mais, » contesta Mélisende, « nous n'avons jamais encore peint les pierres avant qu'elles n'aient été maçonnées et fixées dans le mur. Les cordes du halage vont blesser notre travail en frottant, nos couleurs seront abimées dans les chocs ou salies par le mortier. »

Tandis qu'il écoutait la jeune fille, Gislebertus aperçut de nouveau très fugitivement la claire robe jade d'Ombeline qui repassait aux orées du chantier et disparaissait une fois encore. Il esquissa un mouvement qu'il réprima aussitôt. Mélisende face à Gislebertus tournait le dos à la vision fugace. Elle avait perçu le geste inachevé du sculpteur et sa moue de dépit, qu'elle prit pour elle. Il rétorquait d'ailleurs :

— Ne dis pas de bêtises. La pierre va être soulevée par un système de louves. La face peinte restera intacte. Allez-y maintenant.

— Je vais déjà commencer par épousseter soigneusement le bloc sinon la peinture ne tiendra pas : il reste plein d'égrugeures de pierre dans les creux et les sillons. Puis nous allons le laver à petite eau qui s'évaporera presque aussitôt. »

Cependant les clochettes annonçaient l'arrêt du travail pour la marande, le repas de la mi-journée. Chacun rangea ses outils, descendit de ses échafaudages, arrima ses cordages ou nettoya sa truelle. Tous se dirigèrent vers la cantine. Seuls Mélisende, courbée sur son travail, Bastien qui essorait un chiffon, et Syagre, grimpé, pour être à la hauteur, sur un tonnelet vide, ne bougèrent pas.

— Ne t'inquiète pas... Nous restons là pour finir de peindre. Nous ne déjeunerons pas, s'il le faut.

— Merci. Je savais que je pouvais compter sur toi, Mélisende. Je vous ferai apporter quelque chose à manger sur le pouce, si vous ne nous rejoignez pas à temps.

— N'oublie pas la boisson dans ce cas. »

28. *Où la jalouse Ombeline pleure et rêve.*

En rentrant de la promenade vaine qui l'avait menée près du chantier où elle avait espéré parler à Gislebertus, Ombeline s'était réfugiée dans son oratoire. Le verrou tiré, elle ne priait pas, comme elle le laissait croire. Elle avait l'habitude de venir se réfugier là chaque fois qu'elle avait besoin de solitude et de calme. C'était son domaine réservé et secret depuis qu'elle vivait à Autun, Elle avait découvert un jour cette petite pièce à l'abandon cachée derrière le cellier à confitures dans les communs du palais. Prétextant, sous couvert de piété, l'envie d'une chapelle privée, à l'écart de l'agitation de la maisonnée, elle avait obtenu sans difficultés de sa grand-mère la disposition de ce réduit désaffecté, vestige d'une ancienne construction.

L'oratoire, étroit et sombre, était vide. Ombeline avait laissé sa belle robe citrine brodée de pierreries et sa fine chemise encore humide de transpiration, sur le prie-Dieu. Il n'y avait pas d'autre meuble, mais quatre statuettes grossières en terre cuite, dans les coins, et un bas-relief assez remarquable de vierge à l'enfant sur le mur.

Ombeline, nue comme Eve aux premiers jours, était passée, derrière une tapisserie aux motifs très colorés de paradis terrestre, dans un réduit annexe éclairé par une fenêtre haute. Elle s'était dévêtue pour être plus à l'aise et ne pas tacher ses beaux vêtements. Elle avait plongé ses mains dans un petit tas de glaise fraîche, posé sur une sellette…

Elle était dans sa tanière secrète, où, sans choquer personne, elle pouvait s'adonner à sa nouvelle passion: s'il était admis, en effet, pour les filles nobles que l'on puisse passer des heures interminables à tisser, en revanche modeler la terre n'était pas dans les usages…

Elle pouvait aussi pleurer sans avoir à cacher ses larmes. Le matin l'avait retrouvée encore une fois rongée d'angoisse et de doutes. Depuis quelques jours son bonheur fragile était violemment menacé. Bientôt, il serait complètement détruit. Elle avait l'impression que tout se liguait contre elle. Surtout, pourquoi ne pouvait-elle compter sur le soutien de Gislebertus ? Pourquoi n'était-il pas à la hauteur ?

Elle essuya ses larmes du revers de la main. Il faudrait donc qu'elle se batte pour deux afin de sauver leur amour. Contre son mari, ce Bérenger imposé. Contre cette punaise de Mélisende ! Contre l'irrésolution et la faiblesse mêmes de son amant !

Elle regrettait de s'être emportée la veille, l'esprit brouillé par la jalousie, et d'être partie si brusquement, en claquant la porte. Elle était rudement avancée, maintenant ! Bien sûr, c'était de sa faute à lui ! Cet inconscient Gislebertus ne semblait pas réaliser que, sauf miracle, leur belle aventure se terminait. Ils seraient arrachés l'un à l'autre, et ne se reverraient plus, comme un couple de tourterelles tirées de leur volière et vendues à deux maîtres différents sur un marché. Elle réalisait qu'elle n'aurait pas dû quitter Gislebertus sans avoir tout tenté pour le persuader de refaire sa vie avec elle, ailleurs, très loin. Elle s'en voulait de n'avoir pas trouvé les arguments pour convaincre cet hésitant de l'urgence de la décision.

C'est pourquoi elle s'était tout à l'heure abaissée à venir sur le chantier pour lui parler. Pourquoi avait-il fallu qu'elle le trouve justement en train de pérorer avec cette gamine ? Et quand elle était repassée un peu plus tard, l‘ inconscient était de nouveau collé à cette garce !

Si fortes avaient été sa déception et son humiliation, qu'elle s'était encore une fois enfuie, au lieu de le rejoindre. Secouée de sanglots silencieux, frissonnante de mélancolie dans sa nudité malgré la chaleur déjà étouffante, les mains pétrissant machinalement la glaise, Ombeline suffoquait. Etait-ce vraiment fini ? L'avait-il déjà remplacée ?

Elle-même était prise au piège de son mariage et des conventions cruelles de la société. Il lui faudrait suivre son époux, cet étranger qui l'avait abandonnée peu après les noces imposées pour partir à l'autre bout du monde, et qui revenait sans crier gare, en conquérant exigeant, réclamer sa femme dont il s'était si peu soucié. Elle avait espéré en secret qu'il ne reviendrait jamais. Maintenant qu'il était là, elle sentait qu'elle ne pourrait supporter de vivre avec ce soudard, loin de son Gislebertus.

Il fallait absolument que son amant la délivre de cette brute qui ne comprenait rien à son caractère, à ses aspirations, à sa délicate féminité. Hier, Bérenger était rentré tout émoustillé et un peu éméché après la chasse au faucon. Pendant le repas du soir, il avait encore beaucoup bu, comme aussi, en écoutant le petit récital qu'avait donné ensuite une servante quelque peu décatie.

« Comment peut-on apprécier une femme aussi laide ? » avait-il jeté d'un air dédaigneux.

— Mais elle chante pourtant d'une voix si mélodieuse, si émouvante » avait répondu la comtesse Ermentrude, choquée.

Bérenger était alors sorti voir ses chevaux à l'écurie. Il avait plus de considération, semblait-il, pour eux que pour son épouse. Quand il était revenu dans la grande salle, les tables avaient été débarrassées, les tréteaux et les planches déposés contre le mur. Les familiers, servantes, domestiques et hommes d'armes, s'apprêtaient à s'installer à leur place sur la paillasse commune pour la nuit. Devant tous, ce martial prétentieux, saluant la comtesse, avait tenu ostensiblement à prendre son épouse par le bras d'un air impérieux, et l'avait entraînée derrière la tenture…

Comme son Gislebertus était différent ! S'il était moins beau que Bérenger, il avait tant d'autres qualités. C'est lui qui méritait d'être son mari. C'est lui seul qu'elle aimait ! Elle se remémorait amèrement ces mois derniers où elle pouvait encore vivre délicieusement dans son sillage.

Elle se mit à modeler la terre. Ses gestes étaient brusques et violents. Mais, à mesure qu'elle travaillait, ses doigts se firent plus précis, plus efficaces, plus apaisés. Peu à peu, elle oublia sa douleur pour se concentrer sur la glaise.

Elle ne pouvait cependant oublier Gislebertus. Tout ici ramenait ses pensées à lui. Leur histoire avait pourtant si bien commencé. En fait, était-ce vraiment à l'homme, ou à son travail qu'elle s'était d'abord intéressée ? Lui, dès le début, l'avait troublée. Quand elle venait, avec sa grand-mère, le visiter sur le chantier, elle était impressionnée par sa force, ses épaules et ses bras solides, l'odeur si particulière, minérale, de sa sueur, mais aussi par son équilibre rassurant. Elle était encore innocente, alors.

Elle avait tout de suite été captivée par sa sculpture, demandant des explications qu'il lui accordait volontiers. Il lui avait précisé l'usage de chaque outil, les qualités de résistance ou de polissage de la pierre, la façon de l'appréhender et de la tailler; les règles de la composition, les contraintes de l'architecture. Ainsi, quand on regardait un chapiteau perché au sommet d'un pilastre, la vision, de bas en haut, était déformée. Le sculpteur devait aussi assurer sur les trois faces une continuité dans la représentation. Il lui avait montré comment il anticipait, en truquant volontairement les volumes, pour corriger les distorsions optiques. Ainsi l'épée de Joseph, qu'il avait pourtant sculptée courbe, paraissait droite aux yeux du spectateur. Il lui avait encore enseigné la cohérence plastique d'une œuvre : le rapport subtil des masses qui se répondent, l'élégance des orbes, la somptuosité des jeux parallèles et des sillons délicats laissés par la pointe aiguë du ciseau.

Elle s'émerveillait, par-dessus tout, de la puissance, sans cesse renouvelée, de son imagination : les thèmes, parfois austères ou même rebutants que lui imposaient l'évêque et le chapitre, devenaient sensationnels une fois traduits et transposés en images de pierre. Gislebertus s'en emparait, tordait l'Histoire Sainte au gré de sa fantaisie et de sa réflexion, la revisitait et la recomposait, la restituait avec une vie, une spontanéité, une fraîcheur, une expressivité nouvelles, qui l'étonnaient et la transportaient.

Ses larmes avaient séché. Dans une sorte d'hébétude douce qui mettait un instant un baume à ses soucis, elle se rappelait comme ils s'étaient apprivoisés l'un l'autre. Comme la passion du sculpteur pour son art était devenue la sienne ! Comme elle participait à ses réflexions et à ses recherches, comme elle brûlait de tenir à son tour le ciseau, quand il dégageait une forme de la pierre !

Sans rien lui en dire, elle s'était procuré de l'argile, et dans ce petit atelier secret chez la comtesse, sa grand-mère, elle avait essayé à son tour, comme lui, de donner naissance à des formes, puis à des sculptures. Ses premières tentatives avaient été bien malhabiles, mais elle avait régulièrement progressé. Sur le chantier, elle avait demandé des conseils techniques à Gislebertus. Celui-ci, par jeu de soupirant, lui avait prêté plusieurs fois son marteau-pioche finement dentelé, et l'avait autorisée à dégrossir la pierre à des emplacements où elle ne risquait pas d'abîmer grand-chose. Elle avait « participé » ainsi au chapiteau si remarquable dit « des rois mages » pour lequel elle avait eu le droit d'utiliser un ciseau et une pointe. Mais ils étaient alors déjà devenus très amis quoiqu'il ne l'ait pas encore embrassée. Pourtant leurs doigts qui se frôlaient, leurs bras qui se coudoyaient, leurs corps trop rapprochés, sous des prétextes divers, en plein milieu du chantier, avaient été des prémices délicieusement inquiétantes de jeux interdits… Il l'avait même autorisée à faire des essais avec le trépan, la laissant creuser l'alvéole de l'étoile qui serait remplie d'une pierre aux reflets cristallins. Elle s'en était tirée à la perfection. Gislebertus pestait régulièrement contre la nouvelle mode des corporations qui, par conservatisme, voulaient codifier davantage les métiers et imposer des durées d'apprentissage trop longues. Aussi avait-il plaisir à la féliciter :

« Avec moi tu apprends en quelques mois ce que d'autres ne sont autorisés à faire qu'après des années ».

Un soir, à la fin de l'automne, alors que la pluie n'avait pas cessé de la journée, ils s'étaient tous deux attardés dans la loge, accolée au mur nord de la basilique, où les tailleurs de pierre travaillaient à la mauvaise saison. Depuis le onze novembre, fête de la Saint-Martin, le chantier avait été arrêté. Les journées devenues trop courtes, la persistance des intempéries, le froid et la neige attendue, ne permettaient plus la poursuite des travaux dans de bonnes conditions. Le faîte des murs en construction avait été recouvert de fumier et de paille afin de les protéger du gel. Les outils qui appartenaient aux maîtres des corps de métier avaient été recensés, nettoyés et rangés dans des coffres en attendant les beaux jours. On avait licencié artisans et manœuvres. Une nouvelle embauche aurait lieu au printemps. Ne restaient que Gislebertus et deux tailleurs de pierre, Odon et Racho, plus trois charpentiers installés dans une autre loge du côté sud, et le forgeron Blaise et sa famille. Un charretier et deux valets venaient tous les jeudis, si le temps le permettait, pour déplacer les blocs de pierre; un autre et deux manœuvres, tous les lundis pour le transport des troncs d'arbre et des poutres. Le maître maçon Guillaume, après en avoir conféré avec le chapitre, était parti visiter des églises en construction afin de comparer les savoir-faire.

Gislebertus lui-même aurait dû être parti en voyage comme il le faisait souvent à cette époque, afin de nourrir son esprit et son imagination, rencontrer les créations d'autres artistes. Mais il avait expliqué s'être blessé à un pied en déplaçant un futur chapiteau. Cela l'aurait handicapé pour entreprendre la tournée projetée. Pourtant, quand elle le regardait à la dérobée, il ne boitait pas. Ombeline s'était demandé, avec une certaine émotion, si le sculpteur n'avait pas trouvé là un prétexte pour rester à Autun. Elle osait à peine envisager que ce fût à cause d'elle.

Rien au monde ne pourrait donc lui faire oublier cette après-midi grise et humide d'un jeudi de novembre. Racho et Odon étaient partis avec le charretier choisir de nouvelles pierres, sous la pluie froide, leur dérisoire capuchon de laine baissé sur leur tête courbée. Blaise était auprès d'Agathe qui allait accoucher. Ils se trouvaient donc seuls tous deux dans la loge glaciale. Elle brûlait d'envie qu'il la prenne dans ses bras. Quand sa main frôla la sienne tandis qu'il lui montrait trop respectueusement comment mieux tenir un ciseau, elle eut l'impression que toute vie avait quitté son corps pour se réfugier dans ses doigts. Elle espérait tellement que la main indécise du sculpteur l'empoignât vraiment, alors même qu'elle était terrifiée par le péché auquel elle osait songer…La brume au-dehors était devenue plus épaisse et plus sombre. Si sombre qu'on ne voyait plus assez pour travailler. Tous deux avaient posé leurs outils.

L'un avait osé:

« La nuit nous fait un clin d'œil en plein milieu du jour. Nous ne pouvons plus… »

C'est ainsi qu'elle s'était retrouvée, elle ne savait comment, serrée contre sa poitrine. Leur étreinte primitive silencieuse s'était prolongée : ils étaient restés immobiles, fragiles, tout étonnés debout l'un contre l'autre, chacun n'osant bouger de peur de rompre le charme, écoutant dans leur sang, affolés et émerveillés, déferler le *brasillement*[34] du mascaret qui allait les emporter.

Ils n'avaient pas fait, pas encore, l'amour cet après-midi-là. Ils ne s'étaient pas même caressés, ou si peu, si timidement.

Le lieu, cette baraque froide ouverte aux courants d'air et aux poussières de pierre; l'instant, où ils pouvaient être surpris par le retour des compagnons ; leur incrédulité première devant ce qui leur arrivait ; tout concourait à ce qu'ils ne fussent pas allés plus loin. Pourtant, quand ils avaient entendu le rire réconfortant et familier de Racho qui plaisantait en revenant pour conjurer la pluie et la brume, et qu'ils s'étaient séparés difficilement, comme lorsqu' on répugne à émerger quand sonne au matin l'irritante heure du réveil, ils avaient alors su qu'ils étaient désormais liés l'un à l'autre, qu'ils étaient destinés à s'aimer malgré les interdits.

A ce souvenir, Ombeline souriait malgré les larmes, nue dans la fournaise de l'été, la main droite maculée de glaise pressée contre son sein dont l'aréole salie durcissait. Elle revoyait cet immense bonheur qui l'avait saisie ce soir-là tandis qu'elle rentrait au palais de sa grand-mère, les yeux égarés, inconsciente du désordre de sa tenue, de son manteau de laine à tordre où la pluie avait délayé la poussière blanche de la loge. Tandis que dans sa chambre d'où elle avait repoussé sa servante empressée, elle avait arraché sa robe et

[34] Scintillement des eaux de la mer, de leur éclat phosphorescent la nuit.

sa chemise trempées, qu'elle avait regardé dans le miroir de bronze son visage pour voir si le bonheur l'avait changé, une seule pensée lui avait traversé l'esprit : elle avait rendez-vous avec lui tout à l'heure. Tout à l'heure elle serait à lui ! Elle avait su, déjà, que sa vie deviendrait plus compliquée, plus attrayante et plus angoissante aussi. Mais elle n'en avait eu cure.

Depuis qu'elle s'était donnée à Gislebertus, elle se laissait dériver dans cette passion sans se poser trop de questions ni sans trop s'inquiéter du futur. Bien qu'elle n'ait pas vécu avec Gislebertus, elle pouvait le voir presque tous les jours. Cela l'amusait, sur le chantier, de jouer son rôle de grande dame protectrice des arts, favorisant l'ouvrage des hommes qui construisaient la basilique pour contribuer au Grand Œuvre de Dieu. Surtout, elle pouvait souvent le rejoindre plus intimement le soir chez lui, ou les jours de fête dans des retraites champêtres. Cette façon de vivre et d'aimer lui avait suffi. Le jeu de cache-cache auquel leurs rencontres l'obligeaient, avait été au début un stimulant plus qu'une gêne.

Elle s'était en même temps amusée de la cour et des avances voyantes du chevalier Thibault de Saint-Prix lors des réunions, tournois ou fêtes, où se retrouvait l'aristocratie locale. Elle avait moins apprécié celles, trop lourdes, du chevalier Gombaud, le sergent qui dirigeait le guet et la milice. Elle avait dû repousser ce personnage trop entreprenant un dimanche soir où elle s'était présentée un peu tard aux portes du château : après avoir levé la herse exceptionnellement pour elle, il avait tenté d'en obtenir physiquement récompense. Elle avait eu tort de le gifler. Il avait riposté :

« Je ne suis pas assez bien pour toi? Pourtant il semble que tu ne sois pas si difficile avec tout le monde! »

Elle n'avait pas osé se plaindre de son comportement, et n'en avait parlé à personne. Mais elle se méfiait. Se doutait-il de ses relations avec Gislebertus ? Etait-ce par dépit ou jalousie qu'il semblait la surveiller ? Elle avait l'impression qu'il menait des rondes plus fréquentes que nécessaires dans les rues aux abords du palais d'Ermentrude. Etait-ce dans l'espoir de la surprendre ? Elle se moquait de lui, d'habitude, en passant toujours par les jardins pour rejoindre Gislebertus. Pourtant samedi soir, tandis qu'elle était restée bloquée, effrayée, tapie sous le pommier, c'était bien le sergent Gombaud, avec la milice, perché sur le chemin de ronde, rapace nocturne convoitant une tendre musaraigne. Il avait scruté longuement l'obscurité dans sa direction. Elle espérait qu'il ne l'avait pas repérée.

La jeune femme eut un frisson. Elle continuait à malaxer sa glaise, sans rien construire de concret. Il lui fallait s'arracher à ses songes, et envisager la situation en face. Il fallait qu'elle trouve une solution. Organiser leur fuite. Elle avait su jusqu'à présent faire la preuve de ses capacités, imaginer pour deux les moyens de se rencontrer. Elle arriverait bien à résoudre les difficultés matérielles, et surmonterait les dangers. Mais avant tout il lui fallait convaincre Gislebertus.

Soudain des coups à la porte la firent sursauter.

29. *Où le vin échauffe les esprits.*

Quand Mélisende rejoignit en retard ses compagnons au milieu de leur repas, elle sentit une atmosphère inhabituelle. Les esprits s'étaient échauffés. Plusieurs ouvriers réclamaient bruyamment une ration de vin supplémentaire. C'était depuis plusieurs jours, en particulier depuis que la chaleur était devenue plus lourde, un leitmotiv. Les quantités de vin allouées par le chapitre, et qui avaient paru suffisantes depuis le printemps, ne parvenaient plus à satisfaire les gosiers et les organismes éprouvés par la canicule. La fronde grondait. Les fortes gueules du chantier manifestaient leur colère auprès de l'intendant à grands renforts de menaces, de cris et de moulinets des bras. Quelques meneurs appelèrent les hommes à refuser de reprendre le travail, si on ne leur donnait pas double ration de vin. Ils criaient que les journées devenaient interminables ; que la chaleur et la poussière étaient suffocantes ; qu'ils perdaient toutes leurs forces avec la sueur qui trempait leur chemise malodorante.

Le chanoine Lotulphe, intendant de la *Fabrique-Saint-Nazaire*, responsable de l'approvisionnement, ne voulait rien entendre. Les conditions d'hébergement de la plupart des travailleurs du chantier avaient été négociées au printemps. Elles avaient toujours donné satisfaction. Il était hors de question d'octroyer des rations supplémentaires, encore moins des rations de vin. Si ces manants, ces vilains, voulaient boire davantage, il y avait encore de l'eau dans les fontaines et dans les ruisseaux.

L'intendant s'emportait en parlant. Devant les clameurs et les huées il menaça à son tour les contestataires qui tentaient d'entraver la bonne marche de la Fabrique. Leurs réclamations injustifiées, leur chantage à la grève, allaient à l'encontre de la volonté de Dieu. Ici, Lotulphe marqua une pause pour faire, d'un geste ample exagéré, un signe de croix. Il affirma que Dieu avait souhaité que l'on élevât une basilique en l'honneur des saintes reliques de Lazare, l'ami de Jésus. Les fauteurs de troubles qui mettraient à mal ce grand projet béni du Christ seraient arrêtés et déférés devant la justice de l'évêque qui saurait les punir cruellement.

Des hurlements plus violents s'élevèrent alors. L'émeute n'était pas loin. Cependant la peur et l'irrésolution dominaient, et la plupart des agitateurs s'en retournèrent s'asseoir sur les pierres dans l'angle ombreux du portique du vieil atrium en partie désaffecté qui jouxtait la cathédrale Saint-Nazaire. C'était là en effet, au centre herbeux du quadrilatère, que les marmitons avaient dressé, sur des tréteaux, des tables où les travailleurs venaient puiser à pleines mains dans les plats. L'archiprêtre Roclen, en son nom, avait mis à disposition ce lieu, pour servir les repas. Il avait l'avantage de n'être pas trop éloigné des cuisines du chapitre et de préserver l'espace canonial proprement dit où on avait fait construire un nouveau cloître.

Ce n'était pas rien que de nourrir à midi une bonne trentaine de compagnons et apprentis plus une soixantaine de manœuvres et charretiers. La Fabrique-Saint-Nazaire préférait assurer la restauration des travailleurs de son chantier à la mi-journée. Les chanoines avaient calculé que c'était plus sage ainsi. Les ouvriers n'étaient plus obligés de descendre hors de l'enclos canonial dans la ville basse où se trouvaient les tavernes pour manger et pour boire. On s'assurait ainsi qu'ils étaient disponibles et sur place à la reprise du travail. Les rations calibrées permettaient d'éviter qu'ils ne s'alourdissent à manger trop, ou, au contraire, qu'ils se privent de nourriture pour économiser et se trouvent ainsi trop faibles pour travailler efficacement. Le prix de ce repas était retenu sur leurs salaires, et le chapitre n'y perdait rien. Le système avait permis, alors même que depuis dix ans les récoltes avaient été plutôt mauvaises, et que la famine avait sévi en Bourgogne, d'assurer la continuité prioritaire du chantier grâce à une main d'œuvre en état de travailler.

Il était cependant interdit aux ouvriers d'emporter de la nourriture. Une fois que les convives avaient quitté les lieux, on faisait entrer dans le clos les quelques cochons de la porcherie. Toujours gourmands ils nettoyaient sans problème les restes, miettes, épluchures, os, croûtes que les chiens n'avaient pas encore saisis. Le vin provenait directement d'une des vignes que possédait le chapitre. Ce n'était certes pas la mieux située ni la mieux exposée, ni le cépage le plus remarquable ! Pourtant, même s'il piquait parfois un peu, le breuvage était buvable. Quand il faisait plus chaud, et que tout un chacun avait en conséquence plus soif, on allongeait d'eau les doses de vin allouées, et le système fonctionnait tant bien que mal. Mais on n'avait pas encore connu, de mémoire de buveur, début d'été aussi caniculaire. Jamais la déshydratation n'avait été si importante. D'où les réclamations des ouvriers.

L'intendant Lotulphe ne voulait pas céder. Cependant, Gislebertus, soucieux de la bonne humeur de son équipe, proposa de payer sur ses deniers personnels quelques cruches de vin supplémentaires. Mais l'intendant s'y opposa:

« Depuis plus d'une décennie l'Œuvre-Saint- Nazaire nourrit et abreuve à midi les ouvriers du chantier. Nous avons l'expérience et savons ce que nous devons faire. Il n'y a aucune raison de déroger aux usages qui ont montré leur sagesse.

— J'en conviens. Mais il reste que nos hommes sont vraiment déshydratés. L'eau à notre disposition est souillée. Les maçons ont trop tiré, seau après seau, à la fontaine la plus proche du chantier, pour mélanger leur mortier. Résultat, elle est presque à sec. De toute façon quelqu'un par négligence, ou par mauvais sort, a jeté ou laissé tomber quelque chose qui pollue ce puits. L'eau en est infecte. Nos hommes répugnent à la boire.

— Sans doute.» reprit Guillaume, le maître bâtisseur avec hargne. « Mais mon cher tailleur de pierre, l'intendant a raison. Nous avons déjà entendu la chanson que tu nous sers. Je sais la quantité que Lotulphe nous attribue chaque jour. Elle est correctement mesurée.

— Entre ce que nous fournissons à midi, mais aussi aux deux pauses, le matin et le soir, cela représente presque un litre et demi par personne de vin pur avant d'être coupé d'eau » s'empressa d'ajouter l'intendant, ravi du soutien que lui apportait le maître maçon. Ce dernier surenchérit :

— Ajoute à cela que la plupart boivent encore du vin le soir chez eux, ou dans nos dortoirs. Sans compter ceux qui traînent dans les tavernes. Ils boivent trop. »

Le sculpteur ne se laissa pas démonter :

— Oublies-tu qu'ils font des journées de plus de quatorze heures en ce moment? Ce n'est pas le fait de travailler qui pose problème. Moi-même si j'y étais autorisé, je pourrais travailler davantage. Mais nos hommes ont impérativement besoin de se désaltérer. »

Guillaume, qui venait de voir arriver Mélisende, repartit d'un air sournois :

— On voit bien que ce ne sont pas tes hommes, - ni tes femmes d'ailleurs - qui doivent grimper dangereusement tout en haut des échafaudages au risque d'une chute mortelle. Ce n'est pas Cyrille qui me contredira.» Le maître charpentier, pris à parti, ne put que confirmer. Aussi Guillaume voulut-il pousser son avantage d'une voix fielleuse :

« Les tailleurs de pierre, au ras du sol pour travailler, peuvent bien se saouler à tomber et se rouler par terre. Ils ne risquent pas de se faire grand mal effectivement, eux. »

Gislebertus préféra ne pas répondre. Il sentait sourdre la tension qui avait envahi l'espace clos du vieil atrium. Négligeant la provocation, il fit un effort pour se dominer, sourit à ses interlocuteurs, fit un signe de tête et leur tourna le dos. Il rejoignit son équipe parmi laquelle venaient d'arriver Mélisende et les deux gamins, un peu essoufflés d'avoir couru pour compenser leur retard. Le sculpteur avait fait mettre de côté pour eux des galettes d'épeautre, des oignons, trois petits morceaux d'agneau grillé. Il avait aussi réservé, dans un coin d'ombre, une cruche de vin. Avant de toucher à la nourriture, la jeune fille commença par boire à longs traits, puis levant haut son pot en poussant innocemment un cri de satisfaction, but encore une rasade.

Cela n'avait pas échappé à un groupe de maçons qui manifestaient bruyamment depuis un moment leur désappointement devant leurs cruches vides. L'un d'entre eux, Euphrone, au long nez et au menton fuyant, qui avait essayé de suivre sans bien comprendre la dispute entre les maîtres, pensa jalousement que Gislebertus avait obtenu du vin supplémentaire pour ses équipiers. Il avait par ailleurs un contentieux avec Mélisende: elle avait repoussé sans ménagement, trois jours auparavant, ses avances obscènes, lui jetant au visage, comme il se faisait trop insistant, un fond de peinture gluant. Il avait dû, avant de quitter le chantier pour le week-end prolongé, se nettoyer tant bien que mal. Mais des traces bleuâtres persistaient dans ses cheveux châtain et tachaient son vêtement. Il s'était en outre fait réprimander par le maître maçon pour avoir, afin de parler à Mélisende, quitté son poste ce soir-là quelques instants avant la sonnerie. Cela importait peu à Euphrone, mais il n'oubliait pas les humiliantes et douloureuses moqueries qu'il avait dû subir.

Aussi, saisit-il l'occasion. Il ameuta ses camarades, leur désignant la belle qui buvait et riait dans un rayon de soleil, dénonçant le favoritisme supposé dont bénéficiait l'équipe de Gislebertus. Leur groupe moutonnier se mit alors, à son exemple, à crier, mêlant jurons, critiques, quolibets, mais aussi sarcasmes graveleux envers la jeune fille…

Mélisende ne se laissa pas impressionner. Et comme Euphrone s'approchait, elle lui jeta :

« Tais-toi, Face de Fouine. Va laver ton vilain museau. A force de tremper dans le vin, il va se couvrir de pustules. »

Déjà le drôle se jetait sur elle, la main levée. Mais, preste et vive, elle échappa en riant à la gifle. Euphrone, voulant la poursuivre, déboula auprès des tailleurs de pierre assis en cercle dans l'herbe et trébucha sur une jambe providentiellement tendue. Il chuta lourdement au milieu des rires. Encore une fois, il était humilié !! C'en était trop. Il se redressa lentement et sortit son couteau.

Le silence, annonciateur de drame, s'imposa pesamment dans l'ancien cloître. En une vague lente, les hommes commencèrent à se lever.

« Qui m'a fait un croche-pied ? » grinça Euphrone, en tournant sur lui-même d'un air menaçant.

Saulge, le forgeron, aux muscles impressionnants, fit un mouvement vers l'agité. Cependant Gislebertus lui intima :

— Laisse ! » Il était l'un des rares à être resté assis. Après sa controverse avec Guillaume, il n'avait pas jugé nécessaire de se relever. Il haussa la voix et jeta à Euphrone :

« Laisse cette gamine tranquille, et retourne à ta place

— J'ai le droit de corriger une meuf qui me manque de respect. J'vais la marquer. N'essayez pas de m'empêcher…

— C'est ma jambe que tu as heurtée, dans ta maladresse » affirma le sculpteur.

Saulge, étonné, le regarda et balbutia:

— Mais, c'est…

— C'est moi, j'ai dit » répéta Gislebertus, lui signifiant de se taire.

Le maçon fit un pas, se pencha, son couteau à la main, les yeux injectés de rage.

— Tu m'as filé un croche-patte ! J'vais t'crever !! ».

Il ne bougeait pas, cependant. Gislebertus non plus, qui restait assis, le corps un peu oblique appuyé sur le bras gauche, une jambe repliée et l'autre allongée, paisible en apparence, mais l'œil étincelant. Euphrone hésita en agitant son couteau devant lui. Il regarda à droite puis à gauche. Il vit les maçons se rapprocher en silence. Les tailleurs de pierre faisaient bloc. Les forces s'équilibraient.

« J'vais t'crever » répéta le maçon machinalement.

— Tu es bon maçon, Euphrone, mais ta tête est creuse. » Gislebertus s'efforçait de garder une voix calme. « La journée est loin d'être finie. Conserve ton énergie pour cet après-midi. Tu en auras besoin. Tu n'impressionnes personne avec ta lame.»

Le sculpteur, de taille moyenne, était solide. Mais Euphrone, plus grand, tenait un couteau dans son poing énorme.

— J'vais t'montr… »

La voix pointue et rigolarde de Léonard, un gamin de onze ans aux yeux fiévreux et aux mains trop fines, déjà abîmées, rongées par le contact du mortier, perça :

— Egorge-le ! »,

30. *Où Ombeline se souvient du voyage d'hiver.*

Au même moment, Ombeline s'effrayait de coups insistants à la porte. Mais ce n'était que sa fidèle Radegonde qui venait l'avertir que la comtesse et le chevalier l'attendaient pour le repas. Elle s'était donc lavé les bras et le visage, habillée en hâte, et s'était précipitée, prenant grand soin cependant de refermer à clef « l'oratoire ».

Le déjeuner avait été pénible. Elle avait dû soutenir la conversation, malgré la surdité de sa grand-mère et écouter les récits héroïques de Bérenger. Le chevalier exigeait, maintenant, la présence de sa femme à ses côtés l'après-midi, pour répondre à l'invitation d'une chasse au faucon. Quel contretemps ! Elle ne pourrait même pas chercher l'occasion de rencontrer son amant sur le chantier.

Les époux chevauchèrent donc de conserve jusqu'au village proche de Saint-Pantaléon, pour rejoindre le fauconnier à qui Bérenger voulait acheter une crécerelle ou un pèlerin. Tandis que le croisé s'extasiait sur les prouesses espérées des oiseaux, Ombeline, bercée par l'allure douce de sa jument Phryné, retomba dans ses songes.

Elle se rappelait une autre sortie équestre, avec Gislebertus, cinq mois auparavant, la seule et unique fois où ils avaient pu passer quelques jours ensemble.

Cela n'avait pas été simple, pourtant. Ils ne pouvaient vivre ouvertement leur passion, sous peine d'être arrêtés et condamnés pour adultère. A cela s'ajoutait la mésalliance : Ombeline était apparentée aux plus grandes familles princières. Gislebertus, même s'il était de petite, très petite, noblesse, avait contrevenu aux traditions de sa caste : il n'avait choisi ni la Chevalerie ni l'Eglise. Il avait préféré gagner sa vie en travaillant de ses mains. Ce qui était déjà scandaleux en soi.

Pourtant l'obligation de garder caché leur amour, d'imaginer des solutions pour se rencontrer, de surmonter la crainte d'être surpris, n'avait pas éteint leur flamme. Bien au contraire. Ils s'étaient joués de toutes les difficultés.

C'est Ombeline qui, vers la fin de l'hiver, alors que le chantier était presque fermé, avait imaginé le moyen de vivre enfin quelques jours ensemble. C'est elle qui avait tout organisé et planifié avec une grande efficacité. Elle avait annoncé à sa grand-mère qu'elle avait reçu des nouvelles qui l'obligeaient à se rendre dans ses terres des Grelodots pour surveiller son domaine et régler un litige avec des vassaux ; que les routes n'avaient jamais été aussi sûres qu'en cette période de paix bénie de Dieu ; qu'elle profitait de la caravane et de l'escorte d'un groupe de marchands, qui remontaient vers les Flandres; qu'elle reviendrait sans tarder, une fois le litige réglé.

La comtesse Ermentrude, clouée au lit et affaiblie par une forte fièvre, ne put s'interposer avec son autorité habituelle. Elle dut laisser, à contre cœur, la jeune femme s'organiser. Ombeline était partie, alors que le jour tardait encore à se lever, dans un chariot à deux roues, léger mais robuste, bâché en forme de capote, tiré par deux chevaux de trait en ligne, avec Radegonde, sa seule fidèle servante. Le cocher n'était autre que le dévoué Celse, mari musclé de Radegonde, qui assurerait par ailleurs leur protection. Ils n'avaient emporté que très peu de bagages, pour ne pas charger le chariot. Ils avaient cependant arrimé un tonneau de vin, cadeau dévolu à l'intendant du domaine. Derrière la voiture suivait en longe le cheval d'Ombeline, sa magnifique haquenée blanche nommée Phryné.

Dès leur arrivée à Saulieu, elle avait pris, avec mille remerciements, congé des marchands sans daigner même entrer avec eux à l'auberge accueillante du Lion d'or. Elle avait libéré, avec une bourse bien garnie, le couple de ses fidèles serviteurs, leur confiant la mission d'aller, comme il était prévu jusqu'aux Grelodots porter un message et le vin de Bourgogne à son intendant puis rapporter en échange les redevances et marchandises qu'il leur remettrait. Elle leur avait donné rendez-vous au même endroit à la prochaine lune. En attendant ils étaient libres de s'organiser, et d'en profiter, s'ils le souhaitaient, pour visiter la famille de Celse toujours installée en Normandie.

Elle avait demandé simplement pour l'instant au garçon de mener sa haquenée par la bride au-delà des portes de la ville sur le chemin d'Avallon et de l'y attendre. Elle désirait d'abord prier dans la basilique Saint-Andoche où Radeguonde l'accompagnerait.

Elle s'y était effectivement rendue, ne tenant à la main qu'un léger bagage de cuir. Elle était entrée, comme pour faire ses dévotions, dans la partie de l'église déjà construite, le reste étant, ainsi qu'à Autun, toujours en chantier. Elle s'était agenouillée derrière un pèlerin assis en tailleur sur le sol, vêtu d'un large

manteau de voyage à chevrons de laine alternés, tissés de noir, de brun, et de blanc, dont la grande capuche dissimulait le visage. L'homme paraissait prier avec la plus grande piété, le regard fixé vers un chapiteau historié, et, plongé dans sa ferveur, n'avait pas semblé prêter attention aux quelques mots qu'Ombeline avait prononcés très bas.

La jeune femme, son oraison dite, s'était redressée, était sortie sur le parvis. Par la porte ouverte on l'avait entendue donner un denier à un couple dépenaillé qui mendiait avec ses enfants chétifs. Puis le martèlement énergique de ses bottines et des sabots de sa fidèle servante complice avait sonné sur le pavé et s'était estompé rapidement. C'est alors seulement que l'homme à la capuche s'était levé pour sortir tranquillement, comme rasséréné par la paix de Dieu.

Il avait jeté un coup d'œil indifférent aux deux femmes qui s'éloignaient à gauche vers la porte d'Avallon où Celse et la haquenée blanche étaient déjà passés. Il était parti à pied dans la direction opposée, puis avait tourné dans une ruelle. Il y avait là une écurie où l'attendait Attila, le barbe moreau loué auparavant, sellé, harnaché et prêt au départ. Il avait enfourché le cheval, contourné encore quelques rues, et s'était retrouvé hors de la ville, croisant les serviteurs d'Ombeline qui marchaient d'un bon pas pour rentrer au Lion d'Or avant les affres de la nuit. La cavalière n'était plus qu'un petit nuage presque invisible au loin. Il avait pris la route, laissant aller sa monture à un train apparemment nonchalant.

Le soir tombait avec le froid qui resserrait son emprise. La nuit proche enveloppait et marbrait déjà de gris et de rouge le ciel quand le cavalier avait rejoint sur le chemin déserté la voyageuse au manteau bordé de martre et à l'élégante toque d'hermine fièrement posée sur ses cheveux. Une fois à sa hauteur, botte à botte, Gislebertus -vous l'aviez deviné- avait souri à Ombeline et, côte à côte ils s'étaient penchés sur l'encolure de leurs chevaux pour se donner un baiser. Leur premier vrai baiser d'amoureux libres: insouciant, goulu, passionné…

En y repensant, Ombeline se sentait fondre. Elle ne s'intéressait pas aux démonstrations du fauconnier, qui expliquait comment, après avoir capturé sa crécerelle, il lui avait mis des jets, des liens de cuir aux serres, un chaperon sur la tête, l'avait privée de nourriture en jouant sur son manque, pour la dresser. La jeune femme replongea dans ses souvenirs interrompus.

Les effusions terminées, Gislebertus avait demandé :

« N'as-tu pas froid ?

— Grand dieu, si, j'ai froid. J'ai si froid même que j'aurai besoin de ton corps sans cesse contre le mien pour me réchauffer. Mais il nous faut avancer pour trouver un abri, sinon nous allons geler sur place. La nuit est noire maintenant »

Ils avaient abandonné la route à peu près carrossable, pour une sente cavalière sur leur gauche, plein ouest. Devant eux l'horizon rougi virait peu à peu au noir. Alors qu'ils traversaient à gué un ruisseau glacé, un grand vol d'étourneaux glissa en larges cercles et s'abattit en un bruissement soyeux tout près d'eux dans les roseaux. Le paysage alentour était devenu enchanteur. Le froid avait festonné de dentelles le feuillage et dessiné au sol de savants entrelacs de grésil. Gislebertus avait penché de nouveau sa moustache givrée vers la belle Ombeline:

« J'ai réservé tout près d'ici une chambre bien chaude qui saura nous convenir. En attendant profitons de la morsure du froid, piquante mais savoureuse.»

Le ciel était sombre. Il n'y avait d'étoiles que celles allumées par un sabot ferré heurtant des silex. Ils étaient entrés dans la forêt sacrée, insondable, étrange, mystérieuse et inquiétante. Les grands chênes, les hêtres tordus, les bouleaux fantomatiques, les halliers de houx de chaque côté du chemin devenaient de plus en plus denses. Dans l'obscurité le chemin se devinait à peine. Ils avaient dû mettre pied à terre et tenir leurs chevaux par la bride pour ne pas risquer de heurter une branche. Le sombre mur végétal qui les enserrait se tordait et se creusait de failles encore plus menaçantes. On entendait, au-delà, des craquements, des bruissements, des feulements, des piaillements, des hululements effrayants.

Ils avaient pénétré, à cette heure sinistre, là où aucune personne sensée ne devrait se risquer, dans le domaine ténébreux des esprits du Mal, dans le Royaume du Diable. Mais la jeune femme n'avait vu ni entendu les forces malsaines censées s'agiter alentour. Confiante, énamourée, elle s'était abandonnée à son guide qui la menait dans la nuit complice vers un petit village perdu au milieu de l'épaisse forêt morvandelle. Il avait en son temps fréquenté l'auberge dont la cuisine était très recherchée des voyageurs connaisseurs qui n'hésitaient pas à faire le détour.

Bientôt ils avaient aperçu, au-delà des arbres, une lueur vacillante. Dans l'axe du chemin une lanterne fumeuse fixée à un pignon de pierre aveugle déployait des halos légers mais accueillants. Au-dessus de la porte d'entrée, sur le linteau de grès, était fixé un fagot de genêt odorant, le « bouchon » servant d'enseigne. Au bruit de leur approche sur le sol sec gelé, les valets de l'auberge étaient sortis pour accueillir le jeune couple avec tous les honneurs dus aux jeunes mariés annoncés.

Il fallut bien, cependant, que la rêveuse Ombeline revînt aux réalités du moment : Bérenger la priait de donner un avis. Le fauconnier venait de déchaperonner la crécerelle perchée sur son poing ganté. L'oiseau, le cou tendu à la verticale, les plumes hérissées, les ailes déployées, était impatient de tuer. Le chevalier dénoua les jets enroulés autour de son gant, puis lança le faucon qui monta en tournoyant, cherchant son gibier de son œil cruel. Soudain, Ombeline le vit piquer sur sa proie. Elle frissonna.

31. *Nouvelles tensions au sein des confréries.*

Les ouvriers du chantier basilical firent soudain silence. Presque tous pensaient au malheureux sacristain qui avait eu la gorge tranchée samedi soir.

Euphrone, le maçon, hésita, face à Gislebertus. Il était bagarreur, grande gueule et colérique. Mais il n'avait jamais égorgé personne. Il devint très rouge et recula d'un pas.

« Que se passe-t-il ici ? » tonna, à l'entrée de l'atrium, Denis qui, en sa qualité de *chanoine opérarius*, avait la charge de surveiller la bonne marche des travaux. Il approcha rapidement, accompagné d'Abélard.

« Vous savez que les bagarres sont interdites sur le chantier et que ceux qui transgressent la loi de la Fabrique sont attachés au pilori et fouettés puis chassés du chantier, le dos en lambeaux... Que fais-tu le couteau à la main, Euphrone ?

— Rien de particulier. Je finissais de manger. »

L'Opérarius regarda les visages alentour.

— C'est exact » confirma Gislebertus.

La foule se séparait déjà quand Euphrone, dont le nez proéminent s'allongeait, dépité, mais encore empli de rage, lança perfidement :

« Je suis un bon chrétien, moi ! Je respecte les commandements de l'Eglise. Je participe pieusement à tous les offices et toutes les cérémonies prescrites. Tout le monde ne peut en dire autant. » Se tournant pour les désigner : « Cette meuf, comme son protecteur, n'ont pas daigné nous accompagner hier lors de la cérémonie organisée en l'honneur de notre Saint Patron. C'est une injure faite à saint Pierre et à notre Confrérie. C'est inadmissible et cela demande châtiment.

— Je suis sans doute un aussi bon chrétien que toi. Mais je n'appartiens pas à votre confrérie» répondit le sculpteur. « Je n'y verse pas de quote-part et je n'en attends pas de secours comme toi. Mélisende et moi sommes des imagiers. Nous ne sommes pas des maçons ni des tailleurs de pierre. Nous avons nos propres saints patrons qui nous protègent. Quand j'étais à la grande abbaye de Cluny, et que j'ai commencé à sculpter, les maîtres qui m'ont initié se plaçaient sous le patronage des Quatre Saints Couronnés. Je me rends à l'église pour leur fête le huit novembre. J'ai naturellement la plus grande vénération pour saint Pierre. Tu devrais le savoir, Euphrone, toi qui as posé, sur son lit de mortier, le chapiteau que j'ai consacré, avec toute ma dévotion, à ce grand saint. En outre…

— Quel chapiteau ?

— Mais enfin !» tonna le chanoine Denis.

— Tu es vraiment un barbare, Euphrone-Tête-de- Fouine, et tu ferais mieux de te taire » souligna Mélisende. « Tu ne connais même pas l'histoire que racontent les pierres que tu mets en place ? Le chapiteau consacré à Saint-Pierre-aux-liens, c'est l'avant-dernier que vous avez posé, juste avant celui de Simon le Magicien.

— Simon le Magicien, c'est le mec qui perd ses ailes et tombe du ciel. Je ne suis pas ignorant, je connais.

— Et tu connais les personnages qui assistent à l'ascension et à la chute de Simon » demanda Denis ?

— Il y a le Diable !! Celui-là me fait peur avec ses cornes, ses pieds griffus, son corps de reptile sans peau, et surtout sa gueule ricanante, à la langue baveuse pendante de convoitise. Je n'osais pas le toucher, mardi, quand nous avons fichu le chapiteau en place. J'avais trop la trouille de le voir jaillir de la pierre pour me mordre et m'entraîner en enfer. »

Personne, cette fois, ne songeait à se moquer de lui. Tous avaient en tête l'épouvantable figure du Diable sculpté de façon si saisissante par Gislebertus. Tous craignaient d'être abandonnés de Dieu. Plusieurs se signèrent.

Le chanoine ne laissa pas Euphrone en repos :

« Tu as donc tellement péché, que le Démon puisse te saisir dans ses griffes ?

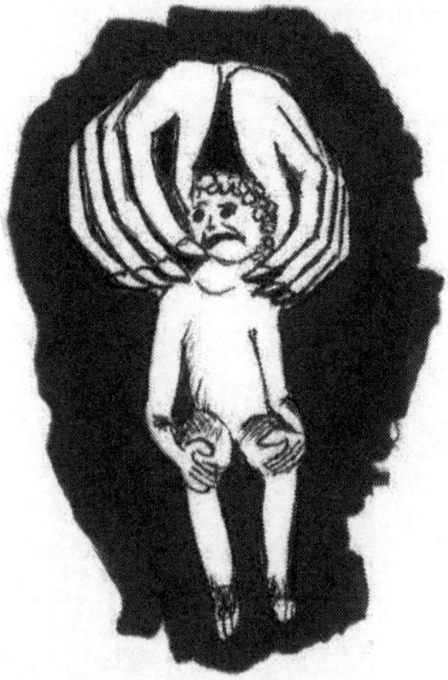

— Qui sait quand la mort voudra nous prendre et si Dieu nous accordera miséricorde ? » Le maçon avait les yeux perdus très loin.

« Qui est sûr d'être élu ? »

Personne ne répondit sur l'instant.

— Saint Pierre et saint Paul le sont. Pourtant, ils avaient beaucoup péché » reprit Denis.

Mélisende piqua de nouveau Euphrone.

— Tu ne les as pas vus sur le chapiteau ?

— Si, bien sûr. Ils sont auréolés et saint Pierre tient une énorme clef. »

Le grand chantre, chanoine opérarius, aimait raconter :

— Simon le Magicien avait pactisé avec le démon et lui avait vendu son âme. Le Diable en échange lui avait promis son aide et accordé des pouvoirs magiques. Il l'avait assuré qu'il pourrait voler dans le ciel comme un oiseau et accomplir bien d'autres miracles. Imbu de ces nouvelles capacités, Simon lança un défi à saint Pierre et à saint Paul, à Rome. Grâce aux pouvoirs que lui avait accordés le Diable, il s'envola effectivement dans le ciel aussi facilement qu'un pinson. Il triomphait, planait avec délices au-dessus de leurs têtes, et passant et repassant, se moquait des deux apôtres. Humiliés, Pierre et Paul prièrent Dieu de les secourir et de manifester sa puissance. Le Seigneur les entendit : alors que le sorcier était monté plus haut que les plus grands arbres, les ailes qu'il s'était attachées aux bras et aux jambes se délièrent, et il tomba, hurlant de terreur, la tête la première dans une chute vertigineuse…Voilà l'histoire que Gislebertus a traduite dans la pierre pour votre édification à tous et pour la plus grande gloire de Dieu et de saint Pierre. »

La foule s'émerveillait. Pourtant l'atmosphère n'était pas apaisée...Marco, l'un des trois tailleurs de pierre lombards, se crut obligé de mettre son grain de sel:

— Ici en Bourgogne vous considérez Pierre comme le saint patron des tailleurs de pierre et des maçons. Pourquoi pas ? Nous participons volontiers aux cérémonies organisées par la confrérie et nous sommes allés hier avec vous à Saint-Pierre-L'Estrier. Mais chez nous, en Lombardie et à Venise, nos patrons sont les Quatre-Saints-Couronnés : Claudius, Castorius, Symphorianus et Nicostratus. Pour avoir refusé de sculpter une statue païenne du dieu sorcier Esculape pour l'empereur romain Dioclétien, ces quatre merveilleux tailleurs de pierre ont été martyrisés: salement fouettés au sang, puis enfermés encore palpitants dans des cercueils de plomb et jetés vivants à la rivière.»

L'un des flamands, Jan, un grand blond moustachu prit la parole. Bien que son langage fût difficile à saisir, tous comprirent que, dans les Flandres chez les maçons, la vénération des Quatre Couronnés était aussi très forte.

— Chez moi, à Toulouse, » intervint Saturnin, « la fête des tailleurs de pierre a lieu à l'Ascension.

— Moi, » dit Geoffroy, l'un des apprentis, « j'invoque le saint patron dont je porte le nom. Il fut torturé avec des peignes de fer qui lui déchirèrent la peau. Les marques sur son corps rappellent les stries régulières que nous laissons sur les blocs de pierre. »

Les défenseurs des diverses confréries ergotèrent pour soutenir leur champion respectif comme le plus digne d'être vénéré. Le ton monta de nouveau entre les protagonistes et l'on faillit encore en venir aux mains...Denis éleva alors la voix :

« Honte soit sur vous ! Pourquoi disputer encore et vous battre. Vous avez tous raison...et tort à la fois. Il y a bien des façons d'honorer Dieu et ses Saints. Toutes sont respectables et remarquables. Nous travaillons dans le seul but de complaire au Seigneur Dieu. En construisant cette basilique, tous, manœuvres, apprentis, compagnons et maîtres, pétrisseurs ou poseurs de mortier, carriers, charretiers, tailleurs de pierre, imagiers, charpentiers, menuisiers, couvreurs, ardoisiers, plombiers, vitraillers, forgerons, intendant et cuisiniers, chanoines et commanditaires, et jusqu'à l'évêque maître d'œuvre, nous sommes ensemble, porteurs d'un formidable projet collectif, d'un même merveilleux élan de compagnons chaleureux pour édifier … »

A ce moment, la cloche sonna la reprise du travail. Cependant, le chanoine n'avait pas terminé. Il étendit les mains pour indiquer qu'il voulait encore parler : « Pour vous remercier de votre effort, il vous sera distribué, tant que durera la canicule, et à partir d'aujourd'hui, une ration supplémentaire de vin à la pause de l'après-midi. » Comme un tonnerre d'applaudissements approuvait ses paroles, il conclut : « Avant de retourner au travail dans la paix de Dieu, nous allons prononcer ensemble un chant d'action de grâces. »

Et le grand chantre entonna d'une voix forte un couplet bien connu, que beaucoup reprirent avec dévotion.

32. *A la poursuite des cochons.*

Tandis que tous regagnaient leur poste de travail, le chanoine Denis se retourna vers Abélard qui l'avait accompagné. Le philosophe s'était abstenu d'intervenir dans le débat et était resté volontairement en retrait. Mais il avait suivi avec curiosité les péripéties précédentes. Il connaissait mal ce monde des bâtisseurs d'églises. Il allait féliciter Denis pour la façon dont il avait redonné le moral à ses troupes quand Lotulphe, l'intendant, s'approcha, furibond :

« De quel droit accordes-tu des suppléments de vin sans m'en parler ? Cette mesure, dont tu as pris l'initiative malheureuse, va nous coûter de l'argent. Comment allons-nous la financer ?

— Mon cher Lotulphe, c'est une décision de bon sens. Il faut que tu saches que je me trouvais paisiblement avec les autres membres du chapitre pour l'heure bénie du réfectoire quand nous avons entendu la rumeur qui enflait de l'autre côté des murs. Le doyen Abbon m'a dépêché ici en ma qualité de chanoine operarius. Parvenu à l'entrée de l'atrium, j'ai regardé et écouté. J'ai considéré que les esprits étaient, pour une raison ou une autre, très échauffés et qu'il suffirait d'une étincelle pour mettre le feu à la paille sèche de leurs cerveaux. J'ai donc agi en conséquence. Nous n'avons pas besoin de grèves ni de bagarres sur le chantier.

— Mais je les avais matés. Ils ont bien compris que les fauteurs de troubles seraient sévèrement punis.

— Ils l'ont bien compris effectivement. Et ils ont craint le fouet. Provisoirement, car leur mauvaise humeur était toujours présente, prête à exploser. Nos gens ont besoin de travailler dans la convivialité. S'ils n'ont plus d'enthousiasme, plus de foi, ils ne pourront bâtir. Le supplément de vin que je leur ai promis n'est qu'un prétexte pour leur redonner confiance, joie, goût de leur tâche.

La vendange de nos vignes a été, après trois récoltes médiocres, particulièrement abondante l'année dernière. La prochaine se présente bien, si la grêle ne la gâte pas. Nous avons des réserves importantes dans notre cellier, tu le sais mieux que moi. Aussi mélange, pour les compagnons du chantier, un peu plus d'eau avec le vin, et comme celui que nous leur réservons n'est déjà pas très fort en alcool, compense le goût avec davantage de miel et de plantes qui le parfumeront. Mais veille bien surtout à n'utiliser que l'eau du puits de la cour du chapitre car la fontaine en bas du chantier est, semble-t-il, polluée. J'ai remarqué que les femmes, comme quelques rares hommes qui en boivent, sont plus sujets aux maux de ventre et à la dysenterie. Nous n'avons pas besoin d'ouvriers malades qui mettraient sans cesse à l'air leurs fesses glaireuses infectées. »

Abélard se crut obligé de rajouter son grain de sel :

— Le Seigneur Jésus ne nous a rien interdit en fait de boisson, mais seulement l'ivresse, c'est-à-dire l'excès. Il n'a pas rougi de montrer l'exemple pour autoriser le vin, ainsi que nous le raconte Saint-Mathieu dans son Livre onze.

— Mieux vaut le vin d'ici que l'au-delà !!! »

Abélard, interloqué, regarda celui qui lui coupait impoliment la parole, et prit le parti d'en rire : c'était Ambert-Bouffi qui promenait par là son ventre mou de pou et ses membres grêles.

Pendant qu'ils discutaient, deux domestiques du chapitre étaient entrés pour débarrasser les tables des corbeilles et des plats, jetant à terre d'un coup de raclette les quelques restes périssables. Ils n'avaient pas encore rangé les plateaux et les tréteaux contre le mur, que déjà le porcher, un vieil homme délabré et boiteux, avait mené ses porcs dans l'ancien atrium que venaient de quitter les ouvriers. Seuls restaient Mélisende et ses deux apprentis qui prenaient leur temps et grappillaient quelques rares fruits restés dans les corbeilles.

Les cochons et le chien du porcher se précipitèrent vers les reliefs du repas et commencèrent à nettoyer sérieusement le terrain, s'aventurant jusque dans les jambes des traînards.

L'intendant, qui ne savait comment interpréter la citation évangélique d'Abélard et la plaisanterie du bouffon, affecta de s'intéresser plutôt aux retardataires. Il les houspilla :

« Que faites-vous encore ici ? Vous devriez être sur le chantier. Allez, dehors !

— Nous n'avons pas eu assez de temps ! » osa répliquer le petit Syagre, la bouche pleine, récupérant au passage deux cerises un peu pourries. Mélisende sortait déjà, suivie de Bastien. Syagre traînait encore. L'intendant vociféra derechef, et le gamin s'enfuit en riant.

« N'as-tu pas honte d'effrayer une aussi jolie fille et deux enfants ? » reprocha Denis.

— C'est vrai qu'elle a la beauté du diable. Elle est piquante, même » confirma Abélard en connaisseur. « Il semble qu'elle ait aussi du caractère. Je ne sais si celui qui deviendra son mari devra s'en réjouir.

— Vous ne trouvez rien de mieux à faire, pour des clercs, que de regarder… » L'intendant prononça de nouveau mais sur un ton très différent: « Regardez, regardez »: il s'étouffait en parlant, ne trouvant plus ses mots. Il désignait la porte à claire-voie que l'enfant, dans sa fuite, avait mal refermée. Incrédule et comme paralysé par la stupéfaction et la colère, Lotulphe voyait une truie, suivie de sept porcelets pousser du groin et sortir de la partie close de l'atrium.

Les cochons déboulèrent sur le parvis de la cathédrale Saint-Nazaire où ils reniflèrent l'inconnu. Le porcher, puis l'intendant Lotulphe se précipitèrent en pestant haut. Mais l'un tirait la jambe et l'autre était gros et gras. Le jeune chien mal dressé venait de découvrir un trésor d'os qui accaparait toute son attention. L'agitation vaine et les cris ne firent qu'inciter la truie à aller voir plus loin. Elle passa à gauche le porche ouvert qui donnait sur la rue, franchit le petit pont de bois par-dessus le fossé et se rua hors du clos canonial. Cinq porcelets trottèrent derrière, mais les deux derniers, effarouchés, partirent à contre-sens dans la cathédrale. Le chanoine intendant, accompagné du porcher boiteux, se jeta, haletant déjà dans sa graisse, à la poursuite du gros du troupeau, ameutant la foule, interpellant Denis, pour qu'il aidât à récupérer les effrontés.

En débouchant face à l'effervescence du chantier qui retrouvait son activité, la truie préféra plonger dans la rue dégagée qui descendait à droite vers la porte châtelaine. Les couinements de Lotulphe et les grognements du porcher firent lever la tête aux travailleurs de la *Fabrique*. Mais ils ne bougèrent pas : la vue de cochons en liberté dans la rue n'avait rien d'étonnant ni de remarquable à cette époque médiévale. Bien des gorets se prélassaient habituellement, sous la garde débonnaire d'un enfant scrofuleux, dans les immondices qui jonchaient le sol et qu'ils fouillaient du groin. Cependant les porcs du Chapitre n'avaient nul besoin de chercher leur pitance au hasard du pavé : ils étaient fort bien nourris des restes du réfectoire et de la cantine.

Lotulphe, la panse tressautant et le souffle court, s'efforçait de crier qu'il y aurait une récompense pour qui ramèneraient les bêtes. Sur le chantier presque personne ne bougea, si ce n'est un charretier et deux charpentiers qui, en contrebas, venaient de déplacer un lot de solives. Ils voulurent faire barrage à la truie. Elle fit un écart pour les éviter , vira sur la gauche vers le petit cimetière des chanoines à l'extrémité du chantier, fit volte-face pour dévaler la pente vers les échoppes étroites et les bancs des quelques commerçants, bouchers, tripiers et poissonniers installés à proximité de la porte châtelaine… et, sur sa lancée, se trouva sur la trajectoire d'une grosse servante suante qui revenait du fort Marchault où elle avait fait des emplettes et qui, fatiguée, posait son panier pour reprendre haleine. La truie culbuta les mollets rebondis de la commère qui s'affalait dans ses larges jupes comme un édredon plantureux. L'animal dérapa, échappa à un gamin hilare à moitié nu sorti on ne savait d'où, et vint donner dans les jambes du marchand d'eau qui s'écroula , éclaboussé et trempé, cassant son bâton et renversant son attirail dans un tintamarre de clochettes, de grognements, de couinements, et jurons.

Pendant ce temps, Denis, suivi d'Abélard, pénétrait dans la cathédrale Saint-Nazaire. L'édifice avait été incendié par les Sarrasins lors du pillage de la ville en 731 et restauré à l'époque carolingienne: on avait conservé les murs extérieurs en pierres réemployées de temples romains. Une forêt serrée de colonnes antiques et pilastres de bois dessinait, sur quatre rangs, la nef. Les plafonds reconstruits en planches de châtaignier étaient recouverts de toiles blanches brodées d'or, mais salies de traînées jaunâtres par les excréments de souris et les fientes d'oiseaux.

Clignant des yeux dans la pénombre du sanctuaire, les deux clercs s'avancèrent. Le porcelet était invisible. L'espace central était vide. Mais les épaisses colonnes empêchaient d'avoir une vision d'ensemble. Dans les nefs latérales, des voyageurs et pèlerins profitaient de l'ombre fraîche. Certains avaient ôté leurs chaussures pour soulager leurs pieds fatigués, d'autres, la tête sur leur bissac, ronflaient paisiblement. Des enfants sautaient à cloche-pied d'un pilastre à l'autre en riant. Un couple se restaurait de poisson salé et d'un fromage très odorant. Une femme exténuée, affalée contre le mur, toute jeune encore, la peau grenue humide de sueur, donnait le sein à un bébé goulu.

Les deux clercs s'avancèrent vers le chœur en regardant partout, bientôt suivis du bedeau, d'un des valets de cuisine revenu en hâte, et d'une troupe de gamins mystérieusement prévenus. L'un des porcelets jaillit soudain, échappa aux bras qui le frôlaient et partit se réfugier dans l'abside sous le siège épiscopal en bois doré et coussins violets à franges. Ils firent cercle autour de l'animal devenu important. L'un des gamins s'approcha à quatre pattes du fauteuil et tendit les mains vers le goret sacrilège. L'impertinent démarra brutalement une nouvelle fois mais ne put échapper à un autre garnement dépenaillé qui se jeta littéralement sur lui et le maintint au sol. Le valet de cuisine se saisit alors du cochonnet et l'emporta à bras le corps, grognant, et pissant généreusement sur sa tunique. Tous les curieux partirent à sa suite.

Abélard regardait les murs de l'abside recouverts de mosaïques ocre, brunes et noires sur fond d'or. Le grand chantre lui expliqua que ces mosaïques avaient été altérées lors de la mise à sac par les Sarrasins. Elles représentaient des scènes de la vie de saint Nazaire et avaient été restaurées tant bien que mal. Comme Abélard restait dubitatif sur la lecture de ces images, Denis lui montra :

« Ici on voit l'empereur Néron condamner saint Nazaire et saint Celse à être noyés. Mais, regarde là, au lieu de couler au fond, tous deux se promènent tranquillement sur l'eau, tandis que Néron hurle sa rage. Observe, là encore, leurs deux têtes martyres posées côte à côte sur le billot.»

Abélard s'étonna du style inconnu de ces mosaïques. Denis croyait savoir que saint Léger, le bâtisseur, avait fait appel à des artistes byzantins. Derrière le trône épiscopal descendait un escalier étroit fermé par une grille : l'entrée du baptistère Saint-Jean-de-la-Grotte. Denis fit ouvrir par le sacristain qui leur confia un cierge allumé. Au bas de l'escalier la fraîcheur leur parut bienfaisante. Ils découvrirent une crypte voûtée. Au centre, un bassin de marbre blanc incrusté de schiste noir où l'on descendait par trois marches hautes. Abélard était ravi. Il appréciait la sérénité fraîche et reposante du lieu. Pourtant, en penchant le cierge sur l'eau, il crut voir sinuer un serpent. Il recula, dérangeant le deuxième porcelet qui déboula d'une colonne et s'engouffra dans l'escalier.

Quand les deux hommes furent remontés, la cathédrale était pratiquement vide. Le sacristain à qui ils remirent la clef et la lampe n'avait pas vu le goret fuyard. Personne n'avait rien vu. Les pèlerins fatigués avaient disparu.

Ils sortirent à la lumière et à la chaleur, croisant des gamins qui remontaient serrant précieusement un porcelet contre leur poitrine. Deux charpentiers solides avaient immobilisé la truie. Le valet lui avait passé une corde au cou et tirait la bête folâtre qui grognait. L'intendant Lotulphe suivait, grognant de même, l'air pénétré de componction.

« Je n'aime pas cet homme », glissa discrètement Abélard à Denis. « Son seul nom me répugne déjà. C'est également celui de mon ennemi Lotulphe de Lombardie qui s'était ligué, avec Albéric de Reims, contre moi. C'est ce sentencieux crétin qui avait conduit l'offensive au Concile de Clermont, il y a dix ans, obtenant ma condamnation injuste. L'intendant n'y est pour rien, certes. Mais il porte bien un nom à courir après les cochons !! »

Ils croisèrent de nouveau le grotesque Ambert-Bouffi qui ricanait en passant :

— Nous sommes envahis par les cochons. Il y en a presque davantage que d'hommes. On raconte qu'une année, une truie a dévoré un bébé dans une ruelle. Eh bien, la *cour l'évêque* lui a fait un procès et l'a condamnée à mort. La gore fut fouettée pour l'exemple et pendue en public!»

Les ouvriers qui avaient été perturbés et amusés par la poursuite et la capture s'étaient déjà remis à leur travail.

Le chantier fourmillait d'activités.

Abélard s'arrêta net, n'en croyant pas ses yeux…

33. *Où Abélard s'interroge.*

Abélard voyait juste devant lui se balancer et monter lentement au bout de cordages un énorme bloc de pierre. La face sculptée, peinte en ocre, représentait, au milieu de feuillages, un jeune homme nu couché qui lui ressemblait. Ou plus précisément qui était le portrait du jeune universitaire pétulant qu'il avait été. C'est bien ainsi qu'il apparaissait à l'époque heureuse de ses vingt ans : un corps délié, un visage harmonieux aux traits fins, aux abondants cheveux bouclés et à la légère barbe frisée, comme il la portait alors dans le but de se vieillir face à ses élèves plus âgés que lui. Comme les filles lui tournaient autour alors ! Et comme la vie lui paraissait enivrante ! Il était célèbre, déjà, et l'avenir qui lui semblait promis était captivant et radieux. Un pli amer se dessina au coin de sa bouche. En se remémorant les années passées, il soupesa les bonheurs et les drames, les élans et les vindictes, les caresses et les meurtrissures, la gloire et l'abjection, qui avaient composé sa vie sur un registre si différent de tout ce qu'il avait pu imaginer. Finalement, à y bien réfléchir, son amour pour Héloïse n'était-il pas la seule valeur qui se fût imposée malgré les vicissitudes ? Un amour dramatiquement mutilé, certes, mais qui demeurait et demeurerait flamboyant à travers la nuit des siècles et de l'oubli.

Il se reprit à sourire. Il regardait son double juvénile de pierre monter lentement au bout de ses cordages. Tout là-haut, comme des écureuils dans leur cage circulaire, deux hommes couraient à l'intérieur du tambour de la grande roue qui actionnait le système de levage.

D'en bas Guillaume dirigeait la manœuvre, du bras et de la voix. Quand la pierre du linteau gauche eut été hissée à la bonne hauteur, il fit un signe impératif et l'on bloqua le système. Deux maçons perchés, Euphrone et Norbert, ramenaient le bloc juste au-dessus de l'emplacement prévu. On laissa légèrement filer les cordages. La lourde pierre se posa en douceur sur le mince lit de mortier préparé.

Au sol, Guillaume et Gislebertus, qui avaient suivi la manœuvre côte à côte, crièrent :

« Parfait !

— Bravo ».

Abélard se mit à applaudir vigoureusement, regardé avec étonnement par les ouvriers. Mais déjà, chacun retournait à son travail. Après avoir congratulé Guillaume d'une tape sur l'épaule, Gislebertus se remit à sculpter son Eve sur la deuxième moitié de linteau. Le maître maçon, après avoir répondu d'une bourrade de camaraderie au sculpteur, donnait ses ordres aux compagnons. Euphrone et Norbert défirent les nœuds des cordages. Mélisende, le pinceau à la main, vint regarder: il y avait quelques égratignures mais l'essentiel de la peinture avait tenu. Il lui suffirait de faire une retouche rapide pendant la pause. En attendant, elle continuait à peindre la couche de base ocre jaune, en priorité sur les éléments de pierre destinés à la partie gauche du tympan et des archivoltes.

Abélard s'émerveillait de voir ces gens, qui se jalousaient, se disputaient et se provoquaient, le couteau sorti, quelques instants auparavant, travailler maintenant ensemble d'un même élan, comme s'il ne s'était rien passé, comme si la solidarité dans l'effort du chantier passait avant tout. Se pouvait-il qu'au-delà des médiocrités et même des bassesses de l'âme humaine, ces ouvriers soient transfigurés par le grand œuvre commun, par leur ferveur ardente? Il s'en ouvrit au sculpteur qui continuait à ciseler sa pierre et au grand chantre qui, après avoir réglé avec Lotulphe des détails pratiques, les avait rejoints.

« Je me demandais pourquoi, à travers tout le monde chrétien, nous avons entrepris, ces dernières années, d'édifier autant d'églises; pourquoi cette volonté forcenée d'empiler pierres sur pierres vers le ciel ; pourquoi cette fièvre créatrice, cette ardeur, cet enthousiasme, ce courage, cette obstination, ce savoir-faire, cette ingéniosité, cet optimisme, qui font surgir du sol dans tout l'Occident ces clochers innombrables pour les hausser vers Dieu ? Faut-il tout cela pour faire échec aux forces hostiles du Démon ?

Jusqu'à présent la seule architecture qui m'intéressât vraiment était celle qui structurait notre esprit et notre intelligence. Je pensais que pour élever notre âme jusqu'à Dieu il suffisait d'architecturer notre pensée, de construire notre argumentation, de maçonner rationnellement notre Foi. Je n'avais, dans ce sens, personnellement pas besoin d'images pour approcher Dieu. La lecture des livres saints, la prière, la réflexion philosophique, la force de mon esprit, y suffisaient. Je me hissais et m'évadais hors du monde vulgaire par la rigueur de ma pensée.

Depuis que je suis ici, à Autun, et que je vous ai rencontrés tous deux qui m'avez éclairé, que je vois tout ce peuple travailler, porteur d'un formidable projet, tendu vers le même but, vers un seul élan chaleureux, je commence à comprendre ce qui m'avait jusqu'à ce jour échappé. Je découvre que votre conscience professionnelle et votre goût du travail, votre ferveur, irradient à travers les pierres de manière communicative avec une force que je n'avais jamais soupçonnée, pour manifester, échafauder et élever votre Espérance vers Dieu. Pour bâtir l'homme nouveau que réclame notre monde moderne, l'homme transfiguré par sa Foi, sans doute faut-il, pour sortir de la boue d'une société médiocre et vile, bâtir des églises, signes lapidaires majeurs habités d'espoir et d'éternité. Voilà comment, à travers cet immense effort matériel collectif, se dégagera la véritable spiritualité de notre XIIème siècle. »

Comme ses deux interlocuteurs ne l'interrompaient pas, Abélard, estimant que leur silence était approbateur, allait, en homme habitué à être écouté, continuer sa réflexion à voix haute, lorsque le petit Syagre, arrivant à leur hauteur, s'arrêta. Il titubait sous le poids de deux seaux d'eau, accrochés à un bâton passé sur ses frêles épaules. Courbant le dos, il déposa sa charge, non sans faire des éclaboussures. Massant son cou meurtri, il interpella Gislebertus qui n'avait pas levé la tête.

« Je porte l'eau pour la jarre de ta maison, maître. Mélisende a dit qu'il fallait que je te demande la clef. »

Le sculpteur qui, pendant la tirade d'Abélard, avait continué sa tâche, souffla un peu, déconcentré. Il considéra le galopin, les sombres yeux fiévreux, la tignasse brune ébouriffée nuancée d'ocre, la blouse trop longue maculée aussi de couleurs et mouillée. L'eau renversée avait tracé des rigoles sur la crasse de ses chevilles et de ses pieds nus.

Il lui tendit la clef, non sans lui faire remarquer:

— Tu n'es pas obligé de remplir tes seaux à ras bord. Ce sera un peu moins lourd pour toi et cela t'évitera d'en renverser une partie en route.

— Ce n'est pas trop lourd. Je suis balèze.

Une voix caverneuse surenchérit dans son dos :

— Bien sûr que tu es très fort ! »

L'enfant, reconnaissant la voix, tressaillit. Il ne répondit pas et évita soigneusement de se retourner. En hâte, il se courba sous son fardeau et s'éloigna. Gislebertus sourit et accueillit chaleureusement celui qui venait de parler: c'était Lambremont, l'homme-arbre, qui avait effrayé le petit. Syagre n'arrivait pas à s'habituer à l'aspect repoussant du malheureux monstre.

Après avoir présenté ses interlocuteurs qui commencèrent à bavarder, le sculpteur jeta un coup d'œil sur le chantier. Mélisende avait déjà passé la couche d'apprêt sur l'un des rinceaux de l'archivolte à feuillages sur lequel Guillaume faisait fixer, par des coins de bois, la louve d'acier conique reliée au câble qui allait soulever la pierre. La jeune fille avait aussi fini de peindre le premier des quatorze anges musiciens qui devaient être mis en place ensuite. Elle s'était maintenant attelée au gros bloc représentant le Ravissement de la Madeleine, sœur de saint Lazare. C'était une pièce dont le sculpteur était assez satisfait : il estimait avoir réussi à rendre visible la difficile impression de mouvement ascensionnel de la sainte, extraite de son tombeau par deux anges élancés qui la soutiennent par les bras.

Le petit Bastien broyait frénétiquement des couleurs dans un mortier de calcaire. Là-haut, Euphrone, Norbert et le gamin Léonard, leur apprenti, avaient scellé, d'une courte rigole de plomb fondu, la pierre du linteau avec sa voisine de l'archivolte, et préparé le fin lit de mortier pour la couche suivante. Tout en haut, Jan et les Flamands manœuvraient la flèche de la grue, et donnaient du mou aux câbles sur les poulies.

Le soleil était haut et la chaleur accablante. Un coq chantait dans une basse-cour et le braiement d'un âne énervé semblait avec cocasserie lui répondre. Le ciel était calme, sans nuages. Un vent léger, qui ne parvenait pas à rafraîchir, soulevait la poussière irritante, démasquait parfois une odeur douceâtre, nauséabonde, dominant alors les effluves habituels de sueur aigre.

Lambremont, fronçant son nez difforme, fit remarquer :

« Même si ma grotesque peau squameuse part en lambeaux, mes sensations olfactives restent intactes. C'est bien malheureux aujourd'hui, car j'ai le regret de vous dire que cela pue, cela schlingue, sur votre chantier et alentour. Ma vieille logeuse me le faisait encore remarquer tout à l'heure.

— Cela pue parce que les latrines débordent. Les tonneaux remplis de merde auraient dû être vidés. Je vais envoyer quelqu'un prévenir Michel le jardinier pour qu'il emporte ces excréments dès ce jour. Il est vrai, qu'avec la chaleur, l'odeur est insupportable » déclara le chanoine Denis.

— Il n'y a pas que l'odeur. Il y a aussi toutes ces énormes mouches noires et bleues ponctua Lambremont.

— Et que faites-vous de ces cloaques abjects s'enquit Abélard ?

— Ils sont épandus dans les champs du jardinier. Nous avons un contrat avec Michel par lequel nous devons lui fournir chaque mois cinq tonneaux pleins à ras bord de l'infect engrais. C'est un arrangement tout à fait satisfaisant. Il nous livre ordinairement de beaux légumes, produits de sa terre. En revanche l'odeur pourrissante et écœurante qui monte parfois des tanneries, en contrebas à l'extérieur des remparts, quand le vent souffle du sud, ne nous rapporte rien. Sauf des mouches, de grosses mouches de collection. »

L'homme-arbre fit d'étranges signes de ses mains monstrueuses, boursouflées et déformées par des loupes et des pelures d'écorce déchirées, comme s'il voulait chasser les miasmes du mal avec les odeurs fétides de salle d'hospice, et les mouches obstinées et insupportables. Il se tourna vers le sculpteur qui continuait de frapper et tailler avec une grande régularité, la sueur coulant sur ses bras musclés :

« Gislebertus, je viens souvent ici te regarder sculpter. Je vois que tu ne frappes pas au hasard et que chaque coup modifie la pierre selon ton dessein. Aucun n'est donc anodin, même si la modification n'est qu'infime et à chaque fois presque imperceptible. Je devine cependant que chaque frappe du ciseau charge la pierre d'un pouvoir mystérieux.

— Que veux-tu dire ? » s'enquit Abélard.

— Sous les coups de Gislebertus sautent des éclats: ainsi sont dénoncées, expulsées, éliminées les forces du Mal. Les sillons réguliers qu'il creuse dans le calcaire dessinent et ouvrent des pistes sacrées qui conduiront à Dieu. »

Le sculpteur jusqu'à présent ne s'était pas mêlé à la conversation. Il releva la tête, se redressa un instant, appuyant les deux mains, blanches de poussière, sur le bas de son dos pour cambrer et soulager ses reins fatigués. Sa blouse était trempée. Il remarqua avec simplicité :

— Tu exagères, Lambremont. »

Abélard, poussé par le démon de la dialectique, s'engagea davantage:

— Pas du tout. Notre ami Lambremont pénètre les desseins secrets. Toi, Gislebertus, tu vaux bien plus que ton habileté. Ton œuvre ne s'arrête pas à refléter le réel, comme un simple miroir. Elle le traverse pour signifier l'intelligible où se place alors le véritable réel. »

Gislebertus réfléchissait :

— Je n'ai d'autres forces que mes outils, mon bras et mon imagination. J'ai le pouvoir de transformer un caillou inerte et insipide pour en faire émerger de la beauté. Mais je suis plus exigeant. Je dois me dépasser. Par mon effort pour faire vivre ces blocs de calcaire endormis, pour les élever à la dignité d'œuvre d'art et témoigner ainsi de la victoire de Dieu, je peux trouver la voie pour m'élever moi-même et justifier mon existence. Je ne dois pas me contenter de prendre parti, ainsi que le demandent mes commanditaires, dans la lutte énorme entre Dieu et Diable. Je veux conduire le spectateur d'aujourd'hui, comme celui qui n'est pas encore né, à s'approprier ma sculpture et mes visions. Je veux réveiller les désirs desséchés, les convictions oubliées, les frayeurs ancestrales, les croyances banalisées, je veux révéler des émotions inattendues, des espoirs invisibles, des miracles ingénus, des intentions en jachère, des bourgeons d'utopie. » Gislebertus s'étira, et se mit à rire en reprenant sa massette et ses ciseaux : « c'est tout simple: il ne me reste qu'à travailler pour insuffler dans la pierre les forces et les flux qui nous traversent, les passions humaines, les pulsions démoniaques, comme les aspirations sacrées. »

Ils restèrent silencieux un moment. Puis Lambremont prit congé et s'éloigna, de sa démarche molle. Le sculpteur suivit des yeux la lamentable silhouette, puis demanda :

« Au fait, Abélard, tu devais m'expliquer qui était ce type qui t'as effrayé et que j'ai poursuivi hier dans ma ruelle.

— Comme le dit le psaume 60, *des extrémités de la terre,* dans cette lointaine Bourgogne, au sein de cette étrange cité d'Autun, *j'ai crié vers toi Seigneur, tandis que mon cœur était dans les angoisses,* et Gislebertus est accouru pour me protéger. Merci encore.

— Ne plaisante pas, tu avais vraiment l'air effrayé.

— Reste discret, alors. Ma réputation est en jeu. » Il baissa la voix quoique personne d'autre à proximité ne puisse comprendre son latin. « En vérité, Gislebertus, je suis en fuite. J'ai abandonné mon abbaye de saint Gildas de Rhuys. Le fourbe Suger m'avait tendu un piège en m'y envoyant me faire élire abbé. Il savait que je me casserais les dents en tentant de réformer et de mettre de l'ordre dans une abbaye aussi pauvre et indisciplinée, avec des moines vivant de rapines pour nourrir leurs concubines et toute leur nombreuse progéniture. Les moines barbares, je m'en aperçus trop tard, ne m'avaient pas élu pour mes mérites mais au contraire pour ma réputation sulfureuse. Sans doute pensaient-ils ainsi que je serais plus compréhensif envers leurs vies dissolues et que je tolérerais leurs débauches. Comme je suis resté intraitable, et que j'ai tenté de les réprimer par l'excommunication, ils se sont révoltés. Ils ont cherché par tous les moyens à se débarrasser de moi, allant jusqu'à tenter de me tuer.

Le brigand que tu as entrevu hier, je l'avais chassé du monastère après lui avoir fait jurer de n'y jamais revenir et de ne plus jamais m'approcher sous quelque prétexte que ce soit. Depuis qu'à mon tour je fuis sur les routes, il me poursuit. J'ai déjà échappé à une embuscade. Je croyais l'avoir semé. Mais, hélas, voilà qu'il rôde de nouveau sur mes traces… »

34. *A la mine de l'Argentolle.*

Le même après-midi, à cinq heures de marche d'Autun, Bourdoisel, le corroyeur, s'engageait d'un pas résolu dans la forêt de Saint- Prix, suivant une voie charretière peu fréquentée. Il avait quitté une lande de fougères, de digitales pourpres et de genêts odorants pour grimper dans un petit pré très vert rongé par les crues printanières. Il entrait maintenant dans une partie sauvage de la forêt. Les hêtres et les charmes, trop serrés, amaigris, allongeaient un fouillis inquiétant et sombre de branches menues, noueuses, et fatiguées. Une épaisse fourrure fauve de feuilles mortes étouffait le bruit de ses pas.

Vêtu d'une blouse courte et chaussé de cuir, il appréciait de marcher maintenant dans l'ombre des bois, même si la chaleur restait pesante. Il entendit bientôt avec plaisir, avant de le voir, un ruisseau qui murmurait délicieusement entre des pierres moussues. Le chemin passait à gué. L'homme s'écarta et s'agenouillant sur une roche éclaboussée se pencha pour boire l'eau fraîche. Joyeusement désaltéré, il se redressait pour reprendre la route, quand une ombre inquiétante le fit sursauter. Dans sa frayeur il glissa sur la pierre humide et s'affala dans le courant. L'onde était peu profonde, et son froid contact n'était pas franchement désagréable. Mais il s'était écorché le genou. Surtout il se sentait ridicule. Se retournant, trempé et confus, il affronta trois soudards aussi rigolards que menaçants.

« On ne passe pas ! Personne ! Qu'est-ce que tu glandouilles par ici ? Tu veux, sans perm, la tronche dans la flotte, gober des truites? » .

Comme, stupéfait, il ne trouvait pas assez vite les mots pour répondre, une pique à bout ferré s'appuya, persuasive, sur son ventre.

« Réponds, où je te troue la panse !

— Laisse-le » reprit un autre, le casque de travers sur une trogne bouffie où brillaient deux petits yeux porcins, « c'est Bourdoisel, il est de chez nous. »

Le corroyeur, rassuré, écarta de la main la pique dangereuse, remonta sur la berge et prenant l'air important déclara:

— Je vous cherchais, mais ne pensais pas vous trouver si tôt.

— Nous avons ordre de faire gaffe et de ne laisser passer personne. Nous faisons notre boulot.

— J'apporte un message urgent et de la plus haute importance du chanoine Gengoulph pour le seigneur Thibault. L'un de vous peut-il m'accompagner ?

— Conduis-le, Gabri, et reviens aussitôt prendre ton poste. De toutes façons, tu n'as pas de raison de traîner, il n'y pas beaucoup de filles pour toi là-bas » intima le couenneux au troisième garde qui n'avait encore rien dit, un tout jeune homme boutonneux, au nez bizarrement tordu, armé d'un grand arc gallois en frêne.

Bourdoisel s'engagea à sa suite à travers la forêt silencieuse. Après un quart d'heure de marche sans qu'ils se fussent dit un mot, ils entendirent les rumeurs d'une activité humaine. Ils débouchèrent sur une étendue essartée. A la lisière, de l'autre côté, de très jeunes enfants en haillons gardaient des porcs et des oies. Quelques maigres plantations végétaient entre les restes de troncs noircis. Au centre, sur des remblais rehaussés d'une palissade, un petit fortin à peu près circulaire avait été édifié. Un guetteur, en haut d'une tour de bois, sonna de la trompe à leur vue : deux notes longues puis une courte. Gabri contourna la barbacane qui donnait accès au fortin, et se dirigea résolument vers un groupe d'hommes et de femmes qui maniaient le pic et la pioche. En le suivant, Bourdoisel vit que des carriers travaillaient dans une petite fosse excavée en gradins.

Mais déjà, un personnage énergique, à la robe richement colorée de bleu pastel et d'incarnat, se détachait du groupe confus des serfs en oripeaux grisâtres qui n'osaient lever les yeux de leur travail. Il fit aux arrivants le signe impératif de s'arrêter et se dirigea vers eux à grands pas. Ce Thibault de Saint-Prix était âgé d'environ trente-cinq ans, trapu, le fouet à la ceinture. Un homme de grande taille, aux poings énormes, le suivait comme son ombre.

Gabri rentra la tête dans les épaules, et attendit.

« Pourquoi as-tu amené un étranger ici ? » tonna Thibault.

— Cet homme a un message urgent du chanoine Gengoulph; j'ai cru bien faire de le conduire au plus vite, maître.

— Il n'y a aucune raison de ne pas exécuter correctement mes instructions. Tu savais que personne ne doit pénétrer jusqu'ici. Tu as désobéi.

— Mais je...»

Thibault tira son fouet, et cingla par trois fois les épaules du malheureux.

— Ecarte-toi maintenant, mais reste à proximité jusqu'à nouvel ordre. »

Se tournant vers Bourdoisel il grimaça un sourire et lui fit signe de s'asseoir à ses côtés.

— Je t'écoute. Parle bas mais clair.

— Je suis l'homme de confiance du chanoine Gengoulph. Je dirige pour lui les ateliers de corroierie à Autun.

— Je sais. Je te connais. Je t'ai déjà vu auprès de ton maître. Je sais que tu lui es loyal.

— Mais pourquoi alors avoir frappé ce...

— Les règles sont faites pour être respectées, en particulier les règles de sécurité. Mais, parle !

— Le chanoine m'envoie vous dire qu'on a commencé à découvrir de la fausse monnaie en deniers d'argent chez plusieurs changeurs de la ville. Par ailleurs, comme par une malheureuse coïncidence, le sacristain de Saint-Pierre-L'Estrier a été assassiné, vraisemblablement par des pillards qui auraient volé et emporté de précieux objets d'argenterie. »

Thibault resta imperturbable.

— Quelqu'un a-t-il été arrêté ?

— Le vol et l'assassinat ont fait grand bruit. En revanche il semble que la découverte de fausse monnaie ne soit pas divulguée encore. La *cour l'évêque*, le conseil épiscopal, a décidé de ne pas ébruiter cette dernière affaire. Mais des recherches sont discrètement lancées, tandis qu'hommes d'armes et informateurs sont aux trousses de deux assassins.

— Je te remercie. Je verrai Gengoulph ce soir. Tu vas rester ici le temps de te restaurer. » Il se tourna vers le fouetté: « Gabri, va chercher des galettes de châtaigne et un morceau de salé pour notre ami, et n'oublie pas le vin. Donne l'ordre de préparer mon cheval et un autre canasson » Puis se tournant vers le messager : « Comment es-tu venu ?

— A pied. C'était le plus discret. Je me suis assuré que personne ne me remarquait ni ne me suivait. Mais il faut que je rentre rapidement.

— Tu repartiras à cheval en croupe derrière un de mes hommes. Il te déposera discrètement à proximité de la ville. Au revoir. Et ne bavarde pas, sinon… » Il fit avec son doigt le long de son cou, un geste très expressif. Là-dessus il s'éloigna vers le fortin avec son second. « Charibert » lui dit-il, « je pars tout de suite à cheval pour Autun. Il faut que je voie le chanoine Gengoulph. Des erreurs ont été commises. Nous pourrions avoir des problèmes. Il va nous falloir, sans doute, modifier nos plans. Toi, je te donne la responsabilité du fortin et de ce que tu sais. Fais cesser les travaux en cours dans la dernière fosse. De toute façon le filon semble épuisé. A tout hasard, par précaution, si des curieux ou des hommes d'armes de l'évêque osaient venir jusqu'ici, à l'Argentolle, préparons-nous à donner le change. Feignons une autre activité. Recouvre un peu la fosse avec des feuilles mortes et des branchages. Emploie les serfs à écorcer les jeunes chênes et châtaigniers dans les ravins en lisière de l'essartage : la lune est favorable. Nous ferons sécher ces écorces avant de les envoyer aux tanneries d'Autun.»

Thibault de Saint-Prix finit rapidement de donner ses instructions, ôta sa robe longue pour passer un vêtement de cheval, récupéra une sacoche de cuir, enfourcha son hongre gris, et piquant des deux, s'enfonça au galop dans la forêt. Quand il arriva en vue des remparts d'Autun, il faisait encore jour, mais son cheval était blanc d'écume. Il le mena au pas vers une sablière dans un méandre qu'il exploitait parfois au bord de l'Arroux, en aval de la ville. Il sauta à bas et fit boire sa monture, puis la mena en laisse dans le lit de la rivière. Les eaux en ce début d'été torride étaient exceptionnellement basses. Thibault connaissait le gué peu fréquenté, et malgré le courant, traversa. Arrivé sur la rive gauche, il lui restait encore à gravir la pente avec une monture exténuée. Mais le cheval était solide et trouva les ressources pour hisser son cavalier plus haut que la ville, vers la montagne Saint-Sébastien.

Là, il rejoignit une autre de ses équipes. Un petit groupe s'affairait: terrassiers, pics en main; manœuvres avec pelle ou tamis; portefaix, lourdes hottes en fibre de châtaignier chargées de gravier sur l'épaule; muletiers conduisant des charrois... A première vue c'était une banale exploitation de carrière comme les autres. Le chantier se situait dans un ravin creusé en cirque. En amont, un réseau de canaux et de petits bassins captait une partie des eaux de ruissellement et des sources dévalant du Mont des Druides. Les carriers et manœuvres de Thibault excavaient à coups de pics les flancs du ravin et repoussaient les gravats dans l'eau. Le courant capté descendait avec intrépidité la pente pour se fracasser sur les déblais qu'il creusait, débourbait, désagrégeait, et charriait. Pour favoriser le dépôt vers l'aval et trier le minerai en grains et en sables, Thibault avait fait construire, dans une tranchée étroite, un chenal habillé de planches de hêtre. Il en avait hérissé le fond, à intervalles réguliers, de pièges à sables: tasseaux de bois, lits de plantes pubescentes, de mousses, de mottes d'herbe, et même de peaux de chèvres laineuses. On n'avait plus qu'à ramasser les grains plus lourds de cassitérite qui donneraient l'étain. Plus bas l'eau, allégée de ses alluvions, retrouvait vigueur et goût de chanter d'une pierre à l'autre, entraînant loin les déblais boueux sur des zones d'épandage. Les grains précieux étaient tamisés puis portés dans des hottes jusqu'à une charrette tirée par deux mules à collier d'épaule. Toute cette activité se déroulait impunément au grand jour, sur les pentes qui dominaient la ville. Thibault s'amusait à déclarer :

« La meilleure cachette c'est à la vue de tous. Les gens ne vont pas chercher ce qui leur crève les yeux. »

Cependant ici aussi, par prudence, il décida de modifier ses activités et ses installations. Il appela son contremaître.

« Gondebaud, tu vas envoyer deux hommes un peu plus haut détourner partiellement avec un lit de pierres le ruisseau que nous avions capté ici. Qu'il coule désormais plus à l'ouest. Fais démonter rapidement le chenal de bois aménagé et empile les planches nettoyées. Verse les paniers remplis de cassitéride dans le fond de trois charrettes. N'oublie pas ceux que nous avions stockés dans une cavité de la roche. Complète tes charrettes avec les planches récupérées. Qu'elles partent dès ce soir, comme une livraison de simple gravier, pour notre fortin de l'Argentolle à Saint-Prix avec la moitié des hommes, sous la conduite de Gelduin. Que les autres restent ici et attaquent un nouveau front de taille, dans la roche ordinaire, là sur la gauche, à cent mètres environ. Tout de suite !! »

Gondebaud transmit ses instructions. Les hommes se mirent au travail, non sans rires tonitruants ou messes basses impertinentes.

« Veille à ce que les serfs ne bavassent pas. Tu leur feras servir ce soir, au campement de la montagne Saint-Sébastien, une double ration de vin et tu demanderas à Marcatrude de chanter pour eux en s'accompagnant de son rebec. Que ceux qui vont partir descendent en biais vers la rivière d'Arroux. Ils la traverseront, à une heure de marche d'ici: il y a là un bac. Vous réveillerez le drôle s'il est couché, pour qu'il vous fasse passer. Quant à moi, je vais essayer, s'il en est encore temps, de rentrer en ville. »

Il grimpa sur une souche et sauta sans plus attendre sur sa monture, la poussant dans la pente. Il s'efforçait d'aller vite mais avec précaution. Il ne fallait pas que le cheval fatigué se laissât entraîner par la déclivité. Il approchait des remparts.

A ce moment Thibault entendit la sonnerie des cloches annonçant la fin du travail et les fermetures prochaines des portes de la ville. Comme la pente s'adoucissait alors, il lança avec intrépidité le cheval en avant d'un coup d'éperon impérieux. Un dernier élan, et ils étaient devant la poterne de Breuil. Un garde, qu'il ne connaissait pas, empêcha Thibault d'aller plus loin.

« Qui es-tu et que veux-tu ici, chevalier ?

—Je suis le fossier.

— Le fossier ? C'est-à-dire ?

— Je suis le chef des carriers et des charretiers chargés d'approvisionner les chantiers en sable et en pierre. Par délégation spéciale de l'évêque et du chapitre cathédral.

— Oui mais…

— Laisse passer, Willem, nous le connaissons ! Excusez le, mon seigneur, c'est un nouveau.»

Thibault était resté sur sa monture, indifférent aux remarques des gardes. Quand le soldat releva sa pique, il poussa son cheval, s'enfonçant, l'air mauvais, dans les ruelles vers la demeure du chanoine Gengoulph.

35. *Où, mercredi 1er juillet, se concertent les faussaires, et sévit un vandale.*

Il faisait encore nuit, ce mercredi matin, quand Thibault de Saint-Prix le fossier, fut réveillé par le valet d'écurie qui frappait à la porte. Douillettement coincé entre les deux corps tendres de ses servantes Eulalie La Mamelue et Gervaise Gris-Souris, encore ensommeillé, il avait du mal à émerger. Il envoya au diable le valet. Mais celui-ci insistait : quelqu'un, qui n'avait pas dit son nom, voulait le voir sans attendre.

Thibault pesta. Cependant il se leva, et renvoya les deux soubrettes, d'une bourrade, à la cuisine. En hâte il enfila une tunique et passa dans la grande salle. Enveloppé dans sa chape, le visage caché par le chaperon, un homme de haute taille, à l'allure énergique, l'attendait. Thibault n'avait pas besoin que le visiteur, après s'être assuré qu'ils étaient bien seuls, se fût découvert, pour savoir qui était son interlocuteur. Il allait enfin dire son fait au chanoine Gengoulph.

Il s'était efforcé la veille au soir de rentrer avant la fermeture de la herse du château épiscopal. Peine perdue: il avait trouvé close la porte du chanoine Gengoulph. Surpris, et mécontent, il avait dû faire demi-tour. Où pouvait être passé cet animal ? Quelle affaire était-il encore en train de comploter, alors qu'il était censé attendre sa visite ? Dépité, le chevalier avait songé à aller présenter ses hommages chez la comtesse Ermentrude. Si le chanoine n'était pas là, au moins aurait-il le plaisir de voir la jolie Ombeline. Il avait réalisé cependant que l'heure était un peu tardive. Il avait donc poussé son cheval jusqu'à sa demeure autunoise, une solide bâtisse en pierre, à un étage. Après avoir confié l'animal épuisé au valet éberlué, il était monté dans la grande salle. Ses deux servantes attirées par le bruit s'étaient précipitées. Elles lui avaient servi un hanap de vin, des radis noirs, des cerises et un morceau de fromage…

Maintenant que le chanoine était là, Thibault témoigna vertement de sa contrariété.

Gengoulph ne se laissa pas démonter. Il avait eu des affaires urgentes à régler la veille au soir: elles l'avaient occupé toute la nuit. Il était désolé de lui avoir fait faux bond, mais il n'avait pu s'organiser autrement. Il priait le chevalier de bien vouloir accepter ses excuses. Les repoussant d'un haussement d'épaule, Thibault insista sur son profond mécontentement. Il ne comprenait pas pourquoi et dans quelles conditions certains faux deniers avaient été mis prématurément en circulation à Autun. C'était contraire à leurs conventions. Sans s'émouvoir Gengoulph répondit qu'il y avait eu erreur de l'un ou l'autre de ses correspondants, à Avallon ou à Cluny, qui n'avait pas su résister à la tentation et avait anticipé le scénario prévu. Il avait déjà donné des ordres en conséquence. Le coupable serait éliminé.

Rageur, le fossier fit remarquer que la légèreté de son associé les mettait tous en danger. Il était dorénavant obligé, par précaution, de cesser prématurément l'exploitation de filons, dont l'un au moins était encore relativement productif. Maintenant que l'évêque avait la puce à l'oreille, ce n'était plus possible. Combien regrettait-il d'avoir écouté Gengoulph, alors qu'il aurait pu tranquillement se contenter d'extraire secrètement les minerais, de les fondre et de les vendre au poids.

Gengouph rétorqua qu'ils en avaient déjà discuté longuement, et que c'était perdre du temps à d'inutiles parlottes. Il était trop tard pour revenir sur les décisions prises. Quoiqu'il en fût, à partir du moment où l'exploitation des mines était clandestine, elle était déjà source de danger. Alors un peu plus ou un peu moins d'illégalité ne changeait rien.

« Mais c'est nos têtes que nous risquons !! Tu ne sembles pas réaliser » s'écria Thibault.

Le chanoine ne se démonta pas. Pour lui les profits engendrés par la frappe des deniers étaient bien supérieurs. Il y avait en Occident, et jusqu'aux royaumes chrétiens d'Orient, une prolifération anarchique des frappes de monnaie. Il fallait profiter de ce désordre financier. Les deniers dont l'alliage était de mauvais aloi valaient plus que leur poids réel d'argent pur. Le bénéfice n'était pas négligeable. Le risque avait été pris en toute connaissance de cause.

De toute façon, là n'était pas l'essentiel. L'ambitieux chanoine poursuivait un but beaucoup plus politique. L'époque était troublée. La paix avait été faite entre l'évêque Etienne et le duc de Bourgogne. Mais elle restait fragile. De toutes parts naissaient des sujets de contestation et des sources de conflit. Etienne, en particulier, devait faire face actuellement à une série de mécontentements, tant au sein du chapitre que chez certains de ses vassaux. Sa politique effrénée de constructions d'églises et de basiliques grevait lourdement les finances. Le climat était favorable pour l'affaiblir davantage. Il suffirait de briser un étai pour que le fragile échafaudage pacifique mis progressivement en place par l'évêque s'effondre brusquement. Il fallait donner un prétexte au duc de Bourgogne pour qu'il se décide à attaquer Etienne de Bâgé. Quand il apprendrait la mise en circulation des deniers contrefaits, Hughes de Bourgogne serait persuadé qu'ils émanaient de l'évêque d'Autun. Cette nouvelle ferait l'effet d'un chiffon rouge agité devant les cornes acérées du taureau de combat ducal.

Si Etienne était renversé, Gengoulph se faisait fort d'être élu à sa place. Il avait su se ménager des partisans. Il saurait acheter les autres.

Le sire de Saint-Prix devait lui faire confiance. Grâce à son soutien il bénéficierait alors de richesses considérables: il obtiendrait l'exclusivité d'exploitation de toutes les nouvelles carrières et mines du diocèse. En attendant, il fallait rester calme. La machine était lancée. Il était trop tard pour regretter. Il fallait aller dans le sens de l'histoire. Là-dessus, comme le jour se levait, Gengoulph s'engonça dans sa chape, baissa son chaperon, et sortit discrètement dans la ruelle.

Le sire de Saint-Prix, songeur, regrettait de s'être laissé entraîner dans cette aventure. Le chanoine Gengoulph était trop imbu de ses propres capacités. Certes, il avait su l'aider pour acquérir les terrains miniers ou les concessions que son père avait pendant toute sa vie repérés : anciennes minières antiques abandonnées, ou carrières encore vierges. Thibault était devenu beaucoup plus puissant, bénéficiaire de rentes juteuses. Cependant les nouveaux projets du chanoine impliquaient d'énormes risques. Maudit soit le jour où il était devenu son complice! Il n'était pas cependant homme à geindre à longueur de journée. Au-dehors les bruits de la rue indiquaient que les activités routinières reprenaient dans tout le château épiscopal. Il appela les deux serves pour réclamer du vin et de quoi manger.

Elles accoururent aussitôt, grises créatures soumises, inquiètes du son âpre, inhabituel, de sa voix. Elles avaient toujours peur quand le maître était là. Heureusement, il venait peu souvent à Autun. Elles avaient passé leur robe et peigné leurs cheveux, mais aujourd'hui le sire de Saint-Prix paraissait plus sombre que d'habitude et n'était plus d'humeur à s'intéresser à ces pauvres charmes dont il avait usé pendant la nuit. Thibault avait un certain nombre d'affaires à traiter ce matin. Ensuite il s'en irait rendre ses hommages à la comtesse Ermentrude. Ce serait l'occasion de revoir Ombeline.

Il y avait peu de femmes dans la cité épiscopale. Ombeline était, à ses yeux, la plus belle, une vraie merveille. Depuis des mois son mari était absent, perdu en Terre Sainte. On était sans nouvelles précises de lui. Les bruits les plus divers avaient couru. Thibault avait espéré que le croisé ne rentrerait jamais. Aussi faisait-il une cour empressée à la jeune femme quand il passait à Autun. Il avait eu l'impression de ne pas lui déplaire: elle était toujours souriante, et ces derniers mois était devenue de plus en plus épanouie. Elle vivait chez sa grand-mère, la puissante comtesse, et menait une vie assez recluse. On la disait très pieuse, et comme Ermentrude, elle suivait de très près la construction de la basilique Saint-Lazare. Il y voyait un présage favorable. Elle était l'une des rares femmes qu'il connaisse à s'intéresser au travail de la pierre. Elle l'avait accompagné plusieurs fois sur le chantier où les ouvriers la connaissaient, elle l'interrogeait sur la provenance de telle pierre, et l'écoutait expliquer les mérites respectifs de chacune de ses carrières. Cependant, tout en restant souriante, Ombeline se gardait, hélas encore, de succomber à ses avances qu'elle repoussait fermement mais avec bonne humeur, disant dans un sourire qu'il pensait prometteur, qu'elle était fidèle à son mari. Il avait espéré que l'on annoncerait un jour la mort glorieuse de Bérenger sous les coups des infidèles. Il ferait alors sa demande à la comtesse : il était un parti enviable. Ses revenus connus étaient importants, sans compter ses ressources occultes qui en faisaient un des plus riches seigneurs des environs…

*

A ce moment si attendu du repas et de la pause réparatrice, le chantier de la basilique était désert. Pourtant quelqu'un se faufilait au milieu des postes abandonnés. Arrivé devant la pierre destinée au linteau, l'intrus marqua un temps d'arrêt. Il jeta un coup d'œil alentour pour vérifier qu'il n'y avait personne. Rassuré, il chercha si des outils n'avaient pas été oubliés. Mais les ouvriers avaient rangé dans la loge, ou gardé à leur ceinture, leurs précieux instruments. Il se baissa alors pour ramasser un gros éclat de pierre…

*

Gislebertus abrégea le déjeuner. Il voulait prendre le temps d'aller voir son fils. Le grand chantre lui avait dit que Germain n'allait pas très bien. Il avait eu de la fièvre: depuis que le sculpteur l'avait retrouvé sans connaissance dimanche soir, sa plaie à la tête s'était infectée. Le garçon avait été soigné à l'infirmerie. On lui avait donné à boire des potions d'herbes qui avaient fait tomber la fièvre, mais qui lui avaient sans doute causé des coliques qui l'affaiblissaient. Gislebertus décida de faire un petit détour pour passer chez lui prendre un pantin articulé qu'il avait fabriqué pour amuser l'enfant.

Lui-même ne se sentait pas au mieux: s'il était physiquement en pleine forme, il n'en était pas de même de son mental, tiraillé entre des sentiments contradictoires. Ces luttes internes, sa difficulté à prendre une décision, le minaient. Il était certain de la force de son amour pour Ombeline. Il ne voulait pas la perdre. L'idée qu'elle reste avec son mari lui était insupportable. Il détestait ce croisé bouffi d'orgueil qui revenait en conquérant reprendre l'épouse dont il ne s'était pas préoccupé. Il n'avait pas peur de lui, tout guerrier brutal qu'il fût. Si l'imbécile était habile au maniement de la lance et de l'épée, lui, Gislebertus, savait se servir d'une lourde massette et de ciseaux pointus, qui dans sa main pouvaient devenir des armes. Le sculpteur avait le sang chaud. Il bouillait d'affronter son rival. A cette idée, il frémissait de fureur rentrée. Ce n'étaient pas les crocs du chevalier des Grelodots qui pouvaient l'effrayer, mais bien les mâchoires féroces de la société. En devenant sculpteur, Gislebertus avait failli aux codes d'honneur de la noblesse, il s'était exclu des castes religieuses ou militaires dévolues à son rang. Il avait rejeté l'idéal aristocratique de l'Eglise ou de la Chevalerie. Il s'était déclassé. Il était devenu un vil petit ouvrier que l'ogre élitiste pouvait déchirer et broyer.

Il hésitait à tout quitter, aujourd'hui, à tout risquer pour s'enfuir avec elle. Pouvait-il courir les routes à l'improviste, avec des hommes d'armes aux trousses ? Pouvait-il abandonner Germain? Pouvait-il fuir avec la charge d'un enfant, qui plus est, malade ? Ne serait-ce pas un véritable crève-cœur d'abandonner le chantier d'Autun? Où pourrait-il retrouver des commanditaires aussi bienveillants et amicaux que l'évêque Hughes ou le chanoine Denis qui le protégeaient de la bêtise et du conformisme de certains dévots? Comment pourrait-il bénéficier ailleurs de conditions aussi favorables et d'une telle liberté d'expression ? Jamais il n'avait aussi bien travaillé. Jamais il n'avait autant approché la maîtrise technique et la perfection de la sculpture.

C'est ainsi, l'esprit déformé d'angoisses perfides, qu'il était arrivé devant chez lui. Comme il mettait la clef dans la serrure, le battant s'ouvrit tout seul. Surpris, aussitôt pesta-t-il contre le petit Syagre qui avait sans doute mal refermé la porte après s'être acquitté de l'habituelle corvée d'eau journalière. Il se promit de gronder sans tarder l'enfant. Cette désinvolture était inadmissible. Le petit méritait une raclée ou tout au moins une taloche. Gislebertus vérifia tout de suite en entrant: l'eau avait bien été transvasée dans la jarre. Mais Syagre en avait renversé une partie en vidant son seau: la terre était encore humide. Quel maladroit ! Pourtant le sculpteur sentit fondre sa colère. Le garçon, si petit, manquait de forces. Il était en fait à peine plus âgé que son cher Germain. En pensant à son fils, Gislebertus soupira. Il décida de se montrer compréhensif envers Syagre. Il se promit de ne pas le frapper comme c'était l'usage sur le chantier envers les apprentis. Pourtant, très vite, la colère le reprit : le garnement avait, sans aucun doute, fouillé la maison, laissant des traces discrètes mais indubitables.

Il prit le pantin destiné à Germain et ne s'attarda pas. Il trouva son fils dans la petite et sombre infirmerie du chapitre, couché tête-bêche sur une même paillasse avec un vieux serviteur délabré. Les deux autres lits étaient occupés par un chanoine obèse et goutteux dont la jambe puait, et par un fabricant de cierges dont la tête s'était trop allumée. Le moine infirmier n'était pas là, sans doute encore goulûment retenu par les graves occupations du réfectoire.

Gislebertus entendit, derrière le mur, la sonnerie des clochettes indiquant la reprise des travaux sur le chantier. Pourtant il resta encore un peu avec son fils dans l'odeur écœurante de l'infirmerie, s'efforçant de plaisanter et d'amuser l'enfant. Germain riait, tirant nerveusement sur les ficelles pour agiter le pantin de bois. Son père l'embrassa de nouveau, et courut vers le chantier.

En arrivant, il s'étonna de voir un petit attroupement autour de sa « Tentation d'Eve ». Il s'irrita. Suffisait-il qu'il fût en retard pour que les membres de son équipe prissent ainsi leurs aises ? Quand il approcha, Blaise et Agathe, Martin, Odon et Racho, Mélisende et les deux apprentis, s'écartèrent, la peur dans les yeux. Le sculpteur pensa rire, les voyant si craintifs d'être pris en faute de bavardage. Mais aussitôt une angoisse le saisit. Il se précipita : quelqu'un avait abîmé la sculpture en cours ; le visage d'Eve, qui se dessinait déjà joliment, avait été martelé, nez écrasé en bouillie de pierre, chevelure hachurée, seins pilonnés. Son travail avait été saboté !

36. *Où, jeudi 2 juillet, Bérenger force la porte.*

Il faisait encore nuit quand Ombeline avait fui le lit conjugal. Pourtant déjà montait la chaleur. Elle se déplaça silencieusement. Tout le monde semblait dormir encore. Sans faire appel à sa fidèle Radegonde, elle mouilla un linge dans la vasque qui servait à sa toilette, le passa sur son visage puis sur son corps. Elle entendit un oiseau chanter, mais il faisait toujours nuit. Elle s'assit et peigna avec soin longuement, tandis qu'elle essayait de réfléchir, ses beaux cheveux abondants, pâles dans la pénombre. Elle essuyait parfois une larme.

Dès la première lueur du jour, alors que les coqs du voisinage se déchaînaient triomphalement et que des bruits divers indiquaient des velléités de lever dans la maisonnée, elle passa une chemise et une robe d'intérieur légère sans en fermer les pans et se glissa au dehors. Elle traversa la cour, longea les écuries, caressa par habitude le museau humide de Phryné, son haquenée blanche, emprunta l'arrière-cour, traversa le fruitier, le cellier à confitures et entra dans son « oratoire ».

Il y faisait plus frais que dans sa chambre. Elle ôta cependant le voile de mousseline qui flottait sur ses cheveux, sa robe d'intérieur afin de ne pas la salir, les déposa sur le prie-Dieu, passa une blouse tachée, souleva la tenture et se glissa dans l'atelier.

Elle prit un nouveau bloc de glaise étroitement emmailloté. Elle déroula le tissu goudronné, découpa un morceau, refit soigneusement le paquet en expulsant l'air, trempa les mains dans une cuvette de terre cuite, gardant un peu d'eau dans la paume en conque, et se mit à malaxer l'argile qui s'assouplit sous ses doigts. Elle pleurait encore un peu.

Elle avait commencé sans idée préconçue. Elle se tournait vers la glaise accueillante, comme on se réfugie dans des actions machinales pour y trouver un réconfort apaisant. C'était aussi une façon de se rapprocher de son Gislebertus, en créant comme lui des images, non pas dans la pierre, mais du moins dans la glaise ...Cependant sous ses doigts, et sans qu'elle y songeât vraiment, peu à peu, des formes impromptues s'esquissaient.

Prenant un peu de recul pour se moucher, elle voulut essuyer son visage d'un revers de main. Ses larmes avaient déjà séché. Songeuse, elle considéra son travail. La forme lui convenait. Trouvant une idée, elle décida de l'exploiter. Saisissant l'ébauchoir et les mirettes, elle entreprit d'affiner les masses suggérées. Bientôt son esprit assombri et embrouillé s'éclaircit, et elle ne pensa plus qu'à l'œuvre qu'elle était en train de modeler. Une fois terminé, elle réalisa qu'elle n'avait jamais sculpté pareil sujet, mais elle croyait avoir réussi à le rendre expressif.

Elle décida de continuer dans cette voie et ouvrit derechef le bloc de glaise resté emmailloté pour en retrancher deux nouveaux morceaux. Elle en posa un en réserve sur la tablette en-dessous, et l'autre sur la sellette pour le travailler immédiatement. Elle referma en hâte le paquet, se mouilla les mains et se mit aussitôt en action. Très vite elle trouva un volume et un mouvement intéressants, toute étonnée de la facilité qui naissait sous ses doigts. Cette deuxième créature prenait vraiment forme. Sans fignoler les détails, elle ne s'y attarda pas et attaqua la troisième motte.

A peine tâtonna-t-elle, tordant doucement la glaise pour trouver le mouvement adéquat. Tout naturellement s'imposa la tournure. Virevoltant autour de la sellette, elle déplaça les deux figurines précédentes pour donner au trio des attitudes différentes mais complémentaires. Elle crut avoir réussi, mais la disposition de l'ensemble dans l'espace ne la satisfaisait plus. Après réflexion, elle retoucha le premier modèle, qui lui avait paru achevé. Avec un peu de regret elle détruisit le joli rendu de poils soyeux dont elle était si fière tout à l'heure. Mais cela en valait la peine : l'animal créé était beaucoup plus expressif, on l'aurait dit prêt à bondir et à s'enfuir au moindre bruit. Elle le caressa rêveusement, tristement, d'un doigt mouillé. Pauvre petite figurine de boue. Sa vie était-elle plus enviable que la sienne ? Jours hachurés de peur. Nuits polluées de répugnances. Féminité asservie de dogmes. Amour anesthésié d'irrésolution; espoir pendu au croc du boucher.

Elle reprit la mirette et recommença à suggérer, de la pointe, la houle soyeuse du pelage.

Soudain elle fut dérangée par un fracas de l'autre côté. Quelqu'un frappait contre la porte, essayait brutalement de l'ouvrir. Elle entendit la voix coléreuse de son mari.

« Ombeline, si tu es là, réponds-moi… Ombeline, je sais que tu es là ! Ouvre-moi immédiatement!»

La jeune femme s'étonna de n'éprouver aucune frayeur et répondit d'une voix assurée :

— Ne t'énerve pas, j'arrive. »

Elle trempa ses doigts dans la cuvette, jeta sa blouse en s'y essuyant sommairement les mains, repassa vivement dans la partie « oratoire », sans même refermer la tenture, traversa la pièce, enfilant au passage sa légère chemise, lançant au vol sa coiffe sur ses cheveux, et tira promptement le verrou.

Bérenger se précipita, la bousculant au passage. Il jeta un coup d'œil circulaire, repéra rapidement l'ouverture derrière la tapisserie, et se rua dans l'autre pièce. Il se rendit compte très vite, stupéfait, qu'il se heurtait à des murs clos et qu'il était dans une impasse.

Ombeline ne l'avait pas suivi. Elle s'était agenouillée sur le prie-Dieu, et attendait. Le croisé ne tarda pas à revenir dans la première salle, d'un pas hésitant. L'air déconcerté, gêné, il resta sur le seuil, la tenture sur l'épaule. Ils se regardaient tous deux en silence. Bérenger, cela se voyait, s'était habillé à la hâte. Il avait passé la longue robe de soie orangée aux motifs orientaux qu'il avait portée la veille au soir, mais il n'avait pas de ceinture. Ses cheveux blonds très clairs, qui tranchaient sur son teint hâlé, si courts qu'ils fussent sur la nuque, n'étaient pas peignés. Il n'avait pas pris le temps de mettre son lourd bracelet torsadé, encore moins de se faire tailler la barbe qui commençait à frisoter. Il regardait maintenant son épouse de ses yeux très pâles, égarés dans le désert de l'incompréhension.

Ce fut elle qui rompit le silence avec le courage d'un renard traqué face aux chiens.

« Que signifient ces manières ? Cette impolitesse de rustre ? Ne peux-tu abandonner tes façons de brute au pillage qui ne respecte ni son épouse, ni les images sacrées d'un oratoire ? Que veux-tu, si tôt le matin ? Qu'y a-t-il de si important pour que tu viennes me déranger dans mes prières de l'aube et tenter d'enfoncer ma porte ? »

Le chevalier ne répondait pas, surpris, choqué de cette mise impudente en accusation. Il essayait d'ordonner ses pensées. Des chuchotements et des gloussements attirèrent son attention : derrière le seuil, des domestiques se tenaient, l'œil et les oreilles grands ouverts, vibrants de curiosité. Bérenger se ressaisit, traversa la petite salle d'un pas énergique, tandis que déjà le groupe se désagrégeait.

— Fichez-moi le camp ! Allez ouste, au travail. »

Et il referma la porte d'un violent coup de pied.

Ils étaient seule à seul. Il tourna dans la pièce comme un ours en cage, désemparé, se sentant stupide. Sa colère était tombée après qu'il eût claqué la porte. Il regarda Ombeline d'un air conciliant. Elle lui paraissait si belle, agenouillée obliquement sur le prie-Dieu, le cou gracieusement penché, les insondables yeux verts mordorés agrandis vers lui. Le voile sur ses cheveux n'était pas noué, il avait glissé en arrière, découvrant des boucles somptueuses d'un blond chaud aux reflets ambrés.

De nouveau, mais d'une voix plus douce, ce fut la jeune femme qui reprit la parole :

— Que voulais-tu Bérenger ? »

Le chevalier ne répondait pas, mais la regardait intensément. Ombeline, après un temps, se décida à parler de nouveau, et sa voix était pour Bérenger comme une cuiller de miel sur une gorge irritée :

« Explique-moi, Bérenger. Pourquoi cette irruption violente ? Pourquoi ce scandale? Pourquoi forcer mon intimité, troubler ces pieux instants que je passe avec la Vierge Marie ? »

Le guerrier regarda la pièce et son décor de chapelle. Il n'y avait jusqu'à présent prêté que peu d'attention, tout obsédé qu'il était par ses doutes.

Elle enchaîna :

« Que cherches-tu, Bérenger ? »

Il secouait la tête. Elle insista, sa voix douce se cassant un peu, en un murmure suave :

« Que croyais-tu ? » Son timbre devint plus rauque.

« Que pensais-tu trouver ici ? Parle-moi, je t'en supplie.

— Je ne comprenais pas ce que tu faisais ici, ni cette piété affichée qui te retenait dans ce lieu clos et secret, qui volait des moments que tu aurais pu me consacrer. » Sa bouche se tordit en une sorte de sourire amer. Les mots, si difficiles, lui venaient maintenant. « En fait, c'est toi que je ne comprends pas. Tu es si distante, tu es devenue si peu soumise, si indépendante, si étrange…Je croyais…Je craignais que… »

Il hésitait. Elle se taisait maintenant mais l'encourageait du regard, le soutenant tandis qu'il s'engageait au-dessus de l'abîme de l'inquiétude sur la frêle passerelle des mots.

« Je suis parti depuis si longtemps. Je croyais que tu m'avais oublié. Quand j'étais à Antioche, comme à Tripoli, et sur le bateau du retour, puis pendant cette interminable chevauchée pour arriver jusqu'à Autun, je ne pouvais m'empêcher d'imaginer…je ne pouvais m'empêcher d'être jaloux.

— Tu as du culot! C'est pourtant toi qui m'as abandonnée, avec ton enfant que je portais dans mon ventre. Toi qui as voulu te perdre en Palestine.

— En Terre Sainte, pour défendre le tombeau du Christ !

— Tu ne m'as pas défendue, moi, quand j'avais besoin de toi, tu m'as laissée sans nouvelles, tu n'étais pas près de moi pour me consoler et accompagner ma douleur quand notre fils est tombé malade et qu'il est mort. J'étais seule pour le mettre en terre»

Le croisé tressaillit et resta de nouveau silencieux, plongé dans ses pensées. Il reprit presque timidement :

— Depuis six jours que je suis de retour, tu n'as pas voulu vraiment m'en parler… C'est pour cela, c'est parce que tu es une étrangère froide que je ne comprends pas, que tu ressembles si peu dorénavant à la petite fille que l'on m'avait donnée en mariage, que…que j'ai imaginé… » Il se lança enfin, criant presque : « Je croyais que tu t'enfermais ici pour retrouver un autre homme, qu'il y avait peut-être une issue derrière cette porte qui vous aurait permis de vous rejoindre.

— Tu ne me fais donc pas confiance !

— Je…

— Si tu ne me fais pas confiance, tu peux me répudier » suggéra-t-elle, avec un espoir naïf ! « Je n'ai su te donner un fils qui ait survécu. Ce sera un motif suffisant pour que tu puisses obtenir cette répudiation. »

Elle vit qu'il était touché, animé de sentiments violents et peut-être contradictoires. Aussi violents que les siens, farouches et angoissés. Elle se tourna complètement vers lui, posant sa jambe droite sur le sol, repliant l'autre sous elle, le bras gauche sur le dossier du prie-Dieu. Ce faisant, et sans qu'elle s'en rendit compte, telle était son émotion, la ceinture de son léger peignoir s'était dénouée. Sa chemise courte de soie fine ne cachait ni ses genoux ni ses jambes. Sa poitrine ronde palpitait sous le tissu tendu. Elle poursuivit :

« D'ailleurs je suppose que tu m'as bien oubliée à Tripoli, et que tu as trouvé et connu bien d'autres femmes, plus satisfaisantes et plus soumises, sans doute, que moi. Aussi je comprendrais que tu veuilles me répudier, même si j'en aurais grande honte. Je t'en donne le droit. En revanche ne cherche pas des prétextes illusoires pour pénétrer de force dans mon oratoire. »

Il occulta la remarque sur les lascives beautés orientales. Il contemplait Ombeline. Elle descendait d'une illustre famille, et il appréciait que son père, pour lui choisir une épouse, ait pris conseil de sa parentèle et réussi à négocier une alliance prestigieuse. Quand on lui avait présenté cette héritière, il ne l'avait pas jugée désagréable. Grande, de même taille que lui, bien bâtie quoiqu'un peu gauche, elle était tout à fait convenable. Il avait même trouvé à son goût, lors de la cérémonie, cette fiancée qui s'était, selon la coutume, agenouillée devant lui, et l'avait appelé son *seigneur*, en signe de soumission. C'est avec un intérêt béat qu'il avait prononcé son consentement lorsque l'évêque de Metz, Etienne de Bar, oncle de la tremblante Ombeline, les avait pris dans ses bras pour faire *de l'une à l'autre don* selon la formule qui nouait le lien matrimonial. C'est donc avec application et satisfaction qu'il s'était mis en demeure le soir même et les jours suivants, d'engrosser cette jeune épouse timide.

Il n'avait cependant pas hésité à la quitter quand il avait eu l'opportunité d'accompagner son oncle, Beroul Le Cruel, contraint d'accomplir une croisade en Terre Sainte pour le rachat de ses lourds péchés : brigandages, pillages et autres exactions, dont la moindre n'était pas la grave violation et mise à sac du monastère de Saint-Onfroi.

Cela avait été, pour le jeune chevalier, l'occasion de se faire remarquer pour ses prouesses guerrières, d'arracher et rapporter butins et rançons, et de se tailler peut-être un fief digne de lui, plus riche en tous cas que ses maigres terres des Grelodots. Aussi, sans plus d'émotion qu'il ne paraissait convenable, s'était-il séparé de sa jeune femme, enceinte de sept mois: sa descendance se préparait et l'avenir, sans doute radieux, l'attendait. Ce n'était pas le rôle d'un chevalier de rester dans le giron d'une épouse. D'ailleurs, une vieille femme qui passait pour sorcière et que le croisé avait consultée, lui avait assuré qu'il reviendrait plus riche qu'il n'était parti, et que son enfant serait un garçon. Il s'en était donc allé, aux marges guerrières du monde chrétien, en bon fier-à-bras, sans connaître grand-chose de l'épouse qu'on lui avait donnée. Les préparatifs de la Croisade ne lui avaient laissé que peu de loisirs pour faire le joli cœur et pour s'intéresser aux sentiments et aux aspirations de cette jeune Ombeline à qui il n'avait demandé que de partager avec lui, la nuit sous le drap, la nouveauté goûteuse des jeux du corps, de se montrer soumise, et d'assurer, en temps voulu, sa descendance par un héritier mâle.

Il était vrai cependant qu'il avait maintes fois pensé à Ombeline pendant la monotonie des loisirs de traversée maritime, ou pendant les longues heures ennuyeuses des tours de garde. Il se rappelait, à ces moments-là, surtout son corps délectable, innocent, qu'il avait plié en riant à ses désirs.

Depuis son retour, il retrouvait, sans la reconnaître vraiment, une jeune femme épanouie, au corps splendide, beaucoup plus sensuel, lui semblait-il, qu'auparavant. En même temps elle avait affirmé sa personnalité, avait appris à organiser sa vie sans lui, se dérobait à lui avec froideur, était devenue encore plus lointaine, étrangère, secrète et mystérieuse.

Pourtant, en la voyant ce matin-là, les luxuriants cheveux blonds flottant librement, la chemise légère dissimulant à peine ses charmes, la poitrine soulevée par l'émotion découvrant quelque peu l'aréole rosie d'un sein tentateur, il sentit combien elle était devenue séduisante et combien il avait envie d'elle et combien il était grand temps de reconquérir cette épouse.

« Qui parle de répudiation ? Si notre garçon est mort, c'est hélas le lot de beaucoup. Cependant tu avais mené ta grossesse à terme et tu as ainsi montré que tu n'étais pas stérile comme le sont les sorcières, que tu pouvais être féconde et que tu saurais me donner des héritiers. Si je suis revenu de si loin et d'un pays si différent et si exaltant, c'est bien dans l'intention de te faire d'autres enfants et d'assurer ma descendance, si Dieu le veut. »

37. *Où Bérenger s'affirme.*

Bérenger grimaça un sourire, tandis qu'elle le fixait de ses yeux inquiets:

« N'aie pas peur, ma colombe. Je suis là, maintenant. »

Il fit un pas vers elle, si désirable, pour la serrer contre lui. Mais la jeune femme, très pâle, glissant sur le côté, s'était dérobée et se tenait maintenant debout derrière le prie-Dieu, dérisoire rempart. Elle tenta une diversion inutile.

Le chevalier, passé sa colère jalouse et angoissée, n'était plus homme à entendre des discours. Il était piqué d'un désir irrépressible devant la chair troublante d'Ombeline, et davantage encore submergé par la conviction profonde qu'il lui fallait reprendre son bien et affirmer concrètement ses légitimes prérogatives d'époux. Elle avait trouvé des prétextes pour se dérober depuis six nuits qu'il était revenu de Croisade. Il n'était plus question de temporiser et d'accepter de nouvelles frustrations inadmissibles.

Devant la fixité de son regard déterminé de guerrier, Ombeline comprit qu'il lui faudrait céder de gré ou de force ; qu'il n'était plus possible de se réserver pour Gislebertus l'Indécis. Elle ne résista point quand il saisit son bras pour la détacher du prie-Dieu et l'amener à lui. Elle ne trembla pas quand les doigts avides pressèrent et chiffonnèrent ses seins avant de fouiller peu subtilement son sexe. Elle s'accrocha à lui pour ne pas tomber trop brusquement et se laissa glisser sur le sol. A peine eut-elle le temps de s'étonner de la fraîcheur de la terre battue sur ses omoplates et ses fesses, que déjà Bérenger était sur elle, était en elle.

Tandis qu'il s'activait, elle se remémora la nuit de ses noces, la première fois que Bérenger l'avait prise. Il s'était montré aussi brutal qu'aujourd'hui.

Elle avait tout juste quatorze ans alors, et avait à peine vu auparavant le mari qu'on lui avait choisi. Elle avait été un peu rassurée de découvrir que le garçon n'était pas repoussant comme elle l'avait craint. Il avait même un certain charme, un assez beau visage aux traits réguliers et un corps encore adolescent, délié mais déjà solide. Cependant s'il prenait alors manifestement plaisir à la caresser et à jouer avec elle le soir venu, il ne s' occupait guère d'elle dans la journée. Il préférait retrouver ses copains les hommes d'armes, rire avec eux, chevaucher, s'entraîner au combat, dresser ses faucons pour la chasse. Elle ne connaissait presque personne au manoir normand des Grelodots où il l'avait amenée. Elle n'avait guère apprécié les autres femmes du château, toutes un peu plus âgées, qui formaient sa suite: elles n'avaient d'autres sujets de conversation que leurs bébés, leurs marmots, leurs quenouilles, rouets ou tapisseries; ou bien elles médisaient de gens dont Ombeline ignorait tout ; ou pire elles s'écartaient mystérieusement pour chuchoter et rire. Elle n'avait pas su grand-chose non plus – il fallait l'admettre - de ce mari qu'on lui avait imposé. Mais elle avait été soumise, comme on lui avait toujours appris que devaient être les femmes. Elle s'était même, peu à peu, attachée à lui. Elle aurait sans doute fini par devenir, sinon une épouse aimante, du moins une bonne épouse, s'il n'avait décidé, sept mois après les noces, de partir pour la Croisade…

Pour l'instant, Bérenger pesait, facile victoire, sur elle et s'appliquait à procréer avec la plus grande énergie. Il fut bientôt au bord de la jouissance, chercha à s'enfoncer plus loin encore en elle en murmurant des paroles dans une langue incompréhensible. Quelques soubresauts, et il avait éjaculé à longs traits.

Il se reposa quelques instants, la joue sur l'épaule ronde d'Ombeline, respirant fortement sans rien dire. Puis il se releva. La jeune femme resta étendue sur le sol, cheveux ébouriffés, jambes ouvertes. Dans la confusion amère de ses sensations et de ses sentiments, elle s'étonnait qu'il en eût fini aussi vite. Elle s'était habituée depuis quelques mois à d'autres façons. Gislebertus, son Gislebertus perdu, avait su se préoccuper d'elle et s'aviser de lui faire partager son plaisir.

« Ô Gislebertus » eut-elle envie de crier. « Pourquoi ne m'as-tu pas écoutée ? Pourquoi ne m'as-tu pas emmenée loin d'ici ? Pourquoi ne m'aimes-tu pas assez ? »

Ses larmes alors seulement commencèrent à sourdre comme si le trop-plein de son désespoir affleurait au coin de ses yeux.

Bérenger, debout, s'était rajusté et lui tournait le dos, parfaitement silencieux, semblant découvrir la pièce où ils se trouvaient. Elle restait immobile, étendue telle qu'il l'avait laissée. Mais comme il pivotait dans sa direction, elle roula prestement sur le côté, saisit sa chemise qu'il avait jetée en boule, et l'enfila vivement. Si preste qu'elle fût, elle ne put empêcher Bérenger de jeter un regard de nouveau intéressé sur son corps dénudé et domestiqué. Elle s'enveloppa dans son peignoir dont elle essaya de fixer le fermail.

Bérenger ne savait quelle contenance adopter. Il se racla la gorge :

« Je crois que le feu de la passion m'a emporté. J'ai été un peu vif, mais nous avons retrouvé ainsi notre vie normale. Tu es si belle, Ombeline, et si digne d'être honorée. Dieu souhaite que nous ayons bientôt un autre enfant et que je donne un héritier à notre lignée. »

Tandis qu'il se rengorgeait, Ombeline pensait :

— Tu crois que tu m'as fécondée, Bérenger ? Tu te trompes. Depuis que je fais l'amour avec mon cher Gislebertus, ma fidèle Radegonde me prépare tous les jours une potion. Je l'ai encore bue intégralement ce matin. Je voulais éviter de porter un trop évident petit bâtard. »

Non sans un frisson, Ombeline se rappelait la visite chez la sorcière recommandée par sa servante Radegonde, après qu'elle eût couché avec Gislebertus, quand elle avait craint de se trouver enceinte. Elle s'était attendue à rencontrer une vieille hideuse et monstrueuse, dans l'antre fantastique d'une chaumière inquiétante perdue au fond des bois. En fait Radegonde l'avait simplement menée dans la ville basse de Marchault, derrière les remparts, non loin de la porte du fort. La sorcière habitait une belle demeure de pierre, adossée à une des tours de guet. C'était une femme affable et ronde, richement vêtue. La veuve Bondelue avait hérité de plusieurs petits fiefs, dont l'un à Montromble, de l'autre côté de la montagne. Elle faisait fructifier apparemment au mieux les biens qu'elle gérait au nom de son fils, dans des commerces douteux mais très lucratifs. Elle possédait aussi, par moitié avec le chanoine Gengoulph, une fabrique de peausseries et contrôlait l'étal et la vente.

Elle avait reçu les deux femmes dans une grande pièce haute de plafond. Aucune trace de signes diaboliques ou kabbalistiques, herbes guérisseuses, grimoires hermétiques, gravures obscènes, instruments maléfiques, dépouilles puantes d'animaux exécrables, serpents ou autres crapauds répugnants, comme Ombeline l'avait imaginé. Mais de chaudes tapisseries aux innocents motifs champêtres sur les murs, des bancs garnis d'épais et confortables coussins multicolores, de grands bouquets de fleurs suaves, et un enfant rieur, assis sur une brassée de joncs frais, qui jouait avec un bilboquet. Rien qui ait été de nature à effrayer. Devant l'étonnement d'Ombeline, la veuve avait expliqué que le conformisme bourgeois de son intérieur était pour elle la meilleure des protections contre les inquisiteurs et autres curieux indésirables. Mais elle avait affirmé que depuis plusieurs générations, les femmes de sa famille se transmettaient de mère en fille des secrets bien utiles; qu'elle était éventuellement disposée à faire bénéficier quelques personnes nobles et méritantes des connaissances acquises et des remèdes utiles qui pourraient les soulager. Elle avait, disait-elle, parmi sa clientèle, la meilleure société du fort et du château, et même avait-elle laissé entendre, certains chanoines et non des moindres !

Quand Ombeline lui eut fait part de son problème, la sorcière confessa que d'habitude les femmes la consultaient plutôt pour guérir leur stérilité, en particulier pour avoir un garçon. Ombeline, avec embarras, avait précisé qu'elle ne pensait pas être enceinte, car elle demandait à son ami de se retirer juste avant de... Cependant, elle était bien consciente qu'elle ne pouvait se permettre de prendre des risques. La sorcière lui avait assuré qu'elle comprenait. Il était préférable de s'astreindre à des précautions, plutôt que de se résoudre plus tard en désespoir à un avortement toujours dangereux. Elle pouvait aider la jeune femme, mais cela coûterait cher, et il faudrait suivre scrupuleusement le traitement, sinon elle ne répondrait de rien. La veuve avait alors demandé à sa patiente de s'allonger sur un tapis et de relever sa robe. Ombeline, désemparée s'était tournée vers Radegonde. La fidèle servante lui avait pris la main pour la rassurer et avec une fermeté souriante l'avait encouragée. Ombeline s'était exécutée en frissonnant. Mais la sorcière ne l'avait pas touchée : à genoux, penchée sur sa nudité tremblante, elle s'était contentée de lui imposer les mains, frôlant, en lentes passes conjuratoires, son ventre et son bas-ventre. Ombeline avait détesté. Crispée, les yeux fermés, elle avait eu l'impression que ses entrailles bouillonnaient dans un chaudron brûlant où un grand Diable fumant venait tremper une louche énorme. Quand enfin Radegonde l'avait aidée à se relever, la tête lui avait tourné, elle avait dû s'accrocher à son bras. La sorcière lui avait donné une minuscule poupée de paille tressée: Ombeline devrait, chaque fois qu'elle ferait l'amour, glisser l'amulette sous sa couche. Elle la rapporterait tous les mois pour une autre séance. Elle s'était proposé ensuite de lui fournir un pot d'une mixture verdâtre à l'odeur douceâtre. Ombeline devait en diluer un doigt dans l'eau chaque jour et boire la potion. Radegonde allait régulièrement se réapprovisionner à l'étal du mégissier qui lui vendait officiellement du *détachant pour les cuirs délicats* : la veuve, par prudence, n'en gardait pas chez elle... Ombeline était revenue tous les mois se faire imposer les mains par la sorcière qui fabriquait ensuite une nouvelle amulette de paille.

L'ancienne fragile poupée miniature était rituellement livrée au courant d'un petit ruisseau qui l'emportait, précédant normalement de quelques heures le flot salvateur des menstrues.

Tous ces efforts désagréables ne l'avaient pas protégée longtemps. Cela n'avait servi à rien. Elle savait depuis un bon mois que, de nouveau, elle était enceinte ! Elle avait audacieusement abusé son mari dès le soir de son retour, en lui faisant croire qu'elle avait ses règles, à l'aide d'un chiffon imbibé de sang de lapin entre les jambes…

Elle n'avait rien dit non plus à Gislebertus quand elle s'était aperçue de son état parce qu'elle voulait être bien sûre avant de lui annoncer cette grossesse compromettante qui les obligerait à prendre des décisions. Elle espérait s'être trompée. Quand s'imposa la certitude, elle hésita encore pour ne pas fausser leur relation. S'ils devaient partir ensemble, ce serait parce qu'ils s'aimaient et non parce qu'ils devaient fuir peureusement devant la dangereuse preuve publique de l'adultère. Elle tergiversait. Elle voulait le préparer à cette décision, prendre elle-même le temps d'imaginer et d'organiser le prétexte d'un voyage qui leur permettrait de se retrouver pour disparaître et recommencer ailleurs une nouvelle vie. Elle attendait de trouver le moment le plus favorable pour lui en parler.

Comme elle avait été naïve! Le retour imprévu de son mari avait tout bouleversé. La belle clarté de ses projets et de ses espérances avait été brouillée, envasée dans le marais des contraintes conjugales. Elle ne distinguait plus de solution. Elle avait cueilli le fruit défendu mais n'avait su le préserver. Elle avait perdu la simple liberté de sortir seule en ville, de prendre divers prétextes pour visiter le chantier et voir Gislebertus. Ses escapades nocturnes presque quotidiennes étaient devenues impossibles. Pourquoi n'avait-elle pas parlé plus explicitement à Gislebertus ? Pourquoi avait-elle gâché, par sa bêtise et sa jalousie, la dernière occasion?

Tandis qu'elle songeait, toujours silencieuse, Bérenger, peut-être pour se donner une contenance, faisait minutieusement le tour des deux salles. Il hésita encore devant le mutisme de son épouse, puis se lança:

« Quelqu'un d'autre a-t-il accès ici ?

— Il n'y a que moi, je te l'ai déjà dit. » rétorqua-telle, sur la défensive.

— Alors c'est toi qui travailles la glaise ici, qui fabriques ces images?

— Ces statuettes pieuses sont ma façon à moi d'honorer et de prier Dieu et ses saintes. D'autres femmes brodent de leurs mains dévotes des chasubles avec des fils d'or ou d'argent, tissent lentement des tapisseries. Moi je modèle humblement. Regarde, voici la Vierge Marie avec son enfant.

— J'avais reconnu. Cela m'agrée, sais-tu ? »

Penchant la tête vers elle, il lui fit un timide sourire conciliant, et se tourna vers la sculpture qu'ils regardèrent, tous deux côte à côte. Et pour la première fois, Ombeline fut reconnaissante à ce maudit mari de ses paroles et de son intérêt inattendus.

Le travail d'Ombeline était empreint d'une grande douceur. C'était un buste de femme tout en courbes. La Vierge ployait son cou délicat avec infiniment de tendresse vers le nouveau-né emmailloté qui reposait dans ses bras en berceau. Son beau visage irradiait d'amour et de sollicitude. Les plis du voile sur ses cheveux s'incurvaient le long du visage et autour des seins gonflés de lait en sillons subtils qui donnaient à l'œuvre toute sa féconde suavité.

« Je ne pensais pas être aussi touché par la simple beauté d'une image de glaise. » murmura le chevalier. Il réfléchit un peu, et poursuivit. « Elle est aussi merveilleusement belle que toi. Tu l'as modelée, je vois, à ta ressemblance. Avec ce petit sourire affectueux …et cependant étrangement un peu triste ! Je crois comprendre: tu as voulu te représenter à travers la Vierge Marie, avec l'évocation de notre enfant que tu as perdu. »

Soudain ému, le soudard mit son bras autour des épaules d'Ombeline. Elle ne se déroba pas, mais il sentit sous le mince vêtement la peau douce se contracter et les muscles se raidir. Comme elle ne disait rien, il s'écarta un peu et poursuivit :

« Hasma, écoute! J'ai vu, moi aussi, la mort de près, en Orient, quand je combattais pour le Saint-Sépulcre, et sur la route trop longue et dangereuse qui me ramenait vers toi. Mon oncle Beroul a été tué à mes côtés. J'ai été éclaboussé de son sang…Il faut que tu saches que je regrette de n'avoir pas été près de toi quand l'enfant est né, et plus encore » – sa voix devint basse et rauque- « quand il est mort. Dorénavant je ne veux plus que nous soyons séparés. Tu m'accompagneras à Tripoli. C'est en Terre Sainte, dans mon nouveau fief de Bordj El Attara que naîtront nos enfants.»

Il avait retrouvé son ton énergique et dominateur. Elle ne répondit pas, mais de nouveau se yeux s'embuèrent et des larmes coulèrent sur ses joues. Bérenger, qui se méprenait sur cette douleur, chercha une diversion en se tournant vers un des angles de la salle :

« Et cette étrange image-ci ? Chouf donc ! Elle est rudement expressive. Quelle histoire raconte-t-elle ? »

La jeune femme, malgré tout, appréciait qu'il montrât un intérêt, peut-être naïf, peut-être circonstanciel, mais pourquoi pas sincère.

— C'est Sainte-Agathe, c'est la patronne des nourrices. Je la priais de toute mon âme quand notre bébé était malade pour que mon lait puisse le guérir… Mais cette sculpture est maladroite, je l'ai modelée au début du printemps, et je ne savais pas encore comment…

— Elle est super, bien que je ne comprenne pas exactement. Il me semble que cela représente une femme qui porte sur un plateau des …des…

— Elle porte ses seins sur un plateau. J'ai traduit l'histoire de son martyre. En effet, le préfet de Sicile, Quinitianus, voulait abuser d'elle. Comme elle résistait, le cruel vicieux avait fait couper ses tendres tétons. Cela s'est passé, il y a plus de mille ans. Mais on sait encore ce qu'elle lui répondit : *Impie, cruel et barbare, n'as tu pas honte de mutiler dans une femme ce que tu as sucé dans ta mère ?*

— Noble réponse » admit le guerrier.

Encouragée, Ombeline, poursuivit:

— Elle porte ses seins à saint Pierre pour qu'il la guérisse par un miracle. Ce que l'apôtre n'a pas manqué de réussir. »

Bérenger, attentif, se fit expliquer ensuite la composition et la légende dorée de sainte Barbe, et de sainte Marie-Madeleine. Il voulut après cela revenir dans la partie atelier. Là, il regarda avec ébahissement le travail d'Ombeline :

— Cette fois quelle était ton intention ? Si je vois bien ce sont …des… rats que tu as représentés. Je n'en discerne pas la signification religieuse… Que voulais-tu exprimer ?»

38. *Où Ombeline se désespère.*

Ombeline réfléchit rapidement. Ce thème des rats n'avait effectivement rien à voir avec la religion. Elle les avait modelés la veille sans idée préconçue, alors qu'elle méditait sur sa vie sans avenir. Son travail trahissait l'angoisse qui la rongeait, cette détérioration de l'amour merveilleux qu'elle partageait avec Gislebertus, jusqu'à ce que le retour inattendu de son époux vienne tout gâcher.

Il lui avait semblé que tout s'effritait, que son bonheur était inexorablement grignoté à belles dents ratières par les tourments récents. Outre les atroces prétentions maritales inopinées de Bérenger, elle devait subir les déceptions répétées que lui infligeait Gislebertus: son refus de la choisir pour figurer Eve ; sa passion trop dévorante pour son travail de sculpteur qui la reléguait, elle, au second plan ; la présence, trop insistante près de lui, de cette diabolique fille peintre pour laquelle il l'oubliait sans doute ; son refus plus grave de l'enlever loin d'ici.

« Eh bien, explique-moi ! » la pressa Bérenger, la ramenant à la réalité immédiate.

— C'est une histoire que me racontait ma mère quand j'étais toute petite. La légende de sainte Gondulphe » inventa Ombeline avec l'aplomb du désespoir. « Elle était enfermée dans une sombre prison où l'avait jetée son mari, un maure impie et cupide qui l'avait dénoncée pour s'emparer de ses biens. Ses seuls visiteurs étaient des souris avec qui elle partageait les miettes du pain noir et sec qui était son unique nourriture. Quand le païen revint dans sa cellule pour la tourmenter, elle pria de toutes ses forces sainte Eulalie qui était vénérée dans son village et qui avait résisté au martyre. Eulalie écouta sa prière : les souris sortirent de leur trou en ordre de bataille pour la protéger. Son tourmenteur se mit à rire et tira sa grande épée pour trancher ces combattants dérisoires. Mais soudainement les souris grandirent démesurément, devinrent des rats énormes qui se jetèrent sur le Sarrasin. Ils le déchirèrent de leurs incisives et rongèrent minutieusement son corps. Tel fut le miracle de sainte Gondulphe. Regarde.» conclut-elle d'un air qu'elle voulait assuré.

Elle prit un peu de glaise encore fraîche laissée sur la sellette, et en un instant bâtit une petite silhouette de femme qu'elle plaça au milieu de ses rats protecteurs devenus monstrueux.

Bérenger était enchanté.

— C'est une belle histoire, Ombeline. »

Il se campa devant elle, la pose avantageuse, ventre plat et larges épaules, la regarda dans les yeux et lui fit son plus charmeur sourire :

« Dans mes souvenirs et dans mes rêves, dans la solitude des soirs de guet, je pensais parfois, je pensais souvent à toi. Mais tu es plus ravissante que dans mes souvenirs. Et je découvre certains aspects de ta personnalité qui me séduisent. J'aime bien les légendes inconnues que tu racontes. J'aime bien que tu ne te contentes pas de la broderie comme les autres nobles femmes. J'aime bien les images pieuses que tu modèles pour la Gloire de Dieu. Je ne te lâcherai plus. Cette fois je vais t'emmener avec moi. Tu verras…

— Tu veux m'emmener où ? » gémit-elle, refusant d'admettre l'impensable.

— Mais, es-tu bouchée ? Je te l'ai déjà dit : en Terre Sainte ! Hasma, écoute! Je repars là-bas. J'ai conquis, à la pointe de l'épée, un beau fief qui n'attend que sa princesse franque. Je me suis aussi associé avec un marchand à qui j'accorde, moyennant juteuses finances, ma protection sur les bateaux et sur la route. Je repars, nous repartons avec lui, dans deux mois à la fin de l'été. L'avenir pour nous n'est pas en Normandie, ni en Bourgogne. La Fortune et la Gloire sont de l'autre côté de la grande eau. »

Ombeline sentit, malgré la chaleur qui montait déjà, alors que la matinée commençait à peine, un grand froid l'envahir. Une sueur glacée coulait dans son dos. Elle devint très pâle et sentit ses jambes défaillir. Elle se laissa tomber sur le prie-Dieu.

Bérenger vit sa pâleur, qui la rendait encore plus délicate, plus raffinée, plus délectable. Comment avait-il pu laisser l'année dernière ce bijou de femme derrière lui ? Il était bien décidé désormais à l'emmener avec lui. Son aristocratique teint de lait, sa haute lignée assoiraient à Tripoli sa respectabilité naissante sur les autres guerriers qui se pavanaient au bras de sarrasines plus noiraudes les unes que les autres.

Ombeline était au bord du désespoir. Devrait-elle partir au-delà de la mer, à l'autre bout du monde, si loin de Gislebertus? Combien elle en voulait au sculpteur qui n'avait pas su sacrifier son travail à son amour ! Quelle pitié !

Elle osa, puisant de l'énergie au fond de son anéantissement :

« Tu ne peux m'emmener là-bas, Bérenger. La Palestine c'est pour les gens qui font un pèlerinage, pas pour nous. Tu y es déjà allé, tu as fait ton devoir de chrétien et de chevalier. Tu ne dois pas faire davantage.

— Tu es bien une femme ! Froussarde comme les autres. Tu parles bêtement, sans savoir ! Il y a d'énormes possibilités là-bas pour se bâtir un empire.

— Mes parents y sont allés. Je n'ai pas de souvenirs de mon père. Mais ma mère, avant de mourir alors que j'étais encore bien petite, me parlait toujours avec terreur de cette Terre Sainte où les combats ne cessent pas. Ce n'était que récits de sang, d'atrocités, d'angoisses…

— Pourtant tu devrais savoir mieux que moi que c'est bien dans le royaume de France et non dans celui de Jérusalem que ton père a été assassiné dès son retour de croisade ! Crois-moi, tu apprécieras la vie là-bas, et je serai auprès de toi pour veiller à ton bien-être »

Il souriait de toutes ses dents, l'air enjôleur, le visage avenant et le corps musclé bien campé sur les jambes, sûr de lui dans la force et l'élan de sa jeunesse aventureuse, de sa supériorité de mâle.

Cependant, comme, effondrée, elle ne disait plus rien, et qu'il sentait ses réticences, son regard se durcit et il adopta brutalement un ton plus acéré:

« De toutes façons, il n'y a pas à discuter. Nous partons demain à l'aube pour les Grelodots où j'ai beaucoup d'affaires à régler et de dispositions à prendre. Nous repasserons à Autun ensuite fin août, début septembre, pour chercher un bateau à Chalon sur Saône d'où nous descendrons le fleuve jusqu'à la mer. Tu n'as que le temps de préparer tes bagages. »

Elle se recroquevilla comme sous une averse de grêle. Il attendit, l'air impérieux, une remarque qui ne vint pas. Assez content de lui, il s'apprêtait à sortir, quand elle se redressa :

— Attends ! Je veux savoir autre chose ! Tu croyais tout à l'heure, dans un cauchemar absurde, que j'étais enfermée ici avec un autre homme, et tu as forcé, comme un sauvage, mon oratoire pour vérifier tes soupçons indignes. Tu as bien vu et constaté que, seule, je me retirais ici pour prier. Tu es rassuré maintenant, j'ose supposer. Mais que comptais-tu faire, dans ta folle démarche, si tu m'avais trouvée …»

Elle rougit, puis laissa une larme couler sur sa joue.

« Si tu m'avais trouvée, ainsi que tu l'imaginais faussement dans ton délire ? »

C'est lui, alors, qui ne disait plus rien. Elle insistait, cependant, gracieuse malgré son désespoir:

« Réponds donc, Bérenger ! Tu me dois, toi aussi, la vérité ! ».

Et elle le titilla jusqu'à ce qu'il répondît enfin, d'un air boudeur:

— Je n'en sais rien. Je n'y avais pas réfléchi. Je me suis précipité à ta recherche parce qu'il m'avait impérativement fallu savoir. »

Il marchait nerveusement dans la petite pièce. Enfin il s'arrêta, et sans la regarder, d'un air qu'il aurait voulu négligent, mais avec une sorte de sourire inquiétant :

« Je n'avais même pas pris le temps de ceindre Jaseuse, ma bonne épée, vois-tu. C'est donc, qu'en réalité, je ne croyais pas vraiment à ton infidélité mais que je voulais simplement me rassurer. »

Il tenta de prendre un air avenant, comprenant confusément que c'était elle qu'il devait rassurer. Cependant elle le regardait toujours avec une intensité qui ne lui permettait plus de se dérober. Le sourire du guerrier se tordit, se fit inquiétant malgré le ton désinvolte qu'il affecta :

« J'aurais fait ce que l'on doit faire lorsque son honneur a été bafoué. Si je t'avais trouvée avec un autre homme : je vous aurais tous deux tués ! »

39. *Où Gislebertus se décide.*

Pendant ce temps-là, un peu plus loin, Gislebertus posait sa râpe. Il se redressa, les mains sur les reins douloureux. Il n'avait plus levé la tête depuis un moment, trop occupé par le polissage des derniers détails. Il réalisa que sa tunique de lin gris entièrement trempée de sueur collait à son dos, comme les mèches de ses cheveux à ses tempes. Il se recula, épuisé mais le cœur joyeux.

Il prit alors conscience de la présence d'Abélard, juste derrière lui.

« J'ai terminé, je crois. Je suis content.» lui cria-t-il. Et, se tournant vers les compagnons, la tête haute, d'une voix triomphante, jetant en avant ses deux poings levés en signe de victoire : « J'ai fini !!! Hier après-midi, j'étais pourtant totalement découragé quand j'ai constaté le sabotage de mon travail par je ne sais quel salaud de crétin. Mais finalement le gougnafier n'avait pas vraiment réussi son coup. Il s'est sans doute servi d'une simple pierre pour tenter de détruire ma sculpture. Mais il n'a fait qu'érafler les volumes. Cela m'a obligé à creuser davantage l'ensemble et à travailler encore plus dur. Au final, j'ai retrouvé toute ma composition. En revanche, si je tenais l'iconoclaste, il passerait un très mauvais quart d'heure. Faut-il avoir l'esprit tordu pour s'amuser à cela !

— Crois-tu que c'était un jeu ? Peut-être quelqu'un a-t-il vraiment voulu saboter ton travail ? Tu as peut-être des ennemis, des envieux, des fanatiques hostiles à la sculpture moderne… Que sais-je ? Je connais tout cela moi aussi avec mes écrits qui ont trop souvent été injustement condamnés et voués au bûcher. »

Certains compagnons étaient venus jeter un œil à son œuvre, et félicitaient le sculpteur. Mais il manquait quelqu'un. Il appela:

— Mélisende ! »

Elle accourut aussitôt, le pinceau à la main. Il lui sourit :

« Tu peux maintenant épousseter soigneusement avec une balayette fine. Ensuite tu peindras la couche d'apprêt, puis fixeras la verroterie dans les yeux. Avec un peu de chance tu auras terminé avant que les clochettes n'indiquent la fin de la journée. Demain matin nous mettrons la pierre en place. File ! »

Mélisende était déjà partie, et activait ses deux aides pour qu'ils approchent le matériel nécessaire.

Gislebertus entraîna Abélard un peu à l'écart pour lui parler tout bas, épaule contre épaule. Il s'exprimait par précaution en latin pour que les ouvriers voisins ne comprennent pas ce qu'ils disaient:

« J'ai une grande nouvelle à t'annoncer. J'ai pris ma décision tout à l'heure tandis que je terminais les finitions. Maintenant que cette sculpture a été menée à bien, je vais tout abandonner pour enlever Ombeline et m'enfuir avec elle très loin d'ici.

— Je suis heureux que ton amour soit assez fort pour t'emporter dans cette folie. Mais tu cours au-devant de graves dangers.

— Je le sais bien. C'est pour cela que j'ai hésité et attendu. Mais avec l'arrivée du mari Croisé, je suis au pied du mur. Il faut que je me détermine, car le temps presse, et il voudra un jour prochain emmener son épouse dans son fief normand des Grelodots, si ce n'est plus loin. J'ai réfléchi en écoutant ta propre histoire douloureuse. Toi aussi, tu as su prendre des risques. Tu en as été, il est vrai, châtié de la façon la plus cruelle et la plus ignominieuse. Mais auparavant tu avais connu un bonheur intense. Et tu es resté digne et grand dans le malheur, tu as surmonté l'épreuve. Je t'admire.

— Peut-être puis-je t'aider ? Je venais te faire mes adieux, car je dois reprendre la route. Mais en t'écoutant, une idée me vient. Depuis quatorze ans ma vie a perdu son sens. Je feins de me satisfaire de ma réputation de dialecticien et de philosophe. Je feins de trouver consolation dans l'amour sublimé que je porte à Héloïse et qu'Héloïse me porte ; cet amour idéalisé maintenant dans tout le monde chrétien. Mais je mens à ceux qui m'écoutent et me lisent. Je me mens à moi-même. Je te le dis, je donnerais ma carrière, ma réputation et mon honneur, pour vivre comme n'importe quel maraud dans la fange, pourvu que la femme que j'aime puisse me prendre dans ses bras. »

Involontairement il avait monté le ton. Il perçut de la part de Gislebertus un geste, qu'il ne sut comment interpréter. Il le retint par le bras et serra de ses doigts minces le triceps musculeux du sculpteur, poursuivant à voix très basse :

« Ecoute-moi bien. Je me sentais inutile et veule, fuyant ma destinée. Voilà que tu viens me parler de ton amour. Cela me trouble et m'émeut plus que de raison. Si je suis, dorénavant, condamné à ne vivre l'amour que par procuration, je suis disposé à faire tout ce qui est en mon pouvoir pour favoriser ta propre folie, ta dangereuse liaison avec Ombeline, ton péché d'adultère.

Aussi écoute-moi attentivement, voici ce que je propose. J'avais prévu de partir demain à l'aube pour Auxerre. Faites en sorte, Ombeline et toi, de m'accompagner ou de me retrouver à la sortie de la ville. J'ai deux bons chevaux. Ce sont de simples bidets rustiques. Mais ils sont infatigables. Leur galop rasant et souple est d'une grande efficacité. Dès que nous ne serons plus en vue des remparts, je vous confierai deux frocs de moine que vous endosserez, vous enfourcherez mes montures et filerez. Le temps que l'on s'aperçoive de votre fuite, vous aurez déjà fait du chemin. Votre tenue n'attirera pas l'attention.

Moi je marcherai tranquillement et discrètement avec mon disciple Eusèbe et le cheval de bât, je ne suis pas pressé. J'ai prévu de rencontrer le pape à Auxerre. J'ai appris qu'il avait quitté Compiègne, il y a peu, pour se rendre dans cette ville. J'y ai un contact où vous laisserez les chevaux et les frocs. Cet ami vous en procurera d'autres. L'essentiel est que vous preniez de l'avance. Je récupérerai mes biens dans quatre jours à Auxerre. Vous, alors, vous pourrez être loin. »

Abélard s'interrompit car un mouvement se produisait un peu plus haut.

« Nous en reparlerons tout à l'heure si tu le veux»

C'était l'évêque Etienne de Bâgé en personne qui venait sur le chantier, accompagné du grand chantre Denis et du chanoine Foulques. Il se dirigea vers le porche en construction, salua Guillaume le bâtisseur, et fit signe à Gislebertus de les rejoindre. Quand ils furent réunis, et qu'il leur eût donné son anneau à baiser, il s'exprima dans un latin châtié :

— On me dit que tu aurais terminé la *Tentation d'Eve ?*

— A l'instant.

— C'est parfait. Je suis content de toi.

— Je suis content de moi aussi. Je n'ai pas mis la semaine, quatre jours en fait, en raison de la coupure lors de la fête de Saint-Pierre, pour sculpter cet énorme bloc. J'ai terminé plus tôt que prévu.»

Et Gislebertus, dans un grand sourire engageant, invita le prélat :

« Mais viens voir. J'ose espérer que tu seras satisfait. »

Cependant Etienne, son ami et protecteur, à sa grande surprise, s'écria :

— Non. Je ne veux pas la voir tant qu'elle ne sera pas en place. Si elle reste posée ici, presque à plat sur son pupitre, l'angle de vision sera faussé. Je veux la découvrir et en ressentir le choc directement, là où elle doit resplendir, à côté d'Adam. »

Et se tournant vers Guillaume et ses hommes, il ordonna :

« Mettez tout de suite cette pierre en place. »

Tous le regardèrent avec étonnement. Gislebertus rétorqua :

_ Ce n'est pas possible. Elle n'a pas encore reçu la couche de peinture d'apprêt. »

Guillaume, le maître bâtisseur, bredouilla:

— Ce n'est pas possible. La journée se termine et… »

L'évêque l'interrompit d'un geste vif, et employant cette fois la langue romane, précisa, un ton plus haut :

— Vous avez encore le temps. La journée n'est pas finie. Je n'ai pas envie d'attendre demain. Je vois du mortier frais ici, et les câbles de la grue sont disponibles. Dépêchez-vous, hissez-moi immédiatement cette pierre à sa place. Je veux la contempler dès ce soir, à côté de l'image d'Adam. Inutile de la peindre. Elle nous parlera très bien ainsi, et peut-être d'autant mieux. »

Guillaume tenta une dernière réticence :

— Ce n'est pas prudent de mettre cette lourde pierre importante, une pièce maîtresse de la décoration, en place dans la précipitation. Nous risquons de la briser dans une fausse manœuvre, pour avoir voulu aller trop vite.

— J'ai toute confiance, mon cher Guillaume, en tes compétences. Je te sais capable de faire hisser cette pierre plus rapidement qu'à l'ordinaire en toute sécurité. Fais donc appel, pour cette tâche prioritaire, à tous les bras qui te seront nécessaires, il n'en manque pas sur le chantier. Gislebertus, le premier, avec son équipe, va collaborer. Au travail, donc, sans plus tergiverser ! Je reviens tout à l'heure pour vous remercier de cet effort supplémentaire que je vous impose en fin de journée. Je ne peux plus attendre et je veux me rendre compte dès ce soir de l'effet que cette image pourra produire sur l'œil des pèlerins. »

Là-dessus, l'évêque tourna les talons, suivi de sa cour, les robes chamarrées vibrant de riches couleurs tranchant sur la poussière blanchâtre du chantier, et les cottes sales et grises des ouvriers.

Grommelant et pestant, Guillaume donna, sans plus tarder, ses instructions, faisant hisser le mortier à dos d'homme par une échelle, tandis qu'il ordonnait d'amener une chèvre[35] mobile munie d'un treuil afin de soulever le bloc et l'approcher au plus près du portail encore béant. Une fois la pierre arrimée, quinze hommes tirèrent ou poussèrent la chèvre jusqu'au plan incliné. Le tripode, avec son fardeau pendu, avait en un instant, sous les poussées vigoureuses, franchi la montée et s'arrêtait sur le parvis. Là, ils accrochèrent à la pierre d'autres câbles reliés à la grue en haut de la muraille.

Gislebertus, très pâle, immobile, planté dramatiquement comme un calvaire à un carrefour, regardait en retenant son souffle. Le plus difficile était fait.

---

[35] Appareil rustique de levage à trois pieds.

Guillaume coordonnait les deux équipes. Il était resté en bas, tandis qu'Euphrone, son second, à plat ventre sur le mur, la tête dans le vide, dirigeait ses hommes, de la voix et du bras précis. Un ouvrier, dans la roue, commença lentement à piétiner pour la faire tourner et tendre avec précaution les câbles.

Cependant déjà la sonnerie des clochettes annonçait la fin des travaux. Il y eut la bousculade habituelle pour ranger les outils dans les loges et quitter le chantier, chacun ayant hâte de retourner à sa famille ou à ses plaisirs. Seuls restèrent ceux qui y étaient obligés par la délicate manœuvre en cours.

Tandis que les uns laissaient filer les cordes de la chèvre, les autres commençaient à hisser la pierre au bout de deux louves d'acier. Le reste n'était plus qu'une formalité. Jan et Norbert amenèrent leur charge dans l'axe et Euphrone commanda avec doigté la pose en douceur à gauche sur le trumeau, et à droite sur le chapiteau de la veuve de Naïm. Un hourra sonore libérateur fut poussé, prélude à la ruée pour quitter les postes de travail.

Venant en sens inverse, accompagné du grand chantre, de plusieurs dignitaires du chapitre, et même de son fou, accourait l'évêque, resplendissant dans sa robe de brocart d'or et d'argent où chatoyaient les derniers rayons du soleil. Derrière eux, l'air fier dans sa robe orientale de soie orangée, marchait Bérenger des Grelodots, tenant en conquérant son épouse par le bras.

Ombeline, de loin, avait cherché Gislebertus dans la foule, et maintenant, les yeux agrandis, ne pouvait, infiniment malheureuse, empoisonnée d'amère jalousie, détacher son regard de la silhouette gracieuse de Mélisende, restée au côté du sculpteur. Les autres arrivants, la tête levée vers le linteau, regardaient Eve.

40. *Qui voit Eve dans sa beauté nue.*

Le Diable a crocheté de ses griffes la plus belle branche de l'Arbre de la Connaissance du Bien et du Mal. Il l'a fait ployer délicatement et se courber vers Eve jusqu'à ce que le fruit le plus beau soit dans son dos à portée de sa main gauche.

Eve, langoureusement couchée dans sa nudité éclatante, l'a senti comme dans un rêve, arrondi, doux et accueillant au bout de ses doigts caressants. Elle s'en saisit comme par inadvertance, sans avoir l'air d'y toucher. Paume et doigts enlacent amoureusement la rotondité moelleuse du fruit, épousent avec gourmandise sa peau satinée.

La main, puis le bras sont devenus le prolongement du fruit défendu. La chevelure fluide se déploie, fait de l'épaule une île, coule autour du visage trompeur. Sous une paupière lourde, les yeux immenses d'intensité semblent rêver, étrangers au geste de la main. Le regard se perd très loin, bien au-delà de l'anecdote, fuyant le bras, la main, le fruit, le Diable, en quête de la Connaissance. La prunelle creusée par le trépan est encore vide, attendant la pâte de verre bleue que Mélisende doit fixer. Mais l'œil déjà vit, frémissant par le simple jeu de l'ombre et de la lumière.

Eve est à l'instant où elle hésite, posée entre deux mondes, à la frontière du Bien et du Mal, à l'aube grise et incertaine de la Connaissance.

La tête, de trois-quarts, marque cette indécision éphémère. Elle n'est ni lourde, ni endormie sur la main en conque que soutient le coude. Elle pèse à peine au bout des doigts dans le voyage im6mobile, la frémissante réflexion qui s'achève.

Le visage est nimbé par les feuilles légères d'un petit arbre qui l'effleurent, s'incurvent comme ironiquement. La tige onduleuse, serpentine, le sépare d'Adam.

Le corps souple et allongé semble au repos, mais n'est déjà plus passivement couché. Il s'est soulevé légèrement dans un élan oblique, en équilibre fragile sur les genoux et un coude. Il amorce une torsion qui décolle le visage de la paume droite et tourne dans son dos le poignet gauche pour détacher le fruit.

Ce simple mouvement, dans son insignifiante apparence, suffira à déclencher le passage d'un monde à l'autre, tel que l'a inscrit dans la pierre le sculpteur.

Le corps tendrement élancé de la première pécheresse, dans sa nudité originelle à peine voilée par un rameau frémissant, ondule doucement, animé d'une sensualité suave, dans la jubilation secrète, dans le bonheur encore quiet de la transgression assumée…

En bas, sur le parvis, les yeux levés, troublés, beaucoup sentaient que Gislebertus leur avait donné à voir un véritable chef-d'œuvre. L'évêque, quand il eut bien tout admiré à satiété, baissa le regard pour chercher l'artiste. Il mit sa main sur l'épaule du sculpteur pour lui faire part de tout son contentement. Plusieurs notables alentour applaudirent alors brièvement.

Le courtaud archidiacre Girart, engoncé dans sa *dalmatique*[36] orangée plissée, le visage glabre horrifié, rouge jusqu'au sommet de la tonsure, éleva la voix pour trouver à redire. Il n'avait jamais apprécié le choix de ce thème de la tentation traité sur le linteau dans ce porche consacré à la gloire de Saint-Lazare. Ce qu'il venait de découvrir ici lui donnait raison. Ces deux figures nues d'Adam et Eve, qui semblaient magnifier le péché, étaient - il n'hésitait pas à le proclamer - scandaleuses.

Comme l'évêque, hautain et méprisant, se gardait de répondre, le gros chanoine Foulques, rondouillard et suant, de larges taches sous les aisselles assombrissant la riche soie délicate de sa robe vert tendre et lilas clair, approuva au contraire à très haute voix, à la satisfaction d'Etienne de Bâgé.

— Je suis persuadé que ces images de pierre contribueront pour beaucoup à la sérénité et au bonheur des pèlerins qui ne manqueront pas de se presser nombreux, pour obtenir guérison miraculeuse ou pardon de leurs péchés, en approchant cette basilique dévolue aux saintes reliques de Lazare. Tant de grandeur sacrée dans ce nouveau bâtiment en construction, tant de faste dans nos cérémonies et nos liturgies, tant de merveilleuses histoires racontées, avec quel talent, sur les chapiteaux et ce tympan, les inciteront à glorifier Dieu… et à laisser ici de riches offrandes.

— Mais avant tout à craindre Dieu » tenta de tonner, entre ses dents manquantes, l'archiprêtre Abbon !!

L'évêque Etienne sourit doucement.

— Certes. »

Le Grand Chantre Denis s'échauffait :

— La seule vue de tant de beauté saura réjouir leur cœur pour la journée entière. Celui qui sera venu ici triste ou découragé s'en ira heureux et consolé.

---

36 Vêtement religieux

— Fasse Dieu surtout que celui qui sera venu ici souffrant soit guéri de ses péchés et de son mal.

— C'est de Dieu seul, dont la lumière irradie, que vient toute beauté. »

L'archidiacre Girart ne put s'empêcher de faire encore remarquer d'une voix aigre:

— Je persiste à penser que cette luxurieuse chevelure déployée ne devrait pas… »

Percevant un mouvement d'impatience du côté de l'évêque, il se tut provisoirement. Cependant le chanoine Didier, au corps émacié et aux yeux sombres exaltés, affirma d'une voix suave :

— Je trouve que cette *Tentation d'Eve* exprime bien, et de façon terrifiante, la dangerosité de la femme qui par ses charmes hypocrites conduit les hommes à leur perte. Sa proximité avec le Diable est ici nettement soulignée. Cela amènera, je l'espère, les fidèles à craindre le péché, l'approche dégradante des femelles à la perversité native, et les incitera pieusement à résister à la souillure sexuelle. »

Personne ne contredit Didier l'avorton. Cependant le grand chantre haussa ses larges épaules qui dominaient la foule. Seul, Ambert-Bouffi, contrefaisant sa voix, s'amusa :

— Regardez le puceau ! Il est rouge comme un gratte-cul! »

L'archidiacre Girart s'empressa de reprendre la parole d'un ton plus cauteleux :

— Je serai peut-être plus sensible à ces travaux dans la pierre quand les couleurs auront été peintes. Il est difficile de se rendre compte de l'aspect d'ensemble, avec une partie gauche du linteau enduite d'ocre, et l'autre restée dans la brutalité rustique de la roche. »

Le grand chantre Denis allait intervenir, quand il fut précédé par le chanoine Gengoulph, qui tenait, semblait-il, à contredire l'archidiacre. C'était un homme de haute taille, au nez en bec d'aigle, à l'allure énergique, vêtu sans ostentation particulière. Il faisait partie des plus riches bénéficiaires du Chapitre, mais aussi des moins assidus aux charges et activités communautaires.

— Telle qu'elle est, sans aucune trace de couleur, je trouve cette partie du linteau déjà très impressionnante et expressive. J'apprécie ce que tu nommes brutalité et que moi j'appelle force. Cette sculpture de pierre se suffit à elle-même. Je ne suis même pas sûr que des ajouts de peinture ou des incrustations de verroteries puissent encore sublimer le travail de Gislebertus. »

Le sculpteur aurait volontiers approuvé l'opinion de Gengoulph. Il pensait, quant à lui, avoir déjà tout exprimé. Il n'avait rien contre la peinture, mais elle modifiait sensiblement son œuvre qu'il aurait souhaité conserver telle quelle, dans sa nudité primitive. Il aimait le grain de la pierre dont il savait exploiter toutes les richesses. Mais il était bien forcé d'accepter le cahier des charges que ses commanditaires lui avaient imposé, avec l'obligation de la couleur. C'était aussi, il le savait car ils en avaient discuté maintes fois, l'avis de son ami le grand chantre Denis, qui devait comme lui se plier aux canons de la mode décorative. Ils n'étaient donc pas seuls à le penser, puisque ce chanoine Gengoulph, qu'il connaissait à peine, assez peu mêlé d'ordinaire aux affaires du chantier, abondait officiellement dans leur sens. Gislebertus s'en réjouissait secrètement bien que cela ne changeât pas grand-chose.

Abélard ne put s'empêcher de faire en latin un de ces jeux de mots intraduisibles qu'il affectionnait:

« *Ex forma dicit esse formosum* ». Voyant qu'il avait, en homme habitué à être écouté, attiré l'attention admirative des clercs, le théologien poursuivit : « Saint Basile dans son Hexaméron, où il commente la Genèse et explique la Création, estime que c'est de l'harmonie des éléments que nait la beauté. Je pense que, dans le travail de Gislebertus, l'accord merveilleux des proportions, lié à l'attrait de la couleur, est précisément ce critère de beauté. »

Cependant le chevalier Bérenger, qui essayait avec difficulté de suivre cette discussion en latin, s'était avancé au premier rang et, voulant qu'on le remarque, questionnait en français:

— Qu'avez-vous prévu, justement, pour les couleurs principales ? »

Etienne de Bâgé, qui avait suscité et dirigé le programme, sur le point de répondre, regarda le sculpteur pour lui laisser plutôt ce soin. Mais Gislebertus, jusque-là tout occupé qu'il était à examiner son œuvre in situ, venait de découvrir Ombeline, derrière son mari. Il fut brusquement saisi. Comme si un coup de chaleur l'oppressait soudain et le laissait sans voix…

41. *Qui se colore d'angoisse.*

Il y eut un bref instant de silence que le timbre cristallin de Mélisende dissipa. Sauf Gislebertus et Ombeline, qui ne pouvaient plus se quitter des yeux, tout le monde se tourna vers elle. On ne s'attendait pas à ce que cette toute jeune fille effrontée prît la parole :

« Adam et Eve seront d'une teinte claire, mélange de blanc et d'un peu d'ocre jaune, avec, comme il se doit, des nuances légèrement plus foncées pour Adam. J'incrusterai dans les alvéoles que Gislebertus (et sa voix intrépide se fit caressante quand elle prononça le nom) a creusées au centre des yeux, des prunelles en pâte de verre d'un bleu tendre et transparent pour Elle, d'un vert légèrement turquoise limpide pour Lui. Je soulignerai les volumes par des ombres légères ou des rehauts pâles et redessinerai tous les détails, en particulier toutes les lignes du visage et des mains, de traits noirs très fins, pour accuser la forme. Mon pinceau se fera aussi léger pour souligner la blondeur dorée de l'ondoyante chevelure de la Première Femme et celle, plus sage, à peine plus ambrée, du Premier Homme. Les fonds, entre les feuillages, seront d'un brun rouge assourdi qui fera, par contraste, ressortir les corps. Plusieurs verts seront employés pour la végétation, et des variétés d'ocre jaune pour les animaux. Les fruits de l'arbre de la Connaissance seront de la même teinte dorée que la chevelure d'Eve. Quant au Diable, il sera, bien entendu, d'un rouge éclatant rehaussé de noir ; ses griffes et ses sabots noirs ; ses prunelles ardentes seront aussi incrustées de pâte de verre aux éclats rouges, et ses dents avides, du blanc le plus séducteur. »

Tous - sauf les deux amants séparés - regardaient avec étonnement la jeune fille, stupéfaits de son culot et de son assurance. Si les uns étaient scandalisés que cette pucelle osât prendre la parole sans y avoir été invitée, d'autres étaient plus admiratifs. Mais aucun, même chez ces hommes endurcis à négliger les femmes et à pratiquer pour certains la plus absolue chasteté, n'était insensible au charme insolite de l'oratrice. Emportée par sa passion et sa fougue juvéniles, Mélisende, les yeux brillants, les pommettes rouges, un bras nu souplement levé, le cou délicat, élancé, délicieusement ployé en arrière, n'avait jamais été aussi gracieuse.

Ombeline, à la beauté beaucoup plus classique, très élégante dans sa robe lumineuse sertie de pierreries qui mettait en valeur sa gorge plus épanouie et ses jambes plus longues, ne regardait pas sa rivale, toute occupée à s'emplir de l'image encore présente de Gislebertus. Mais elle sentait confusément avec dépit la convergence de tous les autres vers cette petite mal fagotée.

Seul, son Gislebertus consentait à la regarder, elle ! Sans doute n'osait-il pas comme les autres, en sa présence, se tourner carrément vers cette enjôleuse. Ce n'était qu'un hypocrite, elle le savait bien. Elle lui en voulait et s'efforçait de le détester. N'avait-il pas rejeté ses demandes? Par rétorsion elle refusait de contempler avec les autres, sur le linteau du porche, à la place où elle aurait tant voulu qu'il l'immortalisât, la sculpture qui représentait dans la pierre, une autre femme, sans doute cette petite péronnelle qu'il faisait maintenant semblant d'ignorer. Elle ne lui ferait pas le plaisir d'admirer cette trahison lapidaire. Elle ne lui donnerait pas cette dernière satisfaction, même si elle était brûlante de curiosité.

Ombeline percevait bien les signaux que les yeux affolés de son amant voulaient impérativement faire passer à travers la foule des courtisans. Mais elle ne savait pas ou ne savait plus les lire, elle ne le comprenait pas ou ne voulait plus se donner le mal de le comprendre, toute à sa douleur, obnubilée par le regret de ce qui aurait pu être et ne serait plus jamais. Il était trop tard. Il aurait le temps quand elle serait partie, de méditer sur son erreur, sur son incapacité à laisser une trace tangible de leur amour, sur son refus de s'enfuir avec elle quand cela avait été encore possible.

Gislebertus la regardait, éperdu d'espoir au contraire. Il avait terminé cette sculpture délicate qui avait absorbé toute son énergie. Il savait qu'il avait accompli ces derniers jours une œuvre forte. Il pouvait maintenant se permettre de songer à son bonheur, à son amour, à commencer ailleurs, loin d'ici, une autre vie avec Ombeline.

Ils pourraient partir le lendemain même, à l'aube, en profitant des chevaux d'Abélard. Ils ne sauraient emporter de bagages qui attireraient l'attention, et qui, d'ailleurs, les retarderaient. Mais c'était sans importance. Il avait gagné de quoi remplir une bourse assez confortable qui leur permettrait de subsister le temps de disparaître. Ils pourraient, à Auxerre, se mêler, sans se faire remarquer, aux nombreux étrangers supposés accompagner la cour papale, puis, le bourdon -le bâton de Moïse caractéristique des pèlerins- à la main, rejoindre anonymement le flot des fidèles qui descendaient vers Compostelle, changer bientôt de direction, encore et encore pour être bien sûrs que l'on ne puisse retrouver leur trace. Car si on les rattrapait, il savait bien qu'elle serait, selon la coutume, jugée par la cour seigneuriale de son mari et par sa parentèle : elle serait forcément convaincue d'infidélité et sans doute condamnée à être brûlée vive. Quant à lui, pauvre sculpteur d'images de pierre, son sort terrifiant serait aussi scellé.

Mais il avait bien l'intention, puisqu'elle le voulait également, de s'installer avec elle sous une nouvelle identité, sur le chantier lointain d'une nouvelle église ou cathédrale, au Pays de Galles, de l'autre côté de la mer, ou au contraire aux confins de l'Empire chez les Saxons, là où nul n'avait entendu parler d'eux.

Il regardait donc Ombeline avec une intensité suppliante. Il essayait désespérément de lui faire comprendre qu'il s'était décidé, et qu'il était nécessaire qu'ils puissent se concerter d'urgence. Oublieux de ce qui se passait autour de lui, il guettait le moment ou l'occasion de lui parler. Il n'avait pas même remarqué que Mélisende, après sa tirade, était partie confuse en courant, décontenancée peut-être par tous ces gens importants qui la regardaient étonnés, vexée que le sculpteur n'ait prêté aucune attention à sa prestation ni à ses propos.

Perdu dans la steppe mordorée des yeux d'Ombeline, il fut douloureusement surpris, quand le chevalier Bérenger, se retournant vers son épouse, la prit fermement par le bras pour se présenter avec elle devant l'évêque, s'exprimant d'une voix solennelle :

« Monseigneur, mes chers amis, nous vous cherchions, mon épouse Ombeline et moi, pour vous faire nos adieux. Nous partons, en effet, pour mes terres des Grelodots demain matin à la première heure. J'ai beaucoup d'affaires à régler car je souhaite retourner en Terre Sainte à l'automne pour m'y installer avec ma famille et mes gens auprès du tombeau du Christ. J'ai été très heureux de cette petite semaine passée dans votre cité épiscopale. Nous y ferons halte de nouveau en repartant pour saluer la comtesse Ermentrude et vous demander votre bénédiction. »

Ils baisèrent tous deux l'anneau d'améthyste que leur tendait l'évêque. Et avant que Gislebertus, comme assommé, ait eu le temps de réagir, ils étaient déjà partis. Le mari, brisant la fragile passerelle du regard qui la reliait encore au sculpteur, avait tiré brusquement Ombeline. Elle ne s'était permis le moindre coup d'œil en arrière, tandis que le couple s'éloignait et qu'elle devait trottiner pour suivre les pas martiaux du chevalier Bérenger qui lui serrait le coude. Gislebertus avait eu envie de hurler pour les arrêter, puis courir à leur suite, mais il était resté pétrifié. Anéanti.

Déjà, le petit groupe, qui avait admiré le linteau, se disloquait. Chacun avait salué ou accompagné l'évêque. Chacun rentrait en hâte pour le trop attendu repas du soir au réfectoire ou à la maison.

Une dernière bande bruyante de joyeux drilles s'était regroupée pour se rendre aux étuves et était descendue vers la porte châtelaine. Il n'y avait en effet –ordre de l'évêque- aucune taverne, aucun cabaret, et surtout aucune étuve dans l'enceinte de la ville haute. A Autun, comme partout, ces bains publics étaient ouverts aux femmes comme aux hommes. Ils avaient en cette ville assez mauvaise réputation et étaient en conséquence interdits dans tout l'enclos épiscopal et canonial. Ces étuves étaient donc situées à l'extérieur du rempart, tout près des passages obligés des portes. Avec la clientèle du chantier, hommes loin de leur foyer et débordant de vitalité ... ce type de commerce était florissant.

Il ne restait plus sur le chantier avec Gislebertus que Denis et Abélard. Le philosophe avait été invité pour le dernier soir à diner dans la famille de Denis. Cependant les deux hommes voyaient que le sculpteur n'était pas dans son état normal. Aussi le grand chantre, qui devinait bien des choses, lui proposa-t-il de les accompagner, à la fortune du pot. Mais Gislebertus refusa d'un geste las. Abélard, qui avait compris en entendant Bérenger parler, demanda la permission à Denis de rester encore un peu avec le sculpteur. Il le rejoindrait sans tarder. Il fit asseoir avec sollicitude, sur une pierre taillée destinée aux voussures, son ami qui, hébété, murmurait:

« Ce n'est pas possible, ce n'est pas possible... ».

Abélard se crut autorisé à intervenir :

— Tout n'est sans doute pas perdu ! J'ai vu comme elle te regardait tout à l'heure. Cela ne peut me tromper. Bien qu'elle ait paru, comme toi, hors d'elle-même, c'était clair. C'était le regard d'une amoureuse, cela crevait les yeux ! »

Il se pencha sur le sculpteur : « Avez-vous convenu, Ombeline et toi, de quelque arrangement ? » Comme Gislebertus ne réagissait pas, il insista: « As-tu un moyen d'entrer en communication avec elle ? Vous pouvez encore vous enfuir tout à l'heure et duper son mari en profitant du désordre de l'aube et des préparatifs de départ pour le précéder et disparaître. » Tout en parlant, Abélard pensait: « Dieu veuille me pardonner ces propos ! » Il poursuivit pourtant à voix haute:

« Ma proposition de te prêter mes chevaux tient toujours. Au cas où vous viendriez, je vous attendrai au-delà de la porte d'Arroux. »

Gislebertus ne réagissait toujours pas. Au fond de lui le sculpteur avait compris qu'Ombeline lui échappait. Abélard le secoua :

« Ne te laisse pas aller. Tu as toute la nuit pour t'organiser. Tu trouveras le moyen de faire passer le message à ta bien-aimée.

_ Ce n'est pas si simple. C'est toujours elle qui venait à moi. Je n'entrais jamais dans le palais d'Ermentrude.»

42. *Jusqu'au bout de la nuit cruelle.*

La nuit était épouvantable.

Tout à l'heure pourtant Gislebertus était heureux, il venait de mettre en place sa plus belle sculpture et envisageait un nouvel avenir, une nouvelle vie loin de cette ville avec celle qu'il aimait.

Tout s'était effondré. Il était rentré chez lui, repoussant les invites de ses compagnons. Assis sur sa paillasse, il était resté prostré, la tête entre les mains, totalement hébété, comme anéanti... Un mouvement de révolte le saisit. Il eut envie de réagir, de ne pas rester là, pantelant... Il se dressa, farouche ... et dérisoire.

Il se dirigea vers le palais d'Ermentrude, espérant sinon voir Ombeline et lui faire signe, du moins trouver sa fidèle Radegonde, ou à la rigueur Mathilde, ou une autre servante encore pour laisser un message d'apparence anodine à la jeune femme qui comprendrait. Il fallait absolument qu'il la contacte, qu'il puisse la voir, lui parler, lui expliquer, lui proposer de s'enfuir dès cette nuit, tous deux, sur les chevaux salvateurs prêtés par Abélard.

Les vantaux de la porte charretière étaient malheureusement clos. On percevait les échos d'une grande agitation dans la cour. Le sculpteur hésita. Il osa enfin frapper. Il entendit des pas de l'autre côté. Quelqu'un l'avait entendu et venait. Le portillon s'entrebâilla. Mais c'est la trogne renfrognée d'un des hommes d'armes de Bérenger qui apparut, regardant avec dédain la tenue couverte de poussière blanche, les cheveux poudrés et le visage crayeux du sculpteur. Gislebertus, décontenancé, tarda à parler. Déjà le soudard, grommelant un juron indistinct, avait refermé.

Dépité, il se promit de repasser tout à l'heure, et il décida d'aller voir son fils à l'infirmerie du chapitre. Là aussi la porte était close.

Mais Gislebertus connaissait le garde qui lui fit la faveur de le laisser passer en lui précisant d'être bref. On entendait, assourdie, la rumeur des conversations au réfectoire des chanoines. Il traversa la cour. L'infirmerie était ouverte, il s'y glissa. Les trois occupants dormaient déjà. Le vieux serviteur délabré qui partageait, tête-bêche, son lit avec Germain, n'était plus là. Gislebertus s'assit sur le bord de la paillasse de l'enfant qui somnolait, et se réveilla, surpris mais si heureux. Tout de suite, le petit annonça que le frère médecin trouvait qu'il allait mieux, et avait envisagé qu'il puisse sortir rejoindre ses camarades dans deux ou trois jours. Cependant le sculpteur lui trouvait vraiment petite mine, et il était encore fiévreux. Pourtant l'enfant avait envie de s'amuser. Gislebertus tenta de rire avec le garçon malgré les protestations du gros chanoine malade que le bruit dérangeait. Mais son esprit était tiraillé. Si jamais il réussissait à partir avec Ombeline à l'aube, il risquait de ne plus revoir son fils. Certes, Germain appartenait à l'Eglise. Il avait été, par privilège, confié à la Maîtrise qui avait accepté de l'éduquer avec les rejetons de la noblesse. Il ne souffrirait jamais de la faim les années de disette, et à entendre le grand chantre dont il était le protégé, une belle carrière ecclésiastique lui était promise.

Cependant Gislebertus ne s'était résolu à cette disposition qu'à regret. Le veuf n'avait jamais voulu se remarier. Il avait d'abord confié le bébé à une nourrice qu'il payait grassement. Puis, pour les six ans du petit, il s'était rangé à la proposition de l'évêque et du grand chantre. Jusqu'à présent il avait toujours pu voir l'enfant régulièrement. Il pouvait presque chaque semaine, grâce à Denis qui veillait particulièrement sur son élève préféré, bénéficier de passe-droits pour le retrouver et parfois même pour le sortir. Jamais, jusqu'à ce jour, il n'avait envisagé de vivre loin de lui, pour fuir comme un animal traqué.

Vaincu par l'accumulation des émotions de cette journée, épuisé physiquement et moralement, il se mit à pleurer. Germain n'avait jamais vu son grand costaud de père, ainsi. Sans comprendre, effrayé, il se mit à pleurer aussi, à gros sanglots. Le chanoine goutteux protesta de plus belle et cria qu'on le laissât dormir. Gislebertus prit dans ses bras le petit pour le calmer et, à voix basse, lui raconta une histoire de dragons et de fées comme il aimait. Germain, rassuré, ferma les yeux et se laissa tout doucement glisser dans le sommeil.

Une fois dans la rue, Gislebertus marcha un peu pour tenter de se décontracter. La nuit était tombée. Plus bas, à la porte châtelaine, on descendait bruyamment la lourde herse. Deux traînards remontaient en hâte: un chanoine silencieux, le chaperon baissé, qui évita de se faire reconnaître, et un avorton ivre, puant le vomi, qui le bouscula presque. Gislebertus revint rôder vers le palais d'Ermentrude. Trois hommes d'armes étaient accroupis devant l'entrée autour d'un cruchon de vin. Des lueurs de torches et de lampes par-dessus le mur d'enceinte indiquaient une agitation inhabituelle. Il aperçut à l'étage, en ombres déformées derrière le parchemin huilé des fenêtres étroites, les silhouettes indistinctes d'hommes d'armes ou de servantes. Mais il ne discernait pas sa bien- aimée derrière l'embrasure où elle se tenait parfois.

Les trois buveurs, eux, avaient remarqué l'intrus. Ils se redressèrent silencieusement, d'un air hostile. Gislebertus décida d'avancer résolument. Le soudard, qui avait refermé le portillon tout à l'heure, pointa, dans un geste d'ivrogne, son épieu sur le sculpteur. Gislebertus saisit l'arme à pleine main pour la repousser. Dans l'état d'énervement où il était, il eut une envie folle de frapper celui qui osait le menacer. Il était prêt à la bagarre. Mais les trois, qui buvaient sans doute en cachette de leur maître, n'avaient pas envie d'attirer l'attention. Gislebertus se reprit à temps. Lui non plus n'avait pas intérêt au scandale. Il tenta d'amadouer ces hommes d'un sourire, et de leur demander…Mais, menaçants, ils lui intimèrent à voix basse, dans un patois inconnu mais très explicite, de passer au large. Le sculpteur rentra chez lui ; la nuit était encore longue.

Désemparé, il tourna la clef. La pièce était calme. Mais l'autre porte, qui donnait au fond sur le petit atelier et le jardin, était ouverte. Etonné, le cœur serré, le front et les tempes humides, il se rendit compte que quelqu'un était venu. Ce ne pouvait être qu'Elle !! Elle avait l'habitude, pour le rejoindre le soir, quand son mari était encore au loin, de passer toujours discrètement par les jardins, sur l'arrière.

Elle était donc venue… puis repartie tandis qu'il était dehors ! Il maudit sa propre bêtise. Tandis qu'il perdait son temps au portail du palais, elle était ici, chez lui ! Il chercha fébrilement quelque message. Il n'y en avait pas : la tablette recouverte de cire qui servait pour ses esquisses était parfaitement lissc. Mais soudain il vit là, sur la tête de son lit, un bracelet niellé d'argent qu'il connaissait bien!! C'était le jonc qu'il avait ciselé amoureusement pour Ombeline, et qu'elle lui rendait.

Il avait compris alors que c'en était fini de leur liaison. Une rage l'avait saisi devant le malentendu qui les avait séparés, devant son absence de jugement qui l'avait empêché de voir clair en temps voulu, devant l'absurdité qui l'avait mené hors de son logis alors que sans doute elle avait pris tout à l'heure des risques énormes pour échapper à la vigilance de son mari et venir chez lui.

La sonnerie du couvre-feu le tira de sa prostration. Il fallait continuer à essayer d'agir, de trouver un moyen. Il eut l'idée de prendre le même chemin qu'Ombeline. Il ne l'avait jamais utilisé, et ne savait exactement par où elle passait. Mais, si elle avait pu le faire, pourquoi pas lui ? Empli d'un nouvel espoir, il sortit dans la courette, grimpa, comme Ombeline, sur les pierres disposées contre le mur du jardin. Il franchit aisément le faîte, mais au lieu de s'accrocher à l'arbre mort pour descendre, il préféra sauter. Il se reçut souplement, mais le bruit de sa chute sur le sol sec déclencha, comme en écho, une agitation sur le chemin de ronde. Il n'y prêta pas attention. Il se trouvait dans une friche, envahie de ronces et de mauvaises herbes. Il devina, tâtonnant dans l'obscurité, non sans se piquer aux orties, la trace de passages qui serpentaient. Il traversa jusqu'au mur d'en face. Ombeline lui avait parlé d'une porte basse. Il longea sur sa droite pour aboutir, presqu'au pied du rempart, dans un massif urticant impénétrable. Ce n'était donc pas la bonne direction. Il revint sur ses pas, continua à suivre le mur, et atteignit la porte. Elle s'ouvrait, il fallait en remercier le ciel. Il traversa ensuite un verger, ému de mettre ses pas dans ceux d'Ombeline. Il voulait se persuader qu'il réussirait à la rejoindre, qu'il saurait se faufiler pour la trouver, ou trouver une personne amie qui la préviendrait. Il l'enlèverait à la barbe du chevalier. Devant lui une masse sombre indiquait les murs et le toit du palais. Il était tout proche. Il repéra la porte du cellier dont lui parlait Ombeline. Il se précipita. Mais elle était hermétiquement close. Il n'y avait pas même de serrure qu'il aurait pu crocheter. Elle devait être fermée de l'intérieur par un verrou, ou une barre…

Il regarda autour de lui. Il n'y avait pas d'autre passage. Le mur en face, comme celui de gauche, était aveugle.

Anéanti, il comprenait l'inanité et l'absurdité de sa démarche. Il fallait retourner. Il revint donc sur ses pas, traversa le verger, se courba pour franchir la porte basse, pénétra dans la friche.

« Halte ! Pas un pas de plus ! »

Surpris, Gislebertus tourna la tête. Il y avait effectivement des ombres menaçantes là-haut, sur le chemin de ronde. Le guet !! Il ne manquait plus que ça.

« Ne bouge pas. Nous avons deux flèches dirigées contre toi, prêtes à te transpercer la panse. »

Le sculpteur fit front.

— Arrêtez vos conneries ! C'est moi, Gislebertus.

— Gislebertus ! Je m'y attendais. »

Le sculpteur reconnut la voix de Gombaud, le sergent.

« Mets les mains sur la tête et ne bouge pas. Je vais faire descendre un de mes hommes, qui va t'attacher. Tu es mon prisonnier: tu as enfreint le couvre-feu et nous te surprenons à rôder comme un hors-la-loi dans la propriété d'autrui. »

Toutes les tensions, toutes les angoisses de cette nuit se muèrent en colère. Gislebertus était au-delà de la crainte, il n'avait plus rien à perdre.

— Personne ne me fera prisonnier ! Fiche-moi la paix, Gombaud. J'ai simplement cru voir quelque chose, peut-être le chat roux, par-dessus le mur de mon jardin, et je suis allé vérifier. Maintenant je rentre chez moi. »

Il fit un pas, mais une flèche vint se planter dans le sol, non loin.

— Je t'ai dit de rester en place, canaille ! La prochaine flèche va te trouer le bide. La nuit n'est pas assez sombre pour qu'on te loupe.

— Ne fais pas l'idiot, Gombaud. Nous en reparlerons demain devant l'évêque, si tu veux. Tu sais où me trouver. Mais ne t'avise pas de me traiter encore une fois de canaille. Je te ferai rentrer le mot dans la gorge. Je te répète que je cherche simplement à protéger ma demeure. Mon fils Germain a été blessé chez moi par un rôdeur, il y a deux jours. Il est à l'infirmerie du chapitre, tu dois le savoir…Maintenant, je rentre chez moi. Fais tirer tes archers si tu veux. C'est toi qui devras t'expliquer devant l'évêque. »

Gombaud hésita un instant. Il brûlait d'envie de donner l'ordre de tir. Il n'oubliait pas les rebuffades d'Ombeline. C'est elle qu'il avait espéré surprendre et qu'il guettait depuis plusieurs soirs. Il rêvait de se retrouver en position de force vis à vis de la belle qui aurait été obligée de le supplier. Quel délice en perspective ! Au lieu de cela, c'était ce minable tailleur de pierre qui venait se fourrer dans ses pattes…

— Tu peux me tuer si tu veux. Vas-y, lance ta flèche » provoqua Gislebertus !

Il commença à marcher doucement tout droit à travers les ronces et les orties. Il atteignit le mur mitoyen, s'aida de l'arbre mort pour se hisser et redescendit dans son petit jardin. Il faisait en contrebas une cible facile pour les archers juchés sur le chemin de ronde. Mais les miliciens qui le connaissaient n'avaient pas envie de le blesser. Gombaud avait arraché l'arc d'un indécis et d'une main ferme, dardait la flèche vers le dos du sculpteur. Pourtant, frissonnant de rage et d'humiliation, il relâcha son mouvement: c'était trop tard. Le tailleur de pierre était un protégé de l'évêque à qui il serait difficile d'expliquer qu'on avait tué Gislebertus dans son propre jardin.

— C'est bon pour cette fois. Tu ne l'emporteras pas au paradis. Prie le ciel de ne pas te retrouver en mauvaise posture face à moi. »

Gislebertus haussa les épaules et rentra dans la maison.

Un peu plus tard, il prit le risque de ressortir dans la rue pour rejoindre le palais où Ombeline était retenue. Tout était devenu calme, tout s'était éteint avec la sonnerie du couvre-feu. Seul le braiement à répétition d'un âne excité perturbait le silence. Gislebertus s'était posté dans le petit clos du cimetière des chanoines, en face. Adossé à une stèle blanche baignée par la triste et blême lueur de la lune, il était très visible. Si Ombeline n'avait pas encore été couchée ou si elle s'était relevée pour regarder dehors, elle n'aurait pu manquer de le remarquer.

Deux fois déjà, la patrouille du guet était passée et l'avait obligé à se coucher à l'ombre d'une tombe. Il ne craignait pas les hommes, mais il était à la merci, à cette heure de la nuit, des pièges tendus par les esprits des morts ou par les diables. Livré aux ténèbres, à l'inconnu, tout en fixant la fenêtre d'Ombeline, il cherchait à apprivoiser les forces obscures, à comprendre les frôlements, les plaintes du vent, les glissements de l'ombre. Pourtant il ne redoutait qu'une chose : le départ annoncé de son amie.

Il avait entendu sonner complies, il entendit sonner matines. Il avait fini par rentrer chez lui passer le reste étriqué de la nuit, assis, prostré, la tête dans la main, ou bien tournant dans sa chambre comme un ours blessé, à ruminer son désespoir, à culpabiliser devant sa bêtise, à ressasser les maladresses, les inattentions, les négligences avec lesquelles il avait traité sa douce Ombeline. Que n'avait-il plus tôt tenté de quitter secrètement la ville avec elle ?

Peu avant l'aube, alors qu'enfin un peu de fraîcheur baignait la nuit, il se glissa de nouveau dehors. Un coq tout proche chantait avec conviction ; d'autres lui répondaient sur tout le tertre du château. Des bruits divers attestaient du réveil des habitants. Des portes s'ouvraient furtivement, des bras nus jetaient dans les ruelles poussiéreuses le contenu des pots de chambre. Des cochons grognaient dans une porcherie. Des appels et des rires fusaient.

Gislebertus se tenait courbé en frissonnant, au bord de la chaussée, en haut du chantier, point de passage obligé.

Bien vite le pas de trois chevaux résonna sur le pavé. Abélard et Eusèbe étaient apparus les premiers, hautes silhouettes grises dans l'aube brumeuse. Le clerc, aussi, avait mal dormi. Il ne tenait pas en place et avait bousculé les garçons d'écurie de l'évêque pour partir dès que possible. Il voulait espérer qu'Ombeline et Gislebertus l'attendraient. Il aurait tant aimé contribuer à leur fuite, à favoriser cet amour entravé. Quand il vit, au coin de la ruelle, l'image décomposée du sculpteur replié sur lui-même, désespérément seul, il frissonna lui aussi. Il sauta de cheval, et posa doucement la main sur l'épaule de son ami. Abélard le dialecticien, qui parlait d'ordinaire si habilement, n'avait rien trouvé à formuler. Gislebertus lui savait gré de son silence.

Ils descendirent à pas incertains le long du chantier, épaule contre épaule. Eusèbe, le disciple discret, tenait les trois chevaux par la bride. Ils s'arrêtèrent devant le porche de la basilique, face à la *Tentation d'Eve.* Les premiers rayons du jour venaient caresser le haut de la façade en construction…Ils attendirent. Plus bas, à grand bruit, à la porte châtelaine, les hommes du guet avaient levé, avec des grincements de chaîne, la lourde herse et ouvert les épais battants de chêne renforcés de ferrures. La jument haquenée noire d'Abélard était agitée, tirant sur la bride et frappant avec impatience la poussière du sabot.

Ils virent passer, enveloppé dans une robe de bure sale, un personnage qui, tête baissée sous le large capuchon, courait par bonds essoufflés pour rejoindre les bâtiments canoniaux. Malgré le soin qu'il mettait à se cacher, ils reconnurent la silhouette grotesque au ventre enflé d'Ambert-Bouffi.

On entendait cependant la mise en place d'une troupe sur le départ. Déjà, apparurent les gardes armés du croisé, marchant d'un pas lent, la pique sur l'épaule. Bérenger et Ombeline venaient ensuite. Le chevalier caracolait avec fierté sur un magnifique palefroi caparaçonné d'azur et d'orangé gironnés.

Ombeline, ayant dédaigné le chariot capitonné de coussins, chevauchait Phryné, sa belle haquenée blanche, parée d'une housse blanche aussi, juste bordée de deux filets orange et bleu. Elle avait revêtu sur sa robe citrine un léger manteau de voyage à chevrons noirs et ambre. Sous la guimpe de soie immaculée, son frais et doux visage habituel était d'une terne pâleur inquiétante et fripée. Elle regardait droit devant elle, l'air absent, l'œil vide.

Bérenger, chevauchant avec l'assurance du conquérant, arrivé devant les trois hommes, les salua sans s'arrêter, d'un geste ample. Ombeline n'avait pas bronché. Les avait-elle seulement vus ?

Gislebertus resta comme hébété. Mais à peine était-elle passée, qu'il secoua la tête et voulut se précipiter à sa suite. Abélard, qui le surveillait, n'hésita pas à le ceinturer, dans une parodie de geste affectueux. Sur un signe, son fidèle Eusèbe s'était approché avec les chevaux, faisant écran à la petite troupe qui passait: un chariot capitonné conduit par Celse aux côtés de Radegonde, trois autres chargés, tirés par de solides percherons et brinquebalant sur la chaussée défoncée, quelques baudets et sommiers en longe, et une piétaille hétéroclite de valets mal réveillés et de soldats goguenards portant nonchalamment leurs piques de frêne ferré ou leurs arcs gallois.

La cohorte avait déjà franchi la porte châtelaine et l'écho du grincement chaotique des chariots, du martèlement des pieds et des sabots, décroissait quand Abélard avait consenti à relâcher la pression amicale de ses bras.

Le philosophe cherchait à consoler son ami. Il avait bien songé à évoquer sa propre infortune pour lui faire comprendre qu'en comparaison sa détresse n'était rien. Cependant il avait eu la sagesse de s'en abstenir. Il avait envisagé aussi de citer le bienheureux Paul dans son Epître aux Corinthiens. Il s'était pourtant contenu et contenté de dire :

« Il faut que je parte. On m'a fait savoir que le pape Innocent II serait disposé à me recevoir. Il se rend effectivement à Auxerre. Je dois absolument essayer de le retrouver dans cette ville ou ailleurs pour qu'il veuille bien entériner ma donation du Paraclet à Héloïse et à ses sœurs, par une bulle qui leur confirmera le privilège à perpétuité. Et aussi qu'il me libère de cette charge abbatiale épouvantable.

Tu es un grand artiste. Je sais que tu trouveras au fond de ta douleur, si violente soit-elle, une force encore cachée. Tu sauras la capturer, la restituer et l'exprimer en beauté dans la pierre. »

Il se tourna vers le linteau. Le soleil s'était levé et la lumière tendre commençait à dorer les pierres. Adam ct Eve se détachaient maintenant dans toute leur splendeur.

Très ému, Abélard murmura :

« Ce que je laisse ici, grâce à ton talent inspiré, est plus important que moi-même. Je reste en quelque sorte avec toi à Autun puisque tu nous as fait l'honneur immense à Héloïse et moi d'être réunis, éternellement jeunes et beaux, sur ce linteau.» Il détourna les yeux, s'essuyant furtivement de sa manche. « Notre rencontre, cette amitié spontanée si précieuse, marquent un tournant dans ma vie agitée. Il est temps maintenant que j'y mette ordre, si je peux, et que je songe davantage à Dieu, à mon salut éternel comme à celui de ma Bien-aimée. »

Il avait sauté en selle, encore leste malgré l'âge.

« Je ne pourrai jamais vous oublier, Ombeline et toi, sacrifiés, comme nous, aux convenances d'une société brutale et rigide. J'aurais tant aimé contribuer à ce que votre amour interdit puisse s'épanouir en liberté… Je ne sais si nous nous reverrons. Je le souhaite en tous cas. Sinon, j'emporte avec moi, jusqu'à la mort, le souvenir de la mystérieuse beauté de ton Eve, et nos secrets partagés. »

Il donna du talon sur les flancs de sa monture qui s'ébranla doucement. Il s'éloignait, non sans se retourner encore vers le linteau sous lequel se tenait Gislebertus.

Le sculpteur agitait la main pour le saluer. Il n'avait pas été capable de dire un seul mot, écoutant comme en rêve les remarques d'Abélard dont il ne retint que les mots *amitié* et *secret.* Quand la silhouette de son ami eut disparu au-delà de la porte châtelaine, il se mit à parler tout seul, comme un simple d'esprit, d'une voix noyée de brume.

« Je n'ai même plus de secrets à partager avec ma tendre Ombeline. Rien !»

Les ouvriers commençaient à monter vers le chantier, entonnant canzones lombardes rythmées par des claquements de mains, ou chansons angevines accompagnées d'une flûte mélancolique.

Le sculpteur salua tous ces travailleurs qui rejoignaient leur poste et l'interpellaient joyeusement. La douleur avait anesthésié sa fatigue. Mais il en ressentait maintenant tout le poids. Il avait envie de rentrer chez lui cacher son désespoir ; s'enfermer, s'allonger sur le lit sans prendre la peine de poser ses sabots; s'abandonner; sombrer dans un sommeil infini.

Pourtant, Gislebertus était un battant. Il n'était pas homme à se laisser aller. Son malheur ne regardait que lui. Il n'allait pas se donner le ridicule de s'effondrer et montrer sa faiblesse aux yeux de tous.

Il alla d'instinct, comme un vieux cheval qui sent l'écurie, chercher dans la loge ses outils.

43. *Dimanche 5 juillet,*

moins innocent qu'il n'y parait.

Gislebertus fut réveillé par une série de coups sonores frappés à sa porte. Malgré la fatigue extrême de ces derniers jours, il avait cette nuit encore eu du mal à trouver le sommeil, ressassant l'image d'Ombeline et leur bonheur envolé. Il ne s'était endormi que peu avant l'aube. Il se dressa, empli d'un espoir fou. Mais il savait aussi, déjà, que ce ne pouvait être celle qu'il aimait. Elle n'avait jamais frappé de cette façon. Il interrogea d'une voix mal posée :

« Oui ? »

Un timbre chaleureux et inquiet résonna:

— C'est moi, Blaise !

— Entre, c'est ouvert, je crois. »

Le sculpteur en effet ne fermait plus sa porte le soir, comme si ce parti pris de ne laisser le moindre obstacle à une éventuelle visite aurait suffi à faire revenir Ombeline. En vérité, il n'avait envie de voir personne d'autre. Mais il ne pouvait refuser d'accueillir Blaise, son dévoué compagnon. Tandis que le forgeron entrait, Gislebertus s'assit pesamment sur le bord de sa paillasse, nu comme un damné, la tête encore embrumée de visions d'épouvante.

Blaise lui laissa le temps de reprendre ses esprits. Depuis deux jours il voyait son patron flotter, dériver d'une sombre pensée à un obscur abattement. Gislebertus semblait errer sur le chantier, le regard perdu. La plupart des compagnons mettaient son hébétude sur le compte d'une trop grande fatigue et d'un excès d'efforts pour terminer hâtivement le linteau de la Tentation d'Eve. Eux-mêmes étaient tous épuisés par ces trop dures journées de labeur, les plus longues de l'année. Ils consacraient l'essentiel de leurs forces à survivre et ne s'accordaient pas le temps de se soucier du voisin et de ses états d'âme. Ceux qui avaient senti le sculpteur grognon ou irritable, ou simplement différent, évitaient instinctivement de lui parler sans nécessité. De toute façon Gislebertus continuait sa tâche. Il s'était attelé à la taille d'un nouveau chapiteau, sans conviction mais avec application, les doigts serrés sur les outils mais la tête ailleurs, ne s'interrompant que pour suivre la mise en place des premiers éléments du tympan.

Le grand chantre Denis était venu lui parler cinq ou six fois de choses et d'autres, cachant derrière un air faussement enjoué, son affection et son inquiétude. Gislebertus lui répondait brièvement, machinalement, se cantonnant aux considérations techniques, ne voulant pas même partager sa peine avec son ami.

Mais le sculpteur était sensible, ce matin, à la présence silencieuse et chaleureuse de Blaise. Le forgeron ne portait pas son habituel tablier de cuir. Il s'était lavé et, sans recourir aux services du barbier, s'était rasé lui-même de près avec une lame qu'il avait forgée et affûtée avec grand soin. Son abondante chevelure noire, qui avait retrouvé le peigne, encadrait un visage sympathique et rieur, débarrassé de la crasse de fumée et de rouille. Le bliaud de chanvre à manches courtes découvrait, sous de larges épaules, des bras musculeux, surtout le droit, au biceps très impressionnant.

Au-dehors les cloches sonnaient à toute volée, et des pigeons roucoulaient tout près. Blaise se décida :

« La matinée est bien avancée. Le soleil est haut. L'office à Saint-Quentin, comme la grand-messe à la cathédrale Saint-Nazaire, sont terminés.

— Oui, je vois, j'ai dormi tard.

—Tu as eu bien raison. Cependant j'espère que tu n'as pas oublié l'invitation d'Agathe à te joindre à nous pour un déjeuner sur l'herbe. Sa hotte est prête. »

Gislebertus avait oublié. Il avait bien autre chose en tête !

— Tu diras à Agathe que…

— Je ne lui dirai rien du tout. Tu le feras toi-même de vive voix, car je suis venu te chercher.

— Mais…

— Il n'y a pas de mais. Agathe ne me pardonnerait pas si je ne te ramenais pas. Arrange-toi un peu pour lui faire honneur : tu es tout ébouriffé. »

La voix chaude de son ami secoua le sculpteur. Il se leva machinalement et se dirigea d'un pas traînant mais résigné vers sa réserve d'eau. Blaise s'empara d'une cruche de terre cuite, à l'anse en forme de dragon.

« Je vais t'aider à te doucher. »

Il versa doucement l'eau précieuse sur les cheveux et la peau encrassés de poussière de pierre collée par la sueur. Gislebertus frissonna. Blaise se mit à rire :

« Il ne fait pourtant pas froid, c'est même le contraire ! »

Le forgeron ne pouvait savoir que, si son ami frissonnait, c'était parce que la cruche avait été offerte par Ombeline. Gislebertus tenta de s'ébrouer et de chasser avec les gouttelettes d'eau crasseuse ses souvenirs obsédants. Il se séchait dans une serviette rugueuse, quand on frappa de nouveau à la porte. Blaise alla ouvrir. C'était le grand chantre. Denis se faisait du souci pour son ami. Il avait deviné beaucoup. Il lui amenait Germain, son fils qui était sorti ce matin de l'infirmerie. Passer la journée ensemble réconforterait l'enfant comme le père.

Tandis que tous deux s'embrassaient, un instant seuls au monde, Denis interrogeait vivement du regard le teint blême et les yeux cernés du sculpteur. Blaise, en compère, le rassura : il emmènerait la petite famille pour un déjeuner sur l'herbe. Le chantre remercia le forgeron d'un sourire complice et chaleureux, pressa l'épaule de Gislebertus, ébouriffa les cheveux de Germain, et se retira.

Gislebertus fut bientôt prêt. Il voulut prendre le temps de cueillir dans le jardinet quelques roses aux délicats pétales gorge de pigeon pour Agathe. Il voulut aussi emplir et emporter un cruchon de vin, mais Blaise l'en empêcha :

« Nous avons tout ce qu'il nous faut. Dépêche-toi plutôt. »

Les deux hommes, tenant dans leurs pognes les menottes fines de Germain, retrouvèrent Agathe, le bébé déjà emmailloté et sanglé dans son dos. Elle avait perdu, les années précédentes, ses trois premiers enfants et veillait sur celui-ci avec l'œil d'une louve. Elle accepta avec plaisir le bouquet de roses, tandis que Blaise enfilait les bretelles d'une hotte d'osier.

— Où allons-nous ?

— Au-dessus de Couhard, il y a une cascade fraîche. »

Cependant comme le petit groupe s'ébranlait en tournant le dos à la poterne de Breuil, le sculpteur s'étonna du détour. Agathe, les yeux moqueurs dans son visage ingrat, lui expliqua :

— Nous avons rendez-vous avec des amis très agréables. Plus on est de fous… »

Ils s'engageaient dans une impasse étroite, à l'opposé des remparts, où Gislebertus n'était encore jamais allé. Devant la porte d'un atelier stationnaient plusieurs personnes. Un homme maigre et noueux, au poil dru et noir, que le sculpteur avait déjà entrevu à plusieurs occasions, vint à leur rencontre. Blaise fit les présentations :

— Voici déjà longtemps que je voulais te faire connaître mon confrère et ami Pantaléon. C'est un ouvrier remarquable qui a déjà roulé sa bosse à travers l'Empire, et avec qui j'ai travaillé, il y a quelques saisons, sur le chantier du château de Montmarraut. Il forge avec une extrême habileté. Il a aussi appris à fondre le métal. Il est venu l'année dernière s'installer ici et a ouvert un petit atelier de bronzier. Je l'ai retrouvé avec plaisir. C'est, comme toi, un véritable artiste, tu verras. »

Le bronzier, balbutiant un remerciement qui se voulait poli, assura que Blaise exagérait. Il entreprit de présenter la petite troupe familiale qui sortait de la maison dans un désordre bruyant: quatre enfants agités, trois femmes, en légers tissus d'été.

Le sculpteur avait déjà parfois croisé, sans l'aborder, la première, Pétronille, jeune fille dont la vénusté parfaite ne pouvait s'oublier. Difficile, pensait-il, de trouver visage d'une telle joliesse.

Pourtant, quand Pantaléon lui présenta ensuite son épouse, le sculpteur comprit qu'il s'était trompé : malgré son âge – elle avait bien trente-cinq ans- le visage d'Ursule était d'une beauté encore plus évidente, encore plus remarquable que celle de sa fille Pétronille. Ses yeux noirs pétillants ourlés de longs cils, sa bouche exquise, l'ovale gracieux, étaient irrésistibles. Cependant si la jeune fille était éblouissante de la tête aux pieds, la mère n'avait d'exceptionnel que le visage. Déjà le cou gracile s'affaissait, le corps se tassait et le dos voûté la rendait atrocement bossue.

Trois enfants se chamaillaient. Une fillette de neuf ans tenait par la main un garçonnet trois fois moins âgé. Le bambin tirait sur le bras et voulait s'échapper vers Germain, qui, accroché à la jambe droite de Gislebertus, lui plaisait manifestement.

Ursule se crut obligée, à sa façon directe, de présenter la marmaille :

« Ce charmant galopin, Eloi, est mon petit-fils, le bâtard de mon aînée Pétronille, violée alors qu'à peine nubile. Dieu a cru bon de nous infliger ce malheur et cette honte. Le garnement est difficile, il tient de son voyou de père. Mais il est attachant et toute la famille se dispute le soin de s'en occuper. Sauvagère, qui lui tient la main, est née sept ans après Pétronille. Entre ces deux filles j'ai perdu trois enfants mort-nés. Puis, Dieu m'a donné un dernier garçon, Pancrace, celui qui vient de tirer par derrière les nattes de sa sœur. Il est très docile mais un peu taquin. »

Pantaléon, qui voulait conclure les présentations, ajouta :

« Quant à notre amie qui nous tourne le dos, accroupie pour attacher ses paniers, vous la connaissez bien, il me semble. C'est notre locataire. Elle n'était pas prévue dans cette promenade, car, d'habitude, elle n'est jamais là le dimanche. Nous nous réjouissons d'autant plus de sa présence. »

Au grand étonnement de Gislebertus, la troisième femme, jusque-là cachée derrière le groupe, n'était autre que Mélisende dans sa robe turquoise, les cheveux sous un turban assorti ! Elle se releva, ayant fini de nouer son panier, et sourit d'un air franc et engageant, avec le plus grand naturel, à son patron.

La petite troupe s'ébranla. Les enfants couraient devant, criant de joie, dévalant le goulet vers l'étroite poterne de Breuil que les adultes abordèrent avec plus de circonspection. Les gardes les laissèrent passer sans trop d'excès de zèle. Seul un freluquet, dont le nasal du casque cachait mal une rouge trogne avinée, voulut pincer au passage Pétronille, mais un regard très froid de Pantaléon mit fin aux velléités conquérantes du soldat. Ils descendirent sans plus d'encombre la pente très raide entre les pieux épointés de la barbacane. La dernière enceinte franchie, ils traversèrent le ruisseau de l'Acharon par le gué Bouteiller, non pour certains sans se mouiller les pieds.

L'endroit, très animé en semaine, avait retrouvé le calme en raison du repos dominical. Pantaléon leur montra les petites plates-formes de bois en surplomb de la rivière. Là, les jours ouvrés, s'allongeaient au-dessus de l'eau les rémouleurs, bras et mains dans l'onde froide pour affûter à longueur de journée, qu'il pleuve ou qu'il vente, des lames de couteaux, de poignards ou d'épées, sur les petites meules de grès que le courant faisait tourner. La plupart de ces hommes et de ces femmes avaient dressé un chien qui se couchait sur leur dos afin de les réchauffer pendant la mauvaise saison. Le fondeur expliqua qu'il venait parfois lui-même louer un emplacement et s'installait à leurs côtés pour dégrossir les imperfections d'un bronze sorti du moule avant le délicat polissage final à l'atelier.

Sur l'autre rive l'herbe avait été fauchée et mise à faner en petites meules pointues. Ils firent deux cents pas et durent de nouveau, au milieu des rires et des plaisanteries, se déchausser pour traverser la boucle du ruisseau de la Toison. Gislebertus prit son fils sur ses épaules. Pantaléon fit de même avec celui de Pétronille. Les deux gamins ravis battaient des mains. Mélisende chantait une mélopée dans une langue incompréhensible. Une fois passé un massif d'iris d'eau sauvages, le sol commença très vite à remonter. Ils dérangèrent un petit troupeau de chèvres que gardait, avec une distraction toute dominicale, un berger dépenaillé très préoccupé de la jeune luronne qui avait abandonné son propre cheptel.

Silencieux, sans doute à cause de l'effort pour escalader la forte déclivité, ils débouchèrent sur d'anciennes carrières. Ils se hissèrent, certains essoufflés, sur le tracé de la vieille voie romaine de Macon à Lyon. Les larges pavés restaient peu visibles, arrachés ou recouverts de terre. Ils se dirigèrent à gauche vers une haute pyramide.

Ils se trouvaient à l'extrémité d'un éperon rocheux qui formait belvédère. Ils firent une petite halte. Devant eux la route plongeait vers la porte de Rome, tandis que sur leur droite, le terrain basculait vers le fond ombrageux et secret d'une autre vallée. Au loin, le paysage était bordé par un cirque de montagnes boisées qui enserrait la cité.

La haute pyramide au revêtement de calcaire clair était impressionnante. Sa pointe polie luisait au soleil. Gislebertus était déjà venu plusieurs fois jusque-là avec sa chère Ombeline. Chaque fois il avait éprouvé une impression saisissante et étrange devant cette construction mystérieuse.

Agathe avait entendu dire que ce monument avait été construit en une nuit par le Diable. On racontait aussi en ville, assura-t-elle, que, pour cette raison, l'évêque voulait faire démolir la prodigieuse pyramide et construire à proximité, avec ses pierres récupérées, une chapelle qui serait dédiée à saint Léger. Il y avait déjà non loin une fontaine miraculeuse où les prêtres venaient chercher la précieuse eau bénite, pour soigner les aveugles, les borgnes et autres malades de la vue. En octobre, on s'y rendait en procession se baigner les yeux dans l'espoir d'une guérison.

Gislebertus grommela que ce serait vraiment dommage de démanteler, cette fois encore, un édifice aussi beau, bâti sans doute par les Romains. On ne manquait pas de pierres et de carrières proches pour construire les églises sans abattre les vestiges laissés par nos ancêtres. Mélisende l'approuva aussitôt avec chaleur. Agathe rétorqua que, selon la pieuse tradition chrétienne, le grand saint Martin avait lui-même donné l'exemple en détruisant et faisant détruire, lors de son passage ici même à Autun, les symboles païens.

Mélisende répliqua, avec audace, que saint Martin n'avait pas forcément eu raison en tout ; qu'il n'était pas nécessaire, à son avis, de lutter contre les anciens dieux maintenant déchus, en démolissant les monuments remarquables que les hommes avaient édifiés, il y a longtemps, en leur honneur ; qu'elle regrettait de voir, dans Autun, les ruines béantes de magnifiques temples, dédiés à des idoles oubliées. Les païens hongrois ou sarrasins, quand ils avaient pillé et saccagé la cité, avaient moins causé de dégâts que les propres seigneurs de la ville. Alors qu'Agathe protestait contre ses paroles imprudemment sacrilèges, Mélisende s'emporta :

« Quand j'étais plus jeune, mon père m'a emmenée en voyage dans d'autres villes dont j'ai oublié le nom, mais qui brillaient par la magnificence des édifices ancestraux conservés par leurs habitants, aussi bons chrétiens que vous et moi. Quel dommage qu'à Autun, nos contemporains n'aient pas la même sagesse.

— Je suis pieuse et certes plus sage que toi. Tu n'es pas connue pour ces qualités.

— Taisez-vous donc les femmes » interrompit Blaise avec la misogynie brutale de son époque. «Pourquoi vous disputer sur des sujets pareils? Vous n'allez pas, en plus, nous gâcher la journée par des criailleries et des caquetages ? Regardez plutôt le panorama que nous avons d'ici, puisque la pente a été nettoyée et la forêt essartée par ordre de l'évêque afin que l'on puisse voir venir de loin d'éventuels envahisseurs. »

Ils se tournèrent tous vers le nord-ouest, face à la ville qu'ils dominaient, corsetée et comme alanguie sous le soleil dominical derrière ses épais remparts de pierre, couronnés de hourds et de *chaffauts*[37] de bois, ponctués régulièrement, comme des points d'exclamation, de tours circulaires..

Tout en admirant la vue, Gislebertus était encore sous l'emprise de l'incident qui avait opposé les deux femmes. Il s'étonnait du courage de Mélisende qui avait osé argumenter en public pour le soutenir, et pris le risque d'être taxée de mauvais esprit ou pire,

[37] Ouvrage en bois dressé au sommet de tours défensives.

d'impiété. Il comprenait que, si elle était intervenue sans doute pour se faire remarquer de lui, elle avait aussi parlé avec passion, avec conviction, parce que le sujet lui tenait à cœur. Cette toute jeune fille était plus mûre qu'il ne le pensait. Il se rendit compte qu'en fait il ne savait presque rien de cette collaboratrice effrontée.

Il se concentra sur le paysage. La longue enceinte fortifiée épousait l'élévation naturelle du terrain, langue oblongue et enflée, qui s'inclinait doucement sur la droite, à partir du fort de Riveau. En contrebas, la route descendait rejoindre juste en face l'antique via Agrippa à l'entrée de la plus luxueuse des quatre portes, celle de Rome, aux quadruples arcades dont les parements de marbre clair luisaient au soleil. A sa gauche, dans la ville haute, la masse encore inachevée de la basilique Saint-Lazare, comme éventrée au soleil, dominait presque déjà les autres églises qui l'enserraient et piquetaient le ciel de leurs clochers de bois : la cathédrale Saint-Nazaire et le baptistère Sain-Jean-de-la-Grotte, Saint-Quentin, Sainte-Croix, Notre- Dame, et plus bas, contre le rempart, Saint-Pancrace… Au centre, derrière la porte monumentale, la via Agrippa dessinait une ligne sombre qui montait jusqu'aux vestiges d'un portique et d'un temple circulaire. A droite, dans la partie peu habitée, on distinguait des jardins étagés, des vignes, des friches où paissaient quelques troupeaux; puis tout au bout, à contre-pente, dépassait le sommet de l'immense amphithéâtre, le plus grand de la Gaule.

Le point de vue depuis la pyramide était inhabituel pour Gislebertus. Il avait essentiellement, ces dernières années, utilisé son temps libre dominical à profiter de Germain, son fiston dont les petites jambes ne pouvaient trotter trop loin, ou à courir les chantiers d'églises des environs. L'hiver, à la morte saison, il partait dans d'autres provinces pour découvrir les secrets de maîtres sculpteurs à la réputation souvent exagérée. Cette dernière année, la douce présence d'Ombeline avait sensiblement modifié ses habitudes. Ils consacraient l'essentiel de leur temps libre à tout mettre en œuvre pour se retrouver discrètement. Sur ce point leur imagination était sans limites…

Gislebertus se rappelait ainsi avec émotion qu'au début de leur liaison ils s'étaient donné deux fois rendez-vous à la pyramide. Mais ils avaient vite abandonné cette idée, car ils ne s'y trouvèrent jamais seuls : ils avaient cherché des solutions plus discrètes.

Ils n'en auraient, hélas, plus l'occasion.

44. *Sur le mont des Druides.*

Blaise invita le petit groupe à repartir. Ils avaient été seuls à profiter du panorama. En effet, c'était la fête en bas, au fort de Marchault où une grande partie de la populace se pressait autour des attractions prévues : mâts de cocagne, course en sacs, jeu de soule, tir à l'arc, joutes...Ils rebroussèrent chemin jusqu'au petit pont romain à arche double qui traversait la rivière. Là, ils quittèrent la route et des huttes de charbonniers abandonnées, pour remonter le long du cours d'eau jusqu'à la lisière de la farouche forêt profonde qui couvrait toute la montagne.

« Nous voici devant le bois de Riveau » déclara Blaise. « Cet endroit n'a pas bonne réputation. On dit qu'y vivent des maraudeurs ou des bannis. Certains racontent aussi qu'on peut y rencontrer des âmes en peine : ces fantômes effrayants errent entre les troncs, à la recherche de la grotte où se cache un ermite qui pourrait écouter leur sinistre histoire et les soulager de leurs fautes. Bref, tout le monde évite ce territoire. Les chevaux des chasseurs ne peuvent pénétrer dans ces taillis trop escarpés. En revanche les loups y pullulent. Plusieurs en sont descendus l'hiver dernier. »

Pétronille frissonna, et les enfants se serrèrent contre les adultes. Le forgeron reprit en riant :

« Je plaisantais. Ce bois n'est pas si dangereux, sinon je ne vous y emmènerais pas. Et puis, de toute façon, nous sommes trois costauds pour vous défendre. Je suis allé déjà à la superbe cascade du diable où nous profiterons de l'eau et de la fraîcheur. C'est justement la mauvaise réputation injustifiée de ce bois du mont des Druides qui nous protégera : nous y serons tranquilles. Personne ne nous dérangera. Allons donc !

— La Forêt Sacrée, oui, voici comment on la nomme.» murmura Mélisende à l'oreille de Pétronille, assez haut cependant pour que Gislebertus l'entendît.

Le bois, peu engageant, était presqu'impénétrable. Les jeunes arbres trop serrés, hêtres, charmes, chênes, ou châtaigniers, n'avaient pas encore atteint leur taille maximale. Cette partie de la forêt avait été exploitée et coupée à blanc vingt ans auparavant du temps de l'évêque batailleur Norgaud, mais n'avait pas été entretenue depuis car la propriété en était contestée entre le duc et le chapitre. Sous les arbres, c'était un fouillis de taillis et de ronciers. Il n'y avait pas de sentier apparent.

Blaise les convia à se déchausser et à marcher dans le lit peu profond du ruisseau où coulait avec vivacité une eau claire. Blaise et Pantaléon pataugeaient devant, suivis d'Agathe qui se souciait du visage triste de Gislebertus et s'efforçait de le distraire avec quelques potins savoureux récoltés sur le chantier ou dans les arrière-cours de la ville haute. Le sculpteur portait Germain sur son dos. Il était conscient de la sollicitude d'Agathe et de son enjouement forcé : il entrait poliment dans son jeu, même si sa tête était ailleurs. Derrière, Pétronille donnait le bras à Mélisende. Ursule fermait la marche, poussant devant elle les enfants qui faisaient l'accordéon en s'éclaboussant.

Le ruisseau, parsemé de grosses roches moussues, sinuait enserré par la végétation. La fraîcheur de l'eau sur leurs mollets était délicieuse. Ils n'allaient pas vite, arrêtés sans cesse par des obstacles naturels ou la beauté d'une libellule, l'éclat argenté de petits poissons en fuite, la moire d'un scarabée… Ils avaient le temps d'apprécier. Peu à peu ils s'enfoncèrent dans la forêt. Plus haut, le ruisseau de la Toison se divisait. Une dérivation très ancienne correspondait au passage d'un aqueduc éventré. Blaise en connaissait le parcours. Il expliqua :

« Les Romains avaient capté l'eau au Mont Jupiter et l'amenaient jusque dans la cité par un souterrain. Ils avaient, non loin d'ici, à l'endroit appelé Brisecou, corrigé la rapidité de la pente par la succession d'une vingtaine de cascades, en paliers hauts comme trois hommes. »

Blaise voulut y emmener Pantaléon et Gislebertus, tandis que les femmes et les enfants attendraient en soufflant un peu. Ursule pourrait donner le sein au bébé qui réclamait. Mais ils décidèrent plutôt de se rendre tous ensemble d'abord à la grande cascade. Le bébé patienterait encore quelques instants pour sa tétée.

Il y avait maintenant un sentier qu'ils suivirent. Ils se trouvaient dans une partie plus ancienne, plus aérée, de la forêt. Ils découvrirent des buissons de myrtilles. Les fruits rosés n'atteignaient pas encore le bleu intense et violacé de la maturité. Pétronille voulut les goûter en passant, mais la saveur en était encore un peu trop acide. En revanche, au pied d'un tronc moussu renversé qui pourrissait, Germain repéra des fraises des bois délicieusement parfumées. Aux cris de joie de l'enfant, tous s'arrêtèrent et se penchèrent sur l'humus. Mais il n'y en avait pas pour tout le monde, et on laissa les petits se délecter.

Mélisende et Pétronille escaladaient hardiment la pente et marchaient maintenant devant, sautillantes et légères, se chuchotant des secrets ou riant aux éclats. Elles entendirent d'abord le murmure de la cascade, à peine perceptible parmi les bourdonnements ou stridulations incessantes des insectes ou le chant sur trois notes « lululi » de l'alouette lulu. Puis le bruit s'amplifia à chaque pas, dirigeant les deux jeunes filles à la recherche de la fraîcheur. Le grondement, comme celui d'un monstre des bois, se fit de plus en plus sonore. Elles arrivèrent les premières au pied de la haute cascade pour admirer les diaprures changeantes de la chute d'eau, subtiles nuances infinies du blanc à l'émeraude.

Quand tout le monde les eut rejointes, elles déposèrent leurs hottes d'osier un peu plus loin, à l'écart du bruit excessif de la cascade, au milieu d'un chaos de rochers qui feraient pour l'occasion office d'excellents bancs ou tables. L'air plus frais sentait le serpolet.

Pétronille poussa un cri: elle avait jeté sa hotte tout près d'une vipère qui somnolait. Le serpent, réveillé brutalement, déroulait ses anneaux et dardait dangereusement sa tête triangulaire. Pétronille saisit son bâton et, son beau visage déformé par l'horreur et la crainte, elle s'apprêtait à tuer le reptile, d'un coup bien appliqué. Mélisende, avec une énergie inattendue, lui retint le bras et se contenta, en murmurant on ne sait quelle incantation étrange, de repousser l'ophidien maléfique qui recula et se perdit en sinuant sous les feuilles mortes. Pétronille, bouche ouverte, semblait pétrifiée.

« Ne dis rien aux autres, tu les effraierais.» lui intima sa compagne.

— Mais c'est que j'ai vraiment peur, moi, elle peut nous piquer. J'ai bien reconnu: c'est une vipère et non une couleuvre. Son venin est mortel.

— Ce n'est rien, tu ne risques rien, fais-moi confiance ».

Pétronille voulait bien faire confiance à son amie, mais pendant tout le repas champêtre qui suivit, elle fut anxieuse et mal à l'aise. Elle ne pouvait s'empêcher, parfois, de regarder derrière elle où elle croyait sentir des bruissements suspects dans les feuilles mortes.

Personne ne remarqua rien. On avait déballé hottes et bissacs. Le vin et la convivialité aidant, le repas froid fut chaleureux et enjoué. Il n'y avait pas de pain, car la farine était devenue introuvable en cette saison, même à prix d'argent. Il faudrait maintenant attendre la prochaine moisson, ce qui ne saurait plus trop tarder. Il y avait en revanche profusion de fruits et de fromages. Agathe avait préparé des œufs durs, et des racines de panais et de navets…

Gislebertus s'apprêtait à casser la coquille d'un œuf plus jaune que les autres quand Pétronille lui demanda :

« Oh, je voudrais celui-ci. Peux-tu me le donner ? »

Tandis que le sculpteur, un peu étonné, s'exécutait avec plaisir, Mélisende intervint :

— Tu veux toujours des œufs, Pétronille, mais tu ne les manges jamais !!

— C'est que leur forme est si parfaite, et celui-ci est si beau. Ce serait dommage de le manger. Merci beaucoup Gislebertus. »

Le sculpteur approuva d'un sourire bienveillant. Changeant de conversation, il interrogea Pantaléon sur l'origine de son nom. Il était toujours curieux de la Légende Dorée. Le fondeur savait-il quelque chose sur son saint patron ? Gislebertus aurait peut-être commande de le représenter sur un chapiteau?

Pantaléon répondit que ce saint était très populaire dans la région de Venise d'où ses grands-parents étaient originaires. Il savait seulement que, dans des temps très anciens, c'était un médecin très apprécié de ses malades parce qu'il les soignait gratuitement et parce qu'il les guérissait presque toujours. Ce qui mettait en rage ses confrères ignorants qui se faisaient payer très cher, mais qui voyaient leur propre clientèle, et leurs revenus, diminuer. Les plus jaloux se déterminèrent à le dénoncer aux autorités romaines. Refusant d'adorer les idoles païennes, Pantaléon subit avec vaillance une série de supplices plus épouvantables les uns que les autres. On déchira son corps avec des griffes de fer, on brûla son ventre avec des torches : il resta souriant. On le plongea dans du plomb bouillant : le feu s'éteignit. On le jeta, une lourde pierre au cou dans la mer : la pierre flotta et Pantaléon marcha sur les eaux. On le livra aux lions : les fauves se couchèrent à ses pieds, léchant sa main. Ses bourreaux, dégoûtés, reçurent l'ordre de le décapiter. Pantaléon les embrassa en leur pardonnant et les pria de faire leur travail. Mais lors de la décollation, à la stupéfaction de tous, c'est du lait et non du sang qui jaillit.

L'histoire plut beaucoup aux convives. Ils étaient tous tellement friands de merveilleux.

Mélisende posa alors une devinette :

« Qui peut me dire quel est le saint patron vénérable des maris trompés ? »

Tout le monde improvisa des réponses fantaisistes dans de grands rires. Les uns puis les autres finirent par donner leur langue au chat. Toute fière de ses connaissances, la jeune fille annonça triomphalement :

« Le saint patron des cocus, c'est... saint Gengoulph que certains gougnafiers, ici, prononcent Saint Gengoux. »

Pétronille, les joues rouges, demanda :

— Mais je croyais que c'était celui des tanneurs et des gantiers ?

— Certes ! Cela n'empêche pas.» Mélisende éclata de rire. Elle voulait se mettre en valeur. Elle allait poursuivre sur son avantage, le temps de grignoter une cerise noire, quand Ursule la précéda en citant un dicton :

— *S'il pleut le jour de la Saint-Gengoux*
Les porcs auront des glands leur saoul.

Je crois bien que nous aurons cet hiver de quoi remplir nos saloirs, car autant ce début d'été est chaud et sec, autant ce dernier printemps à la Saint-Gengoux, si ma mémoire est bonne, il me semble qu'il pleuvait beaucoup.

— Il a plu comme vache qui pisse, pendant deux semaines, oui, tu devrais dire, » assura son mari, qui ajouta plus sérieux : « je te promets, Ursule, que nous ne connaitrons plus jamais de printemps comme celui-ci, à souffrir de la faim.

— Ne t'avance pas! Ne sois pas prétentieux. »

Mélisende s'empressa de reprendre la parole pour raconter son histoire.

— Gengoulph était marié à une très jolie femme, - presqu'aussi jolie que Pétronille - et il était très fier d'avoir soufflé, bien qu'il soit nettement plus âgé qu'elle, à d'autres prétendants bien bâtis cette véritable beauté, grâce peut-être à sa fortune... Mais peu à peu il prit ombrage des regards continuels et de moins en moins furtifs que lançaient les autres hommes à son épouse en réponse à son charmant sourire. Le pauvre jobard devait de temps à autre partir en voyage pour ses affaires en laissant derrière lui sa femme. A chaque retour sa jalousie augmentait. Il ne pouvait s'empêcher de questionner vivement son épouse. Mais elle protestait, le front haut, et arguait toujours de son innocence. Un jour, n'y tenant plus et voulant bêtement savoir la vérité, il lui proposa un marché alors qu'ils passaient tous deux devant une fontaine à l'eau transparente aussi fraîche que celle de cette cascade. C'était l'occasion pour elle de prouver son innocence. Il lui suffisait, si elle ne mentait pas, d'oser tremper son bras dans la flotte. La jeune femme qui puisait tous les jours de l'eau à cette même fontaine, plongea sans crainte son bras. Mais quelle horreur quand elle le ressortit ! Il était devenu tout rouge, écorché et gravement brûlé. Gengoulph en déduisit que sa femme le trompait : sur ce point il ne se trompait pas ! Mais comme il se crut alors autorisé à punir son épouse, celle-ci reçut effectivement le secours de son jules qui tua le mari abusif d'un coup de couteau à large lame. A la suite de quoi, le cocu fut canonisé, il devint saint Gengoulph, je me demande bien pourquoi. S'il faut être cocu pour être canonisé, alors il y aura beaucoup de futurs saints qui vont frapper pieusement à la lourde… »

Tous se mirent à rire. Un peu d'irrévérence, en privé, envers les institutions et la puissante Eglise, était toujours populaire. Ils continuèrent ainsi, dans la convivialité de ce jour de repos.

Le repas terminé, Blaise proposa aux hommes de les emmener voir les vestiges de l'aqueduc et de ses vingt-quatre cascades. Mélisende suggéra qu'elle pourrait se joindre à eux, mais Blaise, brutalement, la pria de rester à sa place, avec les épouses et les enfants ! Le terrain était trop sauvage et trop dangereux. Il y avait en particulier des risques d'effondrement. De toute façon ils n'allaient pas loin et ne seraient pas absents longtemps. La jeune fille s'apprêtait à répliquer vertement, mais comme elle jetait un coup d'œil vers Gislebertus, le sculpteur lui fit, d'un léger haussement d'épaules complice, signe de ne pas insister.

Les hommes partis, Mélisende perdit son enthousiasme. La conversation alanguie des autres femmes l'ennuyait. Elle ne tenait pas en place. Au pied d'un talus elle trouva des asperges sauvages qu'elle ramassa avec délicatesse. Elle les porta à Ursule, et raconta qu'elle avait vu des saumons sauter dans le courant. On pourrait les attraper à la main. Agathe précisa que l'on pouvait cueillir les baies et ramasser les asperges selon le droit d'usage, mais qu'il n'était pas question de pêcher le poisson réservé au seigneur. Cela ne valait pas le coup de risquer de se faire prendre. Ils avaient de quoi manger. Mélisende, qui était libre de pêcher sur ses propres terres de Fretoy, héritées en *alleu*[38], esquissa une moue de dépit. Devrait-elle regretter d'avoir accepté cette sortie? Seule la présence annoncée de Gislebertus l'avait décidéc.

La jeunc fille demanda alors ce que l'on attendait pour se baigner au pied de la cascade et jouer avec les gouttelettes. Agathe estimait que c'était un peu tôt après le repas. Mais les enfants en chœur réclamèrent le bain. Agathe céda. Cependant, en ce qui la concernait, elle préférait somnoler un peu aux côtés du bébé repu. La belle Pétronille refusa aussi le bain. Elle était d'une pudeur extrême et ne pouvait supporter qu'on la vît dénudée. Sans plus tarder, les autres, les vêtements posés sur les rochers ou sur les branches, se détendirent dans l'eau froide mais si agréable. Les enfants barbotaient en s'éclaboussant. Les femmes, à tour de rôle, dans de grands rires stridents, se risquèrent sous le jet violent de la cascade, entre les gouttelettes et les fugitifs arcs-en-ciel.

Les hommes étaient grimpés un peu plus loin pour rejoindre la dérivation de l'ancien aqueduc. Pour ce qu'on en voyait, le travail des Romains était impressionnant. Comme ils avançaient difficilement dans le fouillis de végétation et de roches, ils rencontrèrent un sentier muletier plus récent. Ils tombèrent sur ce qui ressemblait à des installations minières fraîchement abandonnées : sans doute une tranchée de prospection qui avait utilisé la force hydraulique du cours d'eau détourné. Intéressés, Blaise et Pantaléon élevèrent des hypothèses sur le type de minerai. Ils se mirent à parler métier, métaux et forge.

Gislebertus, peu concerné, ressentit le désir de solitude. Malgré l'insistance de Blaise, il choisit de cheminer seul un moment pour profiter de la beauté calme, reposante et envoûtante de la forêt. Ses

---

[38] Terre libre ne relevant d'aucun seigneur et exempte de toute redevance.

pensées revenaient toujours vers Ombeline. Si tous les sous-bois se ressemblaient quelque peu, Ombeline était unique. Il marchait, tout empli de son image.

Soudain, dans le clair-obscur glauque de cette partie de la forêt, il eut l'impression d'une présence. Quelque chose ou quelqu'un avait bougé, là-bas derrière les arbres et l'inquiétante frondaison. Il crut entendre des bruits furtifs. Une pensée folle le souleva, une espérance irraisonnable. Et si c'était Elle, Ombeline, qui avait échappé à son mari et qui errait à sa recherche dans ce bois ? N'était-ce pas le voile lumineux de sa robe qui disparaissait derrière ces ramures sombres ? Il se précipita dans cette direction. Il croyait l'apercevoir dans les flaques et les éclaboussures de lumière de chaque clairière, la retrouver derrière ce hallier aux feuilles encore frémissantes, ce tronc à l'écorce craquelée, ce fossé aux douces feuilles endormies, ce talus aux roches dénudées.

En voulant traverser le fouillis de branches d'un arbre fracassé qui lui barrait le chemin, il dérangea une laie et ses marcassins qui détalèrent presque sous ses pieds. Cela le tira brusquement de sa songerie. Ombeline n'était pas dans ce bois, évidemment. Comment avait-il pu imaginer... ? Il était seul. Il se crut perdu et marcha un peu au hasard parmi des genêts balais à fleurs jaunes, des digitales pourpres et des ronces acérées. Il finit par entendre le bruit de la chute d'eau. Il s'y dirigea, à l'oreille. Il percevait aussi maintenant, en notes aiguës, par-dessus le grondement puissant, le rire en cascade des femmes. Il contourna un rocher et rejoignit le torrent qui plongeait dans un brouillard de gouttelettes. Il entrevit confusément en contrebas la nudité des femmes et des enfants qui barbotaient dans l'eau peu profonde… Il entendit crier et crut que sa venue effrayait les baigneuses. Il allait se retirer, quand les appels à l'aide le firent se précipiter sans réfléchir dans la pente vers une petite silhouette en haillons qui bousculait Agathe. Son pied glissa sur une roche humide, il essaya de se rétablir en écartant les bras, mais il continuait à déraper dans la pente. Il parvint difficilement à garder son équilibre et finit par tomber au bord de la vasque au pied de la cascade et des baigneurs affolés. Il s'écorcha les genoux et le nez.

Blaise et Pantaléon, alertés par les cris, arrivaient aussi. Trop tard. Le gamin miséreux avait disparu, n'ayant volé que des restes de nourriture. C'était sans doute l'enfant affamé de hors-la-loi. Encore étourdi, Gislebertus laissa Mélisende se charger de lui nettoyer les plaies. La jeune fille, qui avait passé sa tunique collante sur son corps mouillé, était émoustillée à l'idée qu'il l'avait vue toute nue. Tandis qu'elle lavait délicatement la terre qui collait aux écorchures, heureuse qu'il se laissât faire et s'abandonnât un peu pour la première fois à ses mains, elle espérait, avec ingénuité, l'avoir troublé. Elle ignorait pourtant que, ce qui avait impressionné le sculpteur, n'était pas tant la chevelure et la toison flamboyantes de Mélisende, que la baroque vision de malédiction qui déformait d'une bosse monstrueuse, le dos très blanc d'Ursule.

45. *Deux mois d'été.*

Durant les deux mois qui suivirent, Gislebertus abandonna l'exécution des chapiteaux en projet. Il avait plutôt en tête de s'investir dans la création du futur grand tympan prévu au portail central ouest de la basilique, dans l'axe de la nef à l'emplacement de l'ancien cimetière réservé aux membres du chapitre, à l'extrémité du chantier. Le programme iconographique maintes fois déjà discuté avec l'évêque et le grand chantre Denis, était prêt. Ce serait le *Jugement dernier.* Ce thème, bien de nature à servir à l'édification des fidèles, était un sujet majeur qui fleurissait à cette époque médiévale dans un grand nombre d'églises. Mais Gislebertus était bien décidé à apporter sa marque, sa vision et son savoir-faire dans une œuvre qu'il voulait sensationnelle.

Sans attendre, le sculpteur, puisant au fond de sa douleur de nouvelles idées, s'était mis au travail. Rien d'autre ne comptait désormais. Il s'était enfermé dans la loge, à l'ombre des planches de sapin à la résine odorante. Il esquissait des formes sur sa tablette de cire et dessinait parfois à même le sol, saupoudré de plâtre. Puis il déroula un parchemin usagé, sur lequel il avait déjà, deux hivers auparavant, selon les instructions du Chapitre commanditaire, imaginé la composition en demi-cercle du tympan : au centre, dans une mandorle, un Christ en gloire, à gauche les élus, à droite les damnés. Il gratta pour effacer une partie du projet qui lui paraissait désormais trop fade. Puis, au charbon de bois et ensuite à la plume d'oie, il dessina sur ce palimpseste, avec une frénésie inspirée, corrigeant, recommençant encore, s'attachant en particulier avec une sorte de jubilation sinistre à traduire le désespoir des damnés.

Il montra sa nouvelle esquisse à son ami Denis, le chanoine *operarius*. L'évêque Etienne, prévenu, vint aussi. Stupéfiés par la puissance expressive de la maquette, tous deux avaient donné leur accord malgré la désapprobation de plusieurs membres influents du chapitre qui auraient préféré plus de réalisme et une exactitude plus scrupuleuse dans la proportion des corps: pour signifier la béatitude, l'artiste voulait étirer les silhouettes comme aspirées vers le ciel; ou au contraire écraser de douleur celles des damnés. Gislebertus affirmait aux chanoines mécontents :

« Pour sculpter au mieux les saintes histoires que vous voulez que je raconte, je dois utiliser les moyens les plus efficaces. Vous exigez le réalisme, mais le réalisme n'est pas forcément la vérité. Pour transcender le réel, je dois inventer un style à hauteur de l'enjeu, laisser mon imagination se moquer des conventions qui n'aboutissent trop souvent qu'à la platitude et à la fadeur. C'est pour cela que je n'hésite pas à étirer ou à tordre mes personnages, à bousculer l'ordonnance des volumes.

Pour sculpter des anges, je n'ai qu'à me laisser guider par les aspirations les plus hautes. Mais pour sculpter des diables je dois me résoudre à m'imbiber de leur bassesse : si j'accepte de mettre un pied dans la flaque puante de leur ignominie, je tombe jusqu'aux narines dans leur monstruosité. Alors, enfoui dans l'univers du Mal, tandis que de tous les pores de ma peau suinte la terreur obscène, je trouve les ressources pour représenter, l'effroyable mais fascinante beauté du Diable.»

Gislebertus avait demandé à Mélisende si elle se sentait capable d'établir les gabarits, comme le faisait Saturnin, son père. Jusqu'à présent elle s'était contentée d'utiliser ceux dont elle avait hérité. Mais là, il allait falloir travailler sur des bases différentes. La jeune fille confirma qu'elle se sentait apte à succéder à Saturnin. A partir des plans établis, ils déterminèrent alors tous deux ensemble le nombre de pierres nécessaires : treize pour la partie centrale du Christ haut de trois mètres dans sa mandorle, et sans doute huit de chaque côté. Une complicité nouvelle liait dorénavant le sculpteur et sa collaboratrice. Pourtant Gislebertus tenait à se cantonner aux limites du cadre professionnel. S'il appréciait Mélisende, ce n'était que pour son assistance efficace dans l'élaboration du projet : elle lui facilitait la tâche en prenant à son compte les reports graphiques et la mise au point. Il prisait pourtant sa compréhension vive et sa maturité inattendue. Il parvenait même parfois à se dérider devant ses réparties enjouées, ses façons espiègles.

Il se consacrait à son travail comme pour expier le départ de celle qu'il aimait, comme aussi pour fatiguer sa douleur. Dès que son esprit vagabondait, c'était toujours vers Ombeline que cheminaient les plus douces comme les plus amères de ses pensées.

A la mi-juillet, il dut se rendre à la carrière, sur la côte chalonnaise, afin de repérer et choisir les meilleures veines pour les deux titanesques monolithes destinés au linteau et pour la trentaine d'énormes blocs nécessaires au tympan. Il avait hésité et tergiversé pour emmener ou non avec lui Mélisende, comme il emmenait Saturnin auparavant. Il n'avait guère envie de voyager avec une fille, surtout celle-ci qui risquait de lui compliquer la vie... Finalement, il avait décidé de partir seul.

Sur place, il repéra déjà un front de taille qui conviendrait pour l'une des deux parties du linteau. Il demanda qu'on épannèle un premier bloc aux dimensions nécessaires : une toise quatre pieds (3,20m) de large, deux pieds cinq pouces (0,78m) de haut, un pied trois pouces (0,40m) d'épaisseur et qu'on le livre sur le chantier de la basilique le plus vite possible, quoiqu'au pas, forcément lent, des bœufs. Avec le maître carrier, Trophime, il détermina la veine d'où extraire le deuxième élément du linteau, ainsi qu'une trentaine d'autres blocs pour le tympan, taillés à la même épaisseur impérative. Le linteau donnait l'échelle du tympan : 2 en largeur, 1 en hauteur. Il fallait prévoir quatre ou cinq lits superposés de six ou sept pierres chacun. Moins de pierres il y aurait, plus facile ce serait d'ajuster l'ensemble.

Le sculpteur annonça au carrier qu'il lui laissait deux semaines pour mener à bien ce travail; qu'il reviendrait alors avec sa collaboratrice pour opérer la sélection définitive, écarter les pierres comportant une faille apparente. Il aurait alors forcément besoin de Mélisende pour déterminer avec elle l'agencement sur les blocs choisis et numérotés. Elle devrait dessiner les contours exacts. On finirait de les épanneler sur place, afin de réduire leur poids pour le transport.

Quand arriva le premier bloc destiné au linteau du futur tympan, Gislebertus s'en occupa sans tarder. Son humeur était sombre, sa vision s'en ressentait. Il était hanté par la notion de péché et de châtiment divin. Comment était-il possible que des hommes comme lui, que des hommes, comme ce malheureux Abélard, dussent expier, dès leur vie terrestre, le trop-plein d'amour qu'ils portaient en eux ? Il frappait la pierre à petits coups réguliers qui apaisaient sa souffrance. Il semblait que celle-ci se soit réfugiée au bout de ses doigts. Sous son ciseau inspiré, qui fouillait la pierre comme un ventre vivant, se détachaient, dans une expression proprement révolutionnaire, les damnés, tordus, repliés, écrasés par leur honte et le poids de leurs péchés.

Il y eut comme prévu, quelques jours avant l'Assomption, une deuxième visite à la carrière. Gislebertus y emmena cette fois Mélisende avec son grand compas et ils travaillèrent côte à côte en toute harmonie. Ils retinrent finalement vingt-neuf blocs pour le tympan: treize pour la partie centrale, huit de chaque côté. Tous furent dûment numérotés et redessinés pour s'emboîter parfaitement selon les dimensions et la courbe du cintre, à l'aide des gabarits préparés par la jeune fille.

Cependant le soir tombait. Ils avaient passé leur matinée à cheval et l'après-midi à la carrière. Il fallait songer à dormir sur place. Mélisende ne savait pas ce que le sculpteur avait prévu et se sentait très émue. L'auberge, où ils avaient laissé leurs chevaux, accueillait les saisonniers qui travaillaient à la carrière. Ils dînèrent en tête à tête, un peu à l'écart des ouvriers bruyants et avinés. C'était la première fois qu'ils mangeaient seul à seule. Mélisende avait tant espéré connaître, sans oser y croire, cette situation. Elle était ravie mais ne savait comment se comporter. Gislebertus menait la conversation sans paraître prendre garde à son trouble.

Quand tout le monde se leva, ils suivirent le mouvement. Il y avait derrière la salle une chambre longue et étroite. Tout le mur du fond était occupé par une paillasse, où les uns et les autres vinrent prendre place. Mélisende comprit avec déception qu'ils ne seraient pas seuls. Pourtant, l'aubergiste, avec un sourire de complaisance et un clin d'œil salace, fit alors remarquer à Gislebertus que la chambre malodorante était déjà bondée, et qu'il pouvait leur proposer un petit espace libre dans un réduit attenant. Le sculpteur parut hésiter. Il regarda la jeune peintre qui ferma les yeux, le cœur battant. Derrière ses paupières closes, des arcs-en-ciel se télescopaient dans une explosion de teintes hachurées; puis tout devint d'un vermillon intense. Elle sentit que Gislebertus lui prenait le bras et l'entraînait. Elle était radieuse… et soudain paniquée. Elle entendit une porte grincer. Elle ouvrit les yeux pour franchir le seuil.

« Je ne pouvais t'imposer la promiscuité de ces sacs à vin. Tu seras tranquille ici. Tire le loquet. Bonne nuit. »

Sur ces mots, il était sorti avant que Mélisende, suffoquée, ait pu réagir. Il alla chercher la couverture du cheval et choisit un fossé empli de feuilles mortes pour s'allonger sous les étoiles, enveloppé dans le caparaçon.

Tous deux s'endormirent difficilement. Mélisende, fâchée de la timidité pudique inattendue qui l'avait laissée sans voix, frustrée dans son attente, pleurait doucement de dépit. Gislebertus était déchiré, perturbé par la présence toute proche de cette fille désirable. Il avait très bien compris son message muet avant qu'il ne sorte. Il avait envie d'elle. Son inutile érection persistante en témoignait. Mais c'était Ombeline qu'il aimait. Ombeline qu'il n'avait pas su protéger. Ombeline…Comment pourrait-il se pardonner de ne pas avoir osé l'enlever et l'emmener au loin quand il en était encore temps. Cette pensée submergeait tout. Il se sentait responsable de leur séparation. Depuis son départ, sa vie était comme entre parenthèses. L'espoir qui le faisait tenir et supporter l'aridité de sa vie, c'est qu'elle devait repasser par Autun à l'automne. Il se promettait de ne plus laisser filer l'occasion. Il l'enlèverait à la barbe du chevalier !

Ils travaillèrent dur toute la journée du lendemain. Mélisende voulait prouver ses capacités techniques. Elle en oublia de minauder. Le deuxième soir fut semblable au précédent : cette fois encore ils dormirent séparément.

Au matin ils se remirent en route pour Autun. Mélisende, cavalière débutante, qui avait beaucoup souffert, à l'aller, sur le cheval de location, pourtant très doux, que le sculpteur lui avait procuré, avait trouvé son assiette. Ils allaient au pas de leur monture; Gislebertus, content de leur travail, était moins pressé. Ils devisèrent paisiblement botte à botte, chacun refoulant ses douleurs ou ses aspirations secrètes, heureux de cette camaraderie nouvelle. Mélisende ne voyait plus seulement Gislebertus comme une idole sur un piédestal. Si elle l'admirait toujours, elle comprenait, à le côtoyer davantage, qu'il était aussi un homme avec ses propres angoisses et ses propres fragilités. Elle l'avait choisi, c'est ainsi qu'elle l'aimait, qu'elle le voulait.

*

L'été passa. Les foules commençaient à arriver pour les fêtes de la Saint-Ladre et la grande foire, l'une des six plus importantes du royaume de France. La date du premier septembre commémorait l'anniversaire de l'arrivée des reliques de saint Lazare à Autun en 972. Le portail du transept, seule entrée, alors, de la basilique, était prêt à engloutir le flot des pèlerins. Tous les échafaudages de sa façade et les entretoises de soutien avaient été enlevés. Mélisende et ses deux petits aides avaient travaillé comme des forcenés pour terminer à temps la mise en couleurs du porche.

Le samedi 29 août l'évêque vint en grande pompe apprécier l'ouvrage et féliciter toute l'équipe des bâtisseurs de la basilique. Etienne de Bâgé était accompagné ce jour-là du chevalier Bérenger qui comme convenu repassait par Autun avant de repartir en Terre sainte.

Le guerrier marchait, drapé dans une longue robe de soie chamarrée, la tête haute, le sourire élargi : son épouse Ombeline attendait un enfant. Il confia qu'elle aurait aimé venir avec lui revoir le chantier à l'avancement duquel elle était très attachée. Mais elle avait sagement préféré, vu son état, ne pas se déplacer afin de se reposer un peu avant d'entreprendre très bientôt le long voyage vers Tripoli. Elle avait donc chargé son mari de saluer de sa part les compagnons et en particulier le tailleur de pierre qui l'avait initiée à la sculpture.

Gislebertus reçut ces informations en apparence sans broncher. Pourtant ses doigts se crispèrent sur le manche de sa massette : il brûlait d'envie d'en balancer un coup dans le visage du chevalier pour lui briser la tête, effacer son sourire insolent. Il trouva la force de composer face à son rival, le mari de sa bien-aimée, face à son commanditaire l'évêque, face à Dieu qui accablait le pêcheur adultérin. Mais il se sentait anéanti.

Durant ces deux longs mois depuis le départ d'Ombeline, il avait tenu le coup tant bien que mal. Jour après jour il avait attendu son retour. Il savait qu'elle et son mari devaient repasser à Autun pour *la Saint-Ladre.* Il avait, dans une spéculation folle, espéré qu'au bout de ce temps le chevalier Bérenger se serait lassé de son épouse, ou qu'elle aurait trouvé les moyens de se libérer. C'était le contraire, le pire, qui s'était passé et voilà qu'elle restait attachée à Bérenger par des liens supplémentaires imprévus.

*

Le lundi trente et un août, une partie au moins du chantier était ouverte, même si le lendemain serait forcément férié. Commanditaire de la Fabrique, la Confrérie de l'Œuvre- Saint-Nazaire, qui finançait les travaux, estimait en effet important que les marchands, les badauds, les fidèles, venus parfois de très loin pour la foire, voient les bâtisseurs en action : cela les incitait, parait-il, à plus de générosité pour apporter leur contribution à la poursuite de la construction. Une partie des maçons et des manœuvres, ceux qui hissaient les pierres ou travaillaient sur les échafaudages, avaient pris congé. Il n'était pas question que la populace qui admirait la basilique et se faufilait partout pour voir de plus près, risquât d'être blessée par la chute d'un seau de mortier ou une planche mal fixée. Seuls les tailleurs de pierre, le sculpteur, la jeune peintre et ses aides travaillaient sous le regard des visiteurs et des marchands forains qui commençaient à déployer leurs étals alentour. Mélisende, juchée sur son échelle maintenue par le petit Syagre, apportait aux ailes bleutées d'un ange quelques retouches demandées par l'Œuvre.

Gislebertus, rageur et révolté, sculptait un diable aux cheveux de flamme. Sans cesse dérangé par les curieux, qu'il accueillait d'ordinaire avec bienveillance mais qui l'irritaient ce jour-là, il s'en voulait de lever souvent les yeux de son travail, comme s'il pouvait espérer la seule visite, impossible, qui lui tînt à cœur. C'est ainsi qu'il s'aperçut que des badauds qui voulaient entrer dans la basilique bousculaient le gamin Syagre et menaçaient l'équilibre de l'échelle où se perchait Mélisende. Inquiet, il lui intima l'ordre de descendre. Il était inutile qu'elle risquât une chute pour répondre au caprice coloriste de quelques chanoines toujours insatisfaits.

Pendant la pause du déjeuner, ils pestèrent tous deux contre les ignorants qui voulaient leur apprendre leur métier et leur imposaient des contraintes esthétiques absurdes. Le sculpteur était à bout de nerfs. La jeune fille proposa, pour lui changer les idées d'aller le lendemain après l'ennui des diverses cérémonies imposées, en promenade loin de la foule. Elle connaissait un endroit « magique » qu'elle souhaitait montrer au sculpteur. Gislebertus, démoralisé par les paroles de Bérenger, était resté seul la veille, enfermé chez lui, prostré, toute la journée de ce long dimanche, à attendre en vain l'improbable Ombeline.

Il fut tenté.

46. *Mardi 1er septembre, à la fête de Saint-Ladre, une effrayante procession.*

Le lendemain, premier septembre, les pèlerins entrèrent en nombre dans la ville d'Autun en fête.

Les lépreux avaient été accueillis les jours précédents à l'extérieur des remparts dans la maladrerie d'en Fleury. Dans les prés alentour, de grandes huttes et des abris de toiles avaient été montés pour accueillir tous les ladres, galeux, pustuleux, verruqueux, pelés, desquamés, scrofuleux, tachés de vin, et autres malades de la peau, qui espéraient guérison par l'intermédiaire des reliques miraculeuses de saint Lazare.

Quand on ouvrit les portes de la ville à l'aube, les lépreux furent les premiers autorisés à pénétrer dans l'enceinte, comme en signe de reconnaissance d'une prééminence dans l'horreur qui mettait à l'honneur les plus réprouvés et les plus infirmes.

Depuis que le mal s'était répandu avec virulence au retour des premiers croisés, on commençait à craindre la contagion. Dans beaucoup d'endroits, de plus en plus souvent quand un malade était signalé, on l'arrêtait et on le menait à l'église. S'il était reconnu lépreux, on chantait sur lui l'office des morts. Puis on le conduisait à l'enclos des ladres où il finirait sa misérable existence.

Aucun médecin ne savait guérir cette maladie. Seul Dieu, par l'intercession de saint Lazare, pouvait prendre en pitié les malheureux réprouvés, leur pardonner leurs péchés, guérir leurs âmes et leurs corps. C'est pourquoi les pèlerins venaient en foule à

Autun. Un certain nombre d'entre eux étaient riches ou puissants, ce qui leur avait permis de voyager jusque-là.

L'évêque Etienne de Bâgé, en grand apparat sur sa mule de cérémonie, accompagné des dignitaires ecclésiastiques en chasubles somptueuses, les attendait de l'autre côté de la porte Saint Andoche. Aux roulements des tambours, le cortège s'ébranla. Sous la conduite du chanoine Denis, la maîtrise, chantres, sous-chantres, et enfants dans leur robe rouge, suivaient en psalmodiant des hymnes à la gloire de la Résurrection. Derrière, tout le monde s'écarta d'instinct pour laisser passer les épouvantables réprouvés : visages purulents sans nez ni oreilles, bouillies rosâtres où surnageaient des yeux limpides ; mains mitées aux phalanges amputées. La colonne des autres malades s'étirait longuement. Lambremont, l'homme-arbre, s'était glissé dans le cortège, le cœur empli d'un dernier espoir de guérison.

Les badauds, nombreux, refluaient au passage des malades, effrayés mais fascinés par la laideur de ces morts-vivants. Les pèlerins disciplinés montaient vers la basilique qui verrait leur guérison promise. La procession traversa des jardins et vergers poussés sur les ruines romaines, le long de ce qui avait peut-être été, au cœur de la cité, l'ancien champ de Mars ou le forum. Le regard tendu vers la citadelle épiscopale et ses reliques dont ils attendaient tellement un miracle, la plupart ne jetèrent pas même les yeux à leur gauche sur le foirail qui s'installait là, avec des centaines de bœufs, moutons, chevaux, et porcs noirâtres à longues soies, conduits par les bergers et bouviers qui, après avoir marché toute la nuit, étaient entrés par les autres portes. Plus loin, les forains avec leurs baraques déjà en place, camelots baratineurs, arracheurs de dents hypocrites, montreurs d'ours, bateleurs et danseuses peu voilées, regardaient silencieux, effarés, passer l'éprouvante procession.

Les pèlerins franchirent la porte châtelaine, et sur un tapis de feuillages et de fleurs, gravirent la pente pour déboucher rapidement sur l'esplanade des églises. Les reliques qu'ils venaient vénérer, et dont ils attendaient si intensément leur guérison, se trouvaient toujours dans un caveau scellé sous le chœur de la cathédrale Saint-Nazaire et n'avaient pas encore été transférées dans la basilique Saint-Lazare inachevée, destinée à devenir l'immense reliquaire de pierre capable d'accueillir les foules implorantes.

L'évêque avait donc décidé d'installer entre les deux édifices, au milieu de la chaussée fleurie, une tribune. Il descendit de sa mule pour s'asseoir un instant sur son trône, attendant que les chanteurs et musiciens ainsi que les divers dignitaires eussent pris place sur deux estrades plus petites, puis que la foule, contenue par les gardes, se fût amassée dans la pente, en contrebas.

Le portail peint de la basilique, au croisillon nord du transept, était visible de tous. Son tympan déployait, au-dessus du linteau d'Adam et Eve, l'histoire de saint Lazare et de sa Résurrection. Les commanditaires du chapitre avaient confondu le Lazare de la parabole du mauvais riche avec le Lazare ami du Christ. Les ulcères du mendiant de la parabole avaient évoqué l'idée de l'abominable lèpre. Par association, le Lazare, que Christ ressuscita, était devenu le patron vénéré des lépreux.

En face, devant le porche de Saint-Nazaire, au plus près des reliques, avait été édifié un grand catafalque recouvert d'une somptueuse étoffe bleue brodée d'or et de pourpre aux motifs d'une chasse au faucon. Curieusement, cette précieuse soierie arabe, ainsi qu'en attestait l'écriture brodée que personne à Autun ne savait déchiffrer, avait été tissée pour Abd al-Malik, dit Al-Muzzafar, ministre du calife de Cordoue. Elle provenait du butin enlevé par Alphonse VI de Castille lors de la prise de cette ville en 1077.

Quand tout sembla en place, l'évêque fit signe aux musiciens. Les tambours battirent impérativement, brièvement, quand il se dressa face aux malheureux. Le silence s'établit un instant, puis toutes les cliquettes d'os ou de bois, que les malades étaient forcés d'agiter pour signaler leur présence chaque fois qu'ils croisaient quelqu'un, furent entrechoquées avec un fracas inattendu, dans un même mouvement saccadé, dernier geste de soumission.

L'évêque leva le bras, obtenant un silence avide. Il désigna, à leur droite, le tympan merveilleusement sculpté et somptueusement peint, que les malades les moins éloignés pouvaient contempler. S'appuyant sur les images de pierre polychrome, il raconta, d'une voix plus onctueuse que forte, la victoire de Lazare sur la mort. Des crieurs, à l'élocution puissante, relayaient en langue romane son message. Etienne affirma encore la véracité de la présence des reliques du saint et leur extraordinaire pouvoir de rémission. Il invita ensuite la foule à confesser ses péchés. Les ladres et les autres pèlerins s'agenouillèrent avec la plus suppliante ardeur. Le rythme des tambours se fit plus trépidant. Chacun, faisant cliqueter son instrument pour couvrir le son de ses paroles, confessa ses péchés, dans un brouhaha formidable.

Peu à peu, le calme revint. L'évêque prononça :

« Ego te absolvo. »

Les premiers pèlerins furent alors invités à descendre, sur leur gauche, en file indienne, dans le *terreau*, le fossé qui protégeait l'enclos canonial. Ils devaient ensuite, devant le porche de Saint-Nazaire, se baisser pour passer sous le grand catafalque.

« *Lazare veni foras*. »

Ils en ressortaient comme Lazare du tombeau, purifiés de leurs péchés, lavés du Mal et débarrassés, parfois, de ses manifestations physiques.

Les pèlerins grimpaient la petite échelle, face au tympan et défilaient devant l'évêque qui leur donnait l'absolution avant leur entrée dans la basilique inachevée. Par moments, certains se mettaient à hurler d'une voix forte et convaincante. Ils affirmaient avoir été guéris par l'intercession du Bon Lazare. Aussitôt des membres du chapitre faisaient monter la pression en lançant des alléluias et des chants d'action de grâces, repris par la foule enthousiaste qui scandait en rafales le mot *Miracle, Miracle !*

Le premier à crier au miracle, ce jour-là, fut le seigneur Geoffroi de Salvenar qui se déclara totalement guéri. La foule trépigna d'exaltation et d'avidité jalouse. Geoffroy, dont la capuche cachait une informe gelée rosâtre où surnageaient des yeux ravis, fut invité à pénétrer dans le transept de la basilique inachevée, afin que le nouveau miracle fût notifié. En marque de joie et de reconnaissance, sa donation au chapitre d'une vigne située sur des coteaux ensoleillés fut enregistrée par un scribe. Le même scribe rédigea ensuite un précieux document attestant que le seigneur de Salvenar s'était confessé de ses péchés ce jour, et que par l'intercession de Lazare, il avait reçu la miséricorde de Dieu, et était guéri du mal qui le rongeait. Le seigneur Geoffroy pourrait rentrer chez lui la tête haute, et résister à son fils aîné qui voulait le faire enfermer dans l'enclos des lépreux.

D'autres membres du chapitre étaient à disposition des pèlerins qui auraient souhaité remercier l'Eglise par la donation d'un fief, d'une rente, de pièces d'orfèvrerie, de tissus précieux...

Il n'y avait pas eu de miracle pour Lambremont, l'homme-arbre. Il avait tellement espéré, pourtant, être guéri, lavé de la malédiction qui l'avait frappé. Sa déception était atroce. Il décida cependant de continuer à prendre pension dans la ville, au plus près quotidiennement des saintes reliques de Lazare, jusqu'à ce que Dieu prenne pitié de sa lamentable existence.

Les pèlerins, une fois leurs dévotions accomplies, pouvaient quitter la basilique par une petite porte au sud et rejoindre la foire. Ils débouchaient non loin des ateliers des artisans d'art qui avaient le privilège d'être installés à demeure dans la ville haute. D'autres orfèvres ou brodeurs de chasubles, des changeurs aussi, avaient loué fort cher, pour l'occasion, de solides bâtiments appartenant au chapitre pour exposer leurs trésors aux riches dévots. Une multitude d'étals de plein vent croulant sous les marchandises les plus diverses venues de Flandre, de Champagne, ou du Morvan, s'étaient imposés dans tous les espaces libres en dehors du clos canonial : entre les églises, sur les placettes, tout autour du chantier et jusque sous les échafaudages de la nef.

Les ladres pouvaient, ce jour-là, circuler à travers la foire et faire leurs emplettes. Ils n'avaient cependant pas le droit, pour faire leur choix, de froisser de leurs doigts mités les brocarts ou les draps flamands, de caresser les dentelles de Calais, encore moins de tâter les fromages. Ils devaient effectuer leurs transactions avec l'aide de parents, amis ou domestiques, et s'ils étaient seuls, louer les services d'un intermédiaire qui faisaient passer d'une bourse à l'autre les deniers nécessaires. Les marchands en effet prenaient des précautions pour éviter d'être directement au contact des malades, mais acceptaient sans problème toutes les monnaies ayant cours : l'argent n'a pas d'odeur, c'est bien connu. La pourriture de la chair ne gâtait pas son éclat.

L'évêque et sa suite restèrent sur la tribune jusqu'à la mi-journée. Ils rejoignirent le cloître du chapitre où un vin d'honneur, offert par l'Oeuvre-Saint-Nazaire, avait été mis au frais pour les personnalités qui avaient supporté stoïquement l'interminable, répugnant, mais pieux défilé. Guillaume le maître maçon, Gislebertus et Mélisende en faisaient partie. Ils observaient, écoutaient les réactions des pèlerins qui découvraient la basilique et la décoration du tympan. Ambert-Bouffi se chargeait de noter les critiques.

L'intendant Lotulphe livra hâtivement un premier bilan. Il semblait que la quête avait été excellente et le nombre de miracles aussi. Il apparaissait donc que les travaux de construction, programmés pour les prochaines années, pourraient se poursuivre, grâce aux efforts de tous…

47. *Où Mélisende réveille des rites oubliés.*

En fin d'après-midi, Gislebertus et Mélisende remontaient le long de la rivière Arroux, au milieu des prés et des champs désertés. Presque tout le monde était à la foire et l'on annonçait une grande parade, la représentation d'un mystère, puis des feux de joie, à la nuit tombée. La rivière claire et transparente paressait en de nombreux méandres.

L'instant était délicieux, mais le sculpteur boudait. Depuis quatre jours il passait par des périodes d'abattement ou de rage. Il était excédé, fatigué de cette journée où il avait dû supporter les remarques ineptes de certains pèlerins sur son travail, et les moqueries d'Ambert-Bouffi. Il était surtout en colère contre Ombeline qu'il avait attendue tout l'été, et qui, depuis quatre jours qu'elle était à Autun, n'avait pas même daigné se déplacer pour le voir. Pourquoi avait-elle envoyé son détestable mari le narguer en annonçant triomphalement qu'il l'avait engrossée ?...

Il regrettait d'avoir accepté d'accompagner Mélisende. Il avait cru qu'une promenade lui aurait fait du bien, l'aurait détendu un peu...

Quittant les berges fraîches et ombreuses, elle prit à droite un chemin que le sculpteur pratiquait peu. Il s'étonnait que cette fille si jeune connût des lieux qu'il ignorait. Un héron, le cou étiré vers le soleil couchant, s'envola devant eux et glissa dans un bruissement d'ailes juste au-dessus de leurs têtes. Ils suivirent une oseraie bien plantée qui croisait la route d'Arnay, en face des gibets du Champ de la Justice, où deux charognes nauséabondes témoignaient de la fermeté du duc de Bourgogne. Comme Gislebertus se détournait avec dégoût, Mélisende lui prit la main pour traverser le lieu maudit et rejoindre une langue de taillis épais piquée à mi- pente d'un bosquet de noisetiers.

Ils débouchèrent dans une étroite clairière oblongue au centre d'un étonnant alignement de pierres levées. Plusieurs d'entre elles étaient beaucoup plus hautes qu'eux. Curieux, Gislebertus, qui traînait jusqu'alors, s'avança de quelques pas. Par déformation professionnelle, il estimait que chacune devait bien peser au moins dans les dix ou douze tonnes de granit. Le sculpteur en compta près d'une trentaine, et tenta de comprendre leur disposition. Certaines avaient été renversées, d'autres sans doute manquaient. Il lui sembla discerner une sorte d'étrange allée sinueuse qui serpentait sur deux ou trois rangs jusqu'au bois sombre où les menhirs se confondaient avec les troncs. Les derniers rayons du soleil couchant, derrière l'oppressant fouillis émeraude du bosquet, caressaient le sommet des menhirs, scandant des verticales bordées de rose. Leurs ombres démesurées sur l'herbe crépusculaire alternaient des rayures vert sombre ou mordoré clair.

« Tu avais raison, ce lieu est proprement prodigieux» s'émerveilla-t-il.

— Je savais que tu serais enchanté » sourit la maligne, le visage rougi, illuminé de bonheur. « Mais pour que la magie du lieu opère davantage, il faut suivre les rites ancestraux.

— Quels rites ? De quoi veux-tu… .

— Suis-moi, viens avec moi.

Sa main tremblait dans la paume rugueuse du sculpteur. Il se laissa emmener dans le circuit de sa danse qui dessinait des entrelacs subtils autour des mystérieuses pierres levées. En suivant sans comprendre ses pas légers, il oubliait un moment ses soucis, se laissant fugitivement gagner par la joie sauvage communicative qui émanait de la jeune fille. Elle faisait virevolter sa tunique légère, tournait vers lui son visage enjoué et malicieux, où pétillaient ses yeux améthyste.

Elle s'arrêta brusquement, à peine essoufflée. Son élan le fit tournoyer et il se retrouva dans ses bras. Interdit, il resta un bref instant figé, puis succomba à cette douceur nouvelle et frissonnante qui l'enveloppait. Il sentit les lèvres de la jeune fille qui posaient un baiser au coin de sa bouche. Il répondit d'instinct, fougueusement. Le voile toujours si strict qui cachait les cheveux de Mélisende s'était un peu desserré. Il glissa ses deux mains dans cette magnifique chevelure entrevue à la cascade de la Montagne des Druides, et qui moussait maintenant somptueusement hors du tissu de chanvre en éclats cuivrés qui accrochaient les derniers rayons du soleil. Les longues chaudes opulentes mèches souples s'offrirent et descendirent en cascatelles sur les épaules minces et le cou délicat. Gislebertus plongea dans cette mer soyeuse pour y enfouir son visage, comme en signe de soumission, et l'inonda de petits baisers ravis sur les tempes tandis qu'il respirait l'odeur unique et capiteuse de sa chevelure.

Cependant la jeune fille se dégagea de son étreinte.

« Attends ici. Je reviens bientôt. »

Elle courut et disparut derrière un menhir. Etonné, interdit, il resta quelques instants ballant ne sachant quelle attitude adopter. Il avait envie d'elle, mais hésitait à la poursuivre, réjoui mais inquiet de ce qui arrivait. Pouvait-il accepter cette promesse de tendresse et de bonheurs suaves qu'il n'avait ni désirée, ni provoquée ? Pouvait-il se laisser séduire ? Fallait-il résister au Péché quand il prenait les traits espiègles et juvéniles, la joliesse si fondante de Mélisende ?

Il n'avait jamais ressenti autant le poids du péché quand il embrassait Ombeline. Ombeline ! Pourquoi ne pouvait-il s'empêcher de penser à elle, tandis qu'il était avec une autre, avec cette tendre Mélisende ? Ne l'avait-elle pas oublié ? Se souciait-elle de lui, tandis qu'elle se faisait faire un enfant par ce lourdaud de chevalier ? S'était-elle souciée de lui depuis deux mois, depuis ces quatre derniers jours qu'elle était revenue à Autun ? Rien ne le retenait désormais à la traitresse!

Pourquoi alors ce sentiment de culpabilité qui gâchait son élan ? Mélisende ne méritait-elle pas aussi d'être désirée? Pourquoi hésiter encore ?

Où était d'ailleurs passée la jeune fille? Il se tourna dans la direction où elle avait disparu, où s'était évanoui aussi le soleil à l'horizon rougeoyant des monts du Morvan. A la brune déjà indécise, mais dans son désir affirmé, il chercha Mélisende. Il ne se pressait pas, ayant quelque idée de l'issue de la soirée. Il contourna plusieurs des énormes monolithes. Sans la retrouver. Il poursuivit vers le couchant. A l'orée du bois, tout paraissait calme. Un oiseau, d'un caquet saccadé, signala son approche. Il s'enfonça quelque peu sous le couvert, mais il faisait déjà trop sombre. Il revint sur ses pas, serpentant dans l'incertaine allée de menhirs. Quand il déboucha au centre des pierres levées, une vision le suffoqua.

La svelte et pâle silhouette de Mélisende émergeait de la pénombre devant le plus haut menhir. Les bras ouverts en conque, elle tournait lentement autour du monolithe, affleurant de la pointe de ses petits seins la rugosité du granit, en psalmodiant une rauque litanie incantatoire. Puis elle enserra la haute pierre, idole grossière, comme une sangsue goulue aspirant les sucs oubliés de rites immémoriaux. Retenant son souffle, il la vit se hisser sur la pierre dressée. Par deux fois elle glissa, mais à la troisième tentative elle parvint à se percher au sommet. Elle resta là accroupie, en transe, comme si elle écoutait dans de murmures ensevelis. Sans comprendre encore, bouleversé, il s'approcha. La pâleur de sa peau nue se révélait dans le crépuscule. Elle n'avait gardé que son foulard, étroitement noué sur les yeux aveuglés.

Elle l'avait entendu approcher, et avant qu'il ait pu dire quelque chose :

« Aide-moi à descendre. Cette pierre est râpeuse. Je me suis écorchée. »

Elle tendait les bras vers lui, il s'avança, et la reçut dans les siens où elle se laissa tomber tremblante, trempée de la forte sueur de la transe sacrée. Comme il caressait instinctivement son sein très blanc et doux, d'un galbe tendre si émouvant, il sentit sous ses doigts une déchirure, la tiédeur inattendue d'un peu de sang. Elle tressaillit légèrement, et le repoussant doucement, s'écarta. Elle fit trois pas vacillants, et s'assit dans l'herbe.

Il voulut s'approcher et la reprendre dans ses bras, mais elle intima :

« Non, laisse-moi ! J'ai besoin de respirer. »

Etrangement docile, il était désorienté après la scène étonnante à laquelle il avait assisté :

— Je ne m'étais pas aperçu que tu étais blessée.

— Je me suis simplement écorchée en voulant grimper sur cette pierre. Ma cuisse aussi est écorchée, mais ce sang est bénéfique et si je saigne c'est à cause de toi.

— Mais quelle idée aussi, d'avoir voulu grimper sur ce menhir? »

Elle, si prompte à se moquer d'habitude, prit un air rêveur.

— Tu ne comprends rien, n'est-ce pas ? Tu es plus savant que moi qui sais à peine lire et encore moins écrire. Mais tu ne sais rien de ce qui est important. Tu ignores tout des forces occultes de ce lieu sacré et des rites séculaires. J'ai seulement voulu répéter ce que mes aïeules pratiquaient. Depuis des générations, quand elles aimaient un homme, les vierges de la région venaient secrètement, ici, questionner leur destin. En dansant autour des pierres sacrées, elles partageaient, confiaient leurs espérances… et recevaient peut-être des réponses.

— Comment peux-tu croire à de telles fariboles païennes? N'es-tu pas chrétienne ?

— Sans doute, comme tout le monde ! Cela n'empêche pas !... Tu sais, ma grand-mère, quand elle avait mon âge, venait en groupe, ici, avec ses amies. Moi, je suis venue seule: les traditions se perdent… Est-ce pour cela que le charme n'a pas opéré ? »

Il formula quelque banalité. Elle soupira :

« En dehors de ton art, tu ne sais pas grand-chose de l'essentiel, ni des aspirations secrètes des filles » Elle jeta dans un sanglot : « Je voulais que tu m'aimes, je voulais te lier à moi. Mais je sais que je n'ai pas réussi. Tu es toujours envoûté par une force plus puissante, par cette autre femme à laquelle tu penses sans cesse. »

Comme il se récriait, elle l'arrêta :

« Laisse-moi. Je vois bien que tu as peut-être envie de me faire l'amour. Mais je sens aussi que tu ne m'aimes pas. Tu restes toujours lié à l'Autre. »

48. *Où le 2 septembre sont dénoncés faussaires & sorcières.*

Le mercredi matin, Mélisende n'était pas à son poste. Elle, toujours si ponctuelle d'ordinaire.

A la vérité, le chantier était fermé à cause de la foire qui avait envahi tout l'espace. Mais, on le sait, le chapitre avait demandé aux deux artistes d'exercer leurs talents devant les visiteurs, au milieu des camelots.

Gislebertus s'étonna de son absence, sans trop s'inquiéter. Il l'avait raccompagnée et quittée la veille au soir au coin de sa ruelle. Ils avaient beaucoup parlé en rentrant sur Autun tandis qu'ils marchaient dans la nuit vers la ville en fête après les moments troubles de la danse de Mélisende avec les menhirs. Il avait tenté d'être franc avec elle, comme avec lui-même dans la confusion de ses sentiments. Avec dépit, il voulait bien admettre que la séparation avec Ombeline était désormais inéluctable, car elle ne lui avait laissé aucun espoir. Mais il ne se sentait pas prêt pour autant à refaire sa vie avec quiconque, même s'il avait appris à connaître et apprécier Mélisende, même s'il s'était découvert des affinités avec elle.

La jeune fille lui avait avoué son amour, ce qui n'était pas vraiment une révélation. Le sculpteur n'avait pas été sans remarquer auparavant qu'elle tournait autour de lui comme une gamine aguicheuse. Il ne l'avait, jusque-là, jamais prise au sérieux, mais il réalisait maintenant la sauvage violence du sentiment qui l'animait.

Mélisende, quoique folle dans ses provocations, brûlante dans l'acuité de ses désirs adolescents, ne voulait pas d'une passade. Elle souhaitait faire sa vie avec celui qu'elle aimait, elle le voulait comme mari.

Ce matin Gislebertus se demandait si l'absence de la jeune fille avait à voir avec les émotions de la veille. Il se trompait lourdement.

A midi, elle n'était pas venue, et il commença à vraiment s'inquiéter. Il envisagea de se rendre chez Pantaléon, son logeur. Mais à la réflexion il n'en fit rien, estimant indigne de s'abaisser ainsi en se montrant empressé. Elle ne vint pas déjeuner non plus. Gislebertus en eut l'appétit coupé.

Il envoya le petit Syagre s'enquérir d'elle. Le gamin revint effaré. Il avait trouvé porte close mais interrogé les voisins. En fait, Pantaléon, toute sa famille et Mélisende avaient été arrêtés sans ménagements, à l'aube, par les gardes de l'évêque. On ne savait la raison de cette descente de police. Gislebertus décida de se rendre au palais épiscopal. Comme il traversait le cloître du chapitre, il tomba sur son ami le grand chantre qui venait justement l'informer.

Denis l'entraîna à l'écart, à l'ombre de la galerie, et lui raconta, sous le sceau de la confidentialité, qu'un réseau de faux-monnayeurs venait d'être démantelé. Leur chef, à la grande honte du chapitre, en était le chanoine Gengoulph. Il avait été arrêté discrètement la veille, pendant les festivités de la Saint-Ladre. L'évêque savait depuis deux mois que de la fausse monnaie avait été fabriquée. Il avait pensé avec justesse que les faussaires profiteraient de la foire pour écouler leurs deniers. Sur son ordre, le prévôt avait disposé des informateurs et tendu un piège qui avait fonctionné. Monseigneur de Bâgé voulait agir vite pour profiter de cette période de cinq jours, à l'occasion des festivités, où le chapitre disposait de la concession, par le duc de Bourgogne, du droit de pleine et entière justice, non seulement sur le domaine épiscopal mais aussi dans toute la cité. Aussi avait-il réuni d'urgence son conseil, et « *La Cour L'Evêque* » avait siégé une grande partie de la nuit, décidant de mettre immédiatement le misérable Gengoulph à la question.

Sous la torture, le chanoine criminel avait avoué et dénoncé tous ses complices. La plupart étaient déjà sous les verrous. On avait en particulier capturé un autre gros gibier: c'était le seigneur Thibault de Saint-Prix, qui avait le bénéfice de certaines carrières et le monopole du transport des pierres, sables et graviers pour la construction de la basilique. Le seigneur-brigand n'échapperait pas au châtiment. Quant au faussaire habile qui avait fabriqué les coins de bronze destinés à la frappe des fausses pièces d'argent, ce n'était autre que Pantaléon, le fondeur. Baissant la voix, le grand chantre, précisa :

« Quand je pense - cela doit rester absolument entre nous, mais je peux te le dire maintenant- que certains membres du chapitre osaient te soupçonner, toi Gislebertus, d'avoir fabriqué ces fameux coins!

— Je ne savais même pas qu'il y avait un trafic de fausse monnaie. Je ne...

— Tu penses bien que j'avais toujours défendu ta réputation et ta probité.

— Je n'en attendais pas moins de toi et je t'en remercie. Mais que vient faire Mélisende, notre peintre, dans cette affaire ? »

Gislebertus ne voulait pas paraître porter un intérêt démesuré à la jeune fille. Mais il était normal qu'il se souciât d'elle. En fait, tout ceci le rendait très inquiet. Le grand chantre ne le rassura qu'à moitié :

— On ne sait pas exactement. Elle a eu le tort de prendre pension chez le fondeur criminel. Elle est peut-être complice, comme elle peut aussi bien être innocente. Pantaléon, qui a avoué beaucoup sous la torture, la dédouane. C'est plutôt positif pour elle. Cependant, il reste des vérifications à accomplir. Cette Mélisende mène une vie mystérieuse. On dit qu'elle se rend toutes les fins de semaine dans une retraite connue d'elle seule. Ce lieu écarté pourrait servir de dépôt clandestin. »

Pendant que le brave Denis parlait, le sculpteur serrait les dents en silence. Elle l'avait justement hier invité pour le prochain dimanche dans cette mythique maison de Fretoy au milieu des bois, à laquelle elle paraissait si attachée. C'était, lui avait-elle dit, son royaume secret, le lieu enchanté de son enfance qu'elle désirait lui faire découvrir. Il songeait amèrement que, s'il l'avait accueillie la veille au soir dans son petit logement, elle n'aurait sans doute pas été arrêtée. Ils avaient hésité, au moment de se quitter, presque devant sa porte où dormait le chat roux. Il l'avait sentie brûlante à ses côtés ; la proximité délicieuse de ce jeune corps l'avait affolé, mais il avait résisté.

Denis le tira de ses réflexions amères.

— Viens avec moi. »

Il l'entraîna vers le poste de garde.

La *Cour L'Evêque* ne s'était pas encore prononcée sur la culpabilité de Mélisende. On attendait le résultat d'une perquisition dans son antre de la montagne. Contrainte et forcée, la jeune fille avait bien évidemment accepté de conduire dans son domaine les envoyés du chapitre: ils pourraient constater qu'il n'y avait chez elle rien de caché qui ressemblât à de la fausse monnaie, ou à des éléments de fabrication de fausse monnaie. Le chapitre avait désigné deux enquêteurs : l'archidiacre Girart et le grand chantre en sa qualité de chanoine « operarius » chargé de la bonne marche du chantier où travaillait Mélisende. Gislebertus, en tant que patron de la jeune peintre, demanda l'autorisation de les accompagner. Il obtint l'approbation de Denis malgré les réticences de l'archidiacre.

On amena entre deux gardes la prisonnière tirée au bout d'une corde, les mains liées, la pommette droite tuméfiée. Gislebertus, révolté, s'apprêtait à protester vertement quand Denis lui fit signe impératif de se taire. La jeune fille aperçut son ami et devint plus pâle encore que d'habitude. A l'étonnement des autres, qui prirent cela pour une provocation, son œil se mit à briller d'une joie insolente. Elle ne dit mot, cependant.

« Les chevaux nous attendent. » commanda le sergent-chevalier Gombaud. Et se tournant vers Mélisende : « Toi, manante, tu courras attachée derrière les canassons. Tâche de ne pas nous retarder. »

Le sculpteur intervint :

— Mais elle sait monter à cheval. Donnez-lui un poney, nous gagnerons tous du temps et serons sûrs de revenir avant la nuit. »

Le grand chantre soutint l'opinion de son ami. Le sergent détestait Gislebertus, les deux hommes s'étaient accrochés très violemment début juillet le long des remparts la nuit où le sculpteur cherchait à rejoindre Ombeline. Il n'osa cependant pas s'opposer. Quant à l'archidiacre, il avait hâte de rentrer. On hissa donc la jeune fille sur une vieille jument fatiguée mais calme. On attacha ses mains liées au pommeau de la selle, et sa jument au hongre du deuxième garde.

Elle les conduisit à Fretoy. On n'y trouva aucune trace d'un atelier ou d'un dépôt susceptible de l'impliquer dans le trafic de fausse monnaie. Mais c'est autre chose qui attira l'attention soupçonneuse de l'archidiacre et l'étonnement des visiteurs.

La chaumière-atelier de Mélisende était remplie d'étranges écorces peintes aux couleurs éclatantes, de masques fantastiques empennés, et d'autres objets et figurines indéfinissables. Gislebertus, quant à lui, voyait son angoisse se transformer en surprise émerveillée. Il découvrait que Mélisende était comme lui une vraie créatrice. Il ne l'avait jusqu'ici considérée que comme une exécutante habile, appliquée à mettre en couleurs les œuvres sculptées qu'il avait conçues. Et voilà que dans la solitude de son domaine, la jeune fille secrète avait enfanté un univers imaginaire extraordinaire.

Cependant pour l'archidiacre venimeux et borné, l'affaire était claire: ils se trouvaient dans l'antre d'une chamane, d'une sorcière. Il désigna, en hoquetant de répulsion et d'indignation chrétienne, un objet étrange dressé devant eux et qui montait jusqu'aux chevrons de la chaumière. Une grande roue verticale en osier tressé emprisonnait une chouette hulotte empaillée, aux ailes étendues dans un filet de chanvre. Elle était accrochée à une claie passementée de festons de tissus, d'entrelacs végétaux, de panaches de crins de cheval, de filasse, de franges, de ganses, de rubans, de nattes de laines teintes. On y voyait aussi une souris desséchée, et tout en bas, une taupe qui sortait le museau d'un fouillis de chiffons.

« C'est une sorcière » éructait l'archidiacre. « Voici l'autel monstrueux de je ne sais quel culte impie.

— C'est une sculpture » se défendit la jeune fille !

— Ne me fais pas rire, sorcière ! Gislebertus fabrique des images saintes sculptées dans la pierre. Cela n'a rien à voir.

— Il est vrai que je ne taille pas la pierre comme Gislebertus. J'emploie les matériaux qui me conviennent. Mais, comme lui, je crée : j'invente des installations qui évoquent des histoires. Gislebertus nous parle du Bien et du Mal, de la Vie, de la Mort et de la Résurrection. C'est ce que je fais aussi, à ma façon. Ce panneau-ci raconte le combat pour la vie : la chouette tue et mange la souris, la…

— Tais-toi, sorcière !

— Ecoute plutôt mes explications. Je suis aussi bonne chrétienne que toi, dignitaire prétentieux et obtus.

— Faites-la taire. Bâillonnez-la ! »

Gombaud s'avança pour saisir la jeune fille aux mains entravées. Mais elle se débattit et tenta de griffer ou mordre comme une belette traquée. Gislebertus se précipita pour immobiliser, d'une poigne vigoureuse, le sergent à la trogne belliqueuse. Mais dans l'altercation, le soudard avait arraché la volumineuse coiffe de la jeune fille. Ses magnifiques cheveux roux éclatèrent dans le rai de lumière en ondulations somptueuses comme des escarboucles.

L'archidiacre Girart éructa de plus belle :

— Voici la preuve qui confirme mes soupçons. Le Diable l'a marquée de sa couleur infernale. Je le savais. D'autres l'avaient déjà dénoncée. Regardons sur son corps s'il y a d'autres signes maléfiques laissés par le démon.»

Girart se précipita pour arracher les vêtements de la malheureuse. Il avait déjà la main sur son col gracile, dénudant son épaule et un peu de sein prometteur, quand une gifle retentissante du grand chantre, qui avait devancé Gislebertus, le cloua sur place :

— Tu n'as pas été nommé inquisiteur, que je sache ! Ne pose plus tes pattes sur cette enfant, si gracieuse et appétissante qu'elle soit ! »

Le colosse toisait le courtaud Girart qui n'osait répliquer. Il commanda :

« Rentrons au palais épiscopal. Ce sera à *la Cour l'Evêque* de juger. »

Le jugement eut lieu la nuit même. L'évêque et le chapitre ne voulaient pas laisser traîner les choses.

*

Entre-temps, Bérenger, avec Ombeline, et toute sa troupe en armes, avait quitté Autun, accompagnant une petite caravane de marchands à qui le chevalier accordait sa protection. Ils avaient passé sans encombre les formalités de péage et la fouille de leurs bagages. Le soleil était à son zénith quand le convoi avait fait une halte un peu à l'écart de la route principale. On avait laissé boire les chevaux dans l'abreuvoir d'un domaine viticole au pied d'une vigne dont les lourdes grappes promettaient pour la fin du mois une récolte appréciable. Les marchands avaient retrouvé là un clerc rondouillard, à la riche robe de soie plissée aux motifs verts et mauves, le chanoine Foulques. Deux acolytes patibulaires, les voleurs assassins du sacristain de Saint-Pierre-L'Estrier, surveillaient cinq mulets déjà bâtés.

Quand chacun avait repris la route, les cinq mulets s'étaient ajoutés au convoi que protégeait Bérenger. Les huit tonnelets de vin que portaient les bêtes seraient bus avant la fin du voyage. Mais les deux grosses sacoches renfermant l'argenterie volée, arrimées sur la dernière mule, devaient être revendues, à grand bénéfice escompté, au royaume de Jérusalem.

Lazare et Emiland, étaient rentrés impunément à pied à Autun. Le chanoine Foulques, leur riche complice, avait encore des affaires à régler sur place dans son domaine viticole avec l'intendant local. Il était parti un peu plus tard, mais était arrivé sur sa mule dans la cité épiscopale avant les deux voyous, allégé d'un gros souci et la bourse généreusement alourdie.

*

Le lendemain, Gislebertus avait reçu une visite hâtive dans son logis solitaire. C'était Mathilde, dame de compagnie de la comtesse Ermentrude. Elle était chargée d'un message oral d'Ombeline pour le sculpteur. Mathilde n'avait pu venir plus tôt car tous les domestiques avaient été consignés au palais pendant la foire jusqu'au départ des croisés.

Ombeline faisait dire qu'elle regrettait de tout cœur de n'avoir pu revoir le sculpteur pendant les cinq jours passés cloitrés à Autun. En effet, son mari, sous le prétexte fallacieux d'une grossesse difficile et d'obligation de repos avant un voyage éprouvant, lui avait interdit toute sortie. La vieille comtesse avait soixante-seize ans. Elle perdait la tête et n'avait pu s'opposer à son gendre. Ombeline avait tenté précédemment de faire passer un message par Celse, époux de sa suivante Radegonde, qui paraissait moins surveillé. Peine perdue !

Ombeline était obligée de suivre le chevalier, son mari. Elle pensait ne jamais revoir, hélas, Gislebertus. Mais elle ne pourrait jamais l'oublier, même si elle parvenait à l'autre bout du monde. Il resterait le seul homme de sa vie. Elle l'aimait toujours, éperdument.

A Gislebertus, très éprouvé, qui la pressait de questions, Mathilde avait indiqué qu'elle avait transmis intégralement le message mais ne saurait en dire davantage.

*

Selon le jugement de la « Cour l'évêque », les faux deniers retrouvés avaient été confisqués, de même que les réserves illicites de métaux précieux; les coins ayant servi à la frappe avaient été détruits. Thibault de Saint-Prix, le fossier; Charibert et Gondebaud, les contremaîtres ; Bourdoisel, le corroyeur ; Pantaléon, le fondeur; la veuve Bondelue et quelques comparses furent déclarés coupables d'avoir commandité, fabriqué ou trafiqué de la fausse monnaie. Sur la grande place du château épiscopal, au pied de la cathédrale Saint-Nazaire, du baptistère Saint-Jean-de-la-Grotte, de l'église Notre-Dame et de la basilique Saint-Lazare en construction, on avait dressé une estrade et un gibet.

Devant la population massée, on trancha la main droite des faux-monnayeurs, puis on les pendit. On pendit aussi Ursule, la bossue au si beau visage et la délicieuse Pétronille. Ambert-Bouffi était au premier rang pour assister à l'exécution. Sur l'échafaud, tandis que le bourreau passait la corde à son cou fragile, Pétronille, terrorisée, cherchait autour d'elle parmi la foule avide de sang un regard compatissant: elle croisa les yeux du fou qui la fixaient de façon sardonique. Elle hurla, au paroxysme de l'hystérie. Elle venait de reconnaître le salaud qui l'avait violée, il y avait presque quatre ans, lui laissant en prime, outre un bâtard, une peur perpétuelle.

C'était parce que les parents de Pétronille avaient porté plainte contre lui, que le bouillant jeune homme avait vu sa carrière ecclésiastique brisée. Il aurait dû être pendu, lui aussi, à l'époque, si l'évêque ne lui avait pas fait grâce de la vie en le tirant de la prison où il croupissait pour en faire son fou de cour. On n'avait pas daigné prévenir Pétronille de la grâce accordée au misérable. Très perturbée, elle était restée longtemps recluse chez ses parents qui veillaient sur elle et le petit bâtard trop tôt venu. Pétronille avait peur de tout, peur du noir, peur des hommes, effrayée même de la beauté séduisante de son corps, qui avait suscité de si répugnantes convoitises et de si détestables violences.

Elle avait bien aperçu quelquefois Ambert, sans reconnaître dans le Bouffi au nez rouge de clown, aux étranges vêtements bariolés et au gros ventre mou, le mince séminariste à la robe austère qui l'avait entraînée, un sombre soir d'hiver dans les orties au bas des remparts pour la violer sauvagement. Dans le paroxysme de sa terreur, elle reconnaissait maintenant, sous le maquillage burlesque, les yeux épouvantables de celui qui l'avait martyrisée.

*

Les cadavres des pendus nourrirent les oiseaux pour l'édification de la population. Juste le temps de marquer les esprits, car si les chanoines supportèrent stoïquement l'odeur épouvantable, les ouvriers du chantier de la basilique menacèrent de faire grève si l'on ne décrochait pas promptement les charognes.

On avait procédé en grandes pompes aux obsèques du chanoine Gengoulph, qui, selon l'annonce officielle, aurait été retrouvé mort un matin dans son lit. La « Cour l'Evêque » n'avait pu se résoudre à ce qu'un membre du chapitre cathédral fût officiellement et publiquement puni.

Quant à Mélisende, son cas avait donné lieu à des désaccords et des polémiques. Gislebertus avait vigoureusement plaidé sa cause auprès d'Etienne de Bâgé et assuré qu'il se portait garant de sa collaboratrice. Le conseil épiscopal voulut bien l'innocenter pour la fausse monnaie, mais tergiversa pour l'accusation de sorcellerie. Finalement elle fut lavée aussi de cette accusation. Cependant, la « Cour l'Evêque », en raison de l'image sulfureuse que Mélisende avait pu montrer, et parce que de toutes façons, la présence d'une femme trop libre et indépendante sur le chantier de la basilique ne pouvait, comme on l'avait constaté, qu'apporter des troubles, décida que la jeune femme aurait la vie sauve mais qu'elle serait bannie sur tout le territoire du diocèse. On lui donnait donc quelques heures, à la nuit, pour prendre discrètement ses bagages et disparaître, sinon on la brûlerait vive.

Elle voulut récupérer son matériel de peintre et son grand compas, enfermés dans la loge du chantier. Denis l'accompagna chercher la clef chez Gislebertus. C'était aussi pour la jeune fille le prétexte de revoir le sculpteur. Après leur avoir laissé un bref instant d'effusions, Denis les mit en garde : il avait pu intervenir pour sauver Mélisende d'une mort affreuse et lui obtenir une relative liberté. Mais il fallait qu'elle sache, que tous deux sachent que « la cour l'évêque » leur tendait un piège. Le sculpteur avait des ennemis puissants qui attendaient un faux pas. Ces malveillants avaient remarqué sur le chantier comme la jeune fille tournait autour de son patron. Ils étaient persuadés que Mélisende chercherait à enfreindre les interdictions du jugement en essayant de revoir Gislebertus. Ce qui permettrait d'accuser le sculpteur de complicité, et causerait sa perte. Comme Mélisende pleurait sur l'épaule de celui qu'elle aimait, le grand chantre insista. Le temps pressait. Elle saurait bien de son exil faire passer des nouvelles à ses amis. L'automne approchait, le chantier fermerait. Si tous deux le souhaitaient, ils pourraient à ce moment-là se retrouver ailleurs qu'à Autun, hors du diocèse.

Ils n'échangèrent qu'un bref baiser. Déjà Denis emmenait Mélisende.

Le sculpteur resta seul, hébété.

Il avait espéré tout l'été qu'Ombeline lui reviendrait. Se gardant en vain pour elle, il avait refusé de voir l'amour que lui portait Mélisende. Dans les sables mouvants du désespoir où il perdait pied, la jeune fille lui avait offert son bras pour le tirer du marécage. Mais voilà qu'au moment où il revenait sur le rivage en titubant, le sol s'effondrait de nouveau.

Gislebertus, rongé d'amertume, perclus de regrets, ravagé de remords, n'avait plus goût à rien. Pourtant, par habitude, il avait repris sur le chantier de la basilique ses outils et son travail. Il sculptait pour s'abrutir. Il pensait que son œuvre était vide, vaine comme son cœur, puisqu'il n'était plus porté par les élans de l'amour.

Il ne réalisait pas encore que c'était justement dans la profondeur de sa solitude, de sa faiblesse et de son désespoir, mais aussi de sa Foi ardente, qu'il puiserait l'audace de continuer à sculpter le nouveau tympan de la basilique avec une expressivité, une force inégalées.

Epilogue. *Dix ans après. 22 avril 1142. Héloïse.*

Héloïse avait marché toute la journée, accomplissant les cinquante-cinq kilomètres depuis Saint-Marcel-lès-Chalon jusqu'à Autun. Elle était désespérée et terriblement lasse, pieds écorchés, salis de boue, d'herbes et de sanie, jambes lourdes, dos harassé, tête emplie de merveilleux souvenirs flamboyants et de réalité morbide, débordant d'un excès de réflexions amères.

Elle s'était arrêtée ce soir-là devant le portail du croisillon nord de la basilique Saint-Lazare pour accomplir le dernier vœu de son cher Abélard.

Pour la première fois, une semaine auparavant, elle avait pourtant rompu la soumission totale qui la liait depuis vingt-sept ans au seul homme de sa vie. Elle avait jadis obéi à son moindre désir, le prenant au mot ou devançant même ses intentions, se donnant avec passion, vivant intensément, mais si brièvement, la fusion de leurs corps. C'est ainsi qu'elle avait même accepté,- c'était cependant le crève-cœur absolu - de renoncer à tout pour se consacrer aux rigueurs et ascèses de la vie monastique, de supporter, avec une docilité répugnante et atroce, l'éloignement physique, la privation des corps, la frustration du plaisir, pour ne conserver que la fusion éthérée de leurs âmes. Héloïse avait toujours consenti aux exigences d'Abélard, même les plus révoltantes, parce que c'était à chaque fois une nouvelle preuve d'amour qu'il attendait d'elle: elle n'avait jamais rien su lui refuser. Cette entrée en religion pour lui plaire, cette vie de recluse, ce paroxysme insensé de l'amour qui l'avait séparée pour toujours du seul homme qu'elle aimait, étaient le contraire même de ce qu'elle aurait souhaité.

Pour la première et dernière fois donc, elle lui avait désobéi. Elle avait osé transgresser enfin les conventions qu'il lui avait imposées. Quand il lui avait fait savoir par un messager que sa dernière heure était proche et qu'il lui demandait de prier pour le repos de son âme, Héloïse s'était décidée instantanément. Elle avait considéré qu'elle devait aller contre la volonté proclamée, pour satisfaire à la volonté inavouée d'Abélard. Elle s'était mise en route aussitôt, non sans avoir troqué l'habit respecté d'abbesse contre une misérable mais anonyme tenue pèlerine. Elle s'était hâtée, à marches forcées, de parcourir les deux cent cinquante kilomètres entre son monastère du Paraclet à Saint-Aubin près de Nogent-sur-Seine et la retraite du prieuré de Saint-Marcel non loin de Chalon sur Saône où l'abbé de Cluny, Pierre le vénérable, avait accordé l'hospitalité au malade Abélard.

Elle était arrivée la veille, bénéficiant de la complicité discrète du fidèle disciple Eusèbe qui l'avait fait prévenir, juste à temps pour serrer secrètement l'homme de sa vie une dernière fois dans ses bras. Comme elle l'avait deviné, Abélard, moribond, attendait sa visite interdite : il se laissa aller à admettre que malgré les apparences de leur piété, malgré les discours édifiants qu'il prodiguait et les rigueurs monastiques exemplaires qu'elle s'était imposées, ils n'avaient pu se résoudre à cesser de s'aimer.

En expiation de leurs péchés, de leur péché d'amour commun, ils avaient supporté déjà leur châtiment terrestre, leur lot d'épreuves, pratiqué les pénitences les plus difficiles, connu surtout l'enfer de la séparation. Il était temps, après d'interminables années d'éloignement, que Dieu, dans son infini pardon, permît que leurs corps purifiés soient rapprochés dans un instant dérobé, au moment où l'un d'eux allait quitter ce monde.

Mais il était bien tard pour se réjouir ou s'inquiéter de ces retrouvailles interdites. Abélard avait déjà reçu l'Extrême Onction. Il était si faible, usé à soixante-trois ans par une vie tumultueuse qui avait vu se multiplier le nombre et l'acharnement de ses ennemis.

Il lui avait demandé de veiller à faire rapatrier son cadavre pour qu'il soit inhumé dans son cher Paraclet afin, quand l'heure serait venue aussi pour elle, qu'elle puisse le rejoindre dans son lit de terre fraîche où leurs corps, qui avaient été si ardents dans leurs étreintes, reposeraient enfin délicieusement réunis, ossements blanchis et purifiés, pour l'éternité. Elle le lui promit, comme elle en avait l'habitude, puisqu'elle avait toujours fait ses quatre volontés, avec le contentement de la passion partagée.

« Si tu m'as tenue si étroitement liée, c'est que je fus toujours la proie d'un amour immodéré. »

Elle ne pouvait rester que cette nuit auprès de lui. Elle devrait s'enfuir avant l'aube par une porte dérobée sans se faire remarquer. Il fallait vis-à-vis de l'Eglise et pour conforter leurs réputations respectives, que cette visite, dernier sursaut d'amour, restât leur secret. Elle s'engageait en revanche à écrire pour persuader leur ami de Cluny, l'influent abbé Pierre-le-Vénérable, de faire le nécessaire pour rapatrier son corps au Paraclet. Elle l'assura qu'elle saurait trouver les accents et les mots pour le convaincre.

Rasséréné, détendu, il s'était laissé aller sur la paillasse, la tête sur ses précieux livres en guise d'oreiller. Elle avait pris sa belle main amaigrie dans la douce sienne, et paisiblement, ils se firent leurs confidences et mêlèrent leurs deux esprits si brillants.

Nous n'aurons ni l'impudeur ni l'impudence de nous immiscer dans leurs effusions intimes. Sachez simplement qu'il lui fit compliment de sa beauté qu'elle avait conservée malgré les jeûnes, les macérations, les pénitences de la vie monastique.

« Tu n'as pas changé » lui avait-il assuré, le souffle court mais de la voix la plus sucrée et de l'œil le plus caressant.

— Je ne me souvenais pas que tu fusses aussi menteur. J'ai déjà quarante ans. Je suis maintenant devenue une vieille femme qui a bridé et brisé son corps à force de discipline et de mortifications. Pourquoi me serais-je efforcée de rester belle à tout prix, puisque le seul homme dont j'aurais aimé qu'il me contemplât, ne voulait plus me voir et avait exigé que je me morfonde loin de lui au monastère ?

— Je l'avais exigé pour notre Salut Eternel! »

Abélard avait voulu se défendre contre les reproches et la passion qui soulevait, sous la misérable et grossière robe de bure, la poitrine encore frémissante d'Héloïse. Il avait tenté de se redresser impérieusement sur sa paillasse, mais il fut pris d'une quinte de toux qui le laissa sans forces et le fit retomber.

— Ne revenons plus sur le passé. D'ailleurs nous l'avons suffisamment évoqué dans nos lettres. »

Elle lui tenait la main et lui souriait. Il murmura :

— Nous n'...nous n'avons plus le temps de... disputer maintenant.

— Je suis pourtant arrivée jusqu'à toi. Le temps qui nous reste ensemble est sans importance. Une seconde près de toi vaut l'éternité. »

Ils étaient restés silencieux dans la béatitude de leur complicité retrouvée. Il essayait de la dévisager intensément mais son regard se brouillait, sa pensée se perdait. Il luttait pour garder sa lucidité, pour conserver son image et l'emporter avec lui là où il devait aller...

Il faisait encore nuit quand le fidèle Eusèbe vint frapper discrètement à la porte de l'austère cellule d'Abélard. Il fallait partir maintenant. Héloïse baisa une dernière fois les lèvres si éloquentes désormais closes. Le disciple avait fait un signe de croix respectueux au-dessus de celui qui avait été l'esprit le plus brillant de son époque. Puis sans un mot, d'un geste il avertit Héloïse de se déchausser afin que le bruit de ses pas n'attirât pas l'attention lorsqu'ils devraient traverser le cloître. Il l'avait conduite discrètement vers une sortie dérobée.

Elle s'était retrouvée seule, dans l'obscurité, dans la bruine et le froid. Elle s'était assise, les dents serrées, sur un talus d'herbes et d'orties humides, pour relacer ses chaussures, puis était repartie, tentant de trouver son chemin dans la nuit. Les coqs chantaient, l'aube était proche. Elle avait entendu derrière elle, avec un frisson qu'elle avait aussitôt réprimé, sonner le glas. Elle avait accéléré le pas, comme pour échapper à la réalité morbide qu'impliquait la cloche terrible et obstinée. En vain. Quand elle n'avait plus entendu le tintement funèbre, dernier lien si ténu, emporté par le vent, elle avait continué dans le brouillard, tournant le dos à l'aube qui se levait. Elle avait poursuivi sa route tout le long d'une journée interminable, d'un pas qu'elle essayait de rendre régulier, secouée par instants de sanglots profonds. Peu à peu elle avait perdu la notion du temps, plongée dans ses regrets, marchant machinalement vers Autun sans se soucier de la pluie incessante.

La nuit était déjà tombée, quand, selon le vœu d'Abélard, elle était arrivée devant la basilique Saint-Lazare. Il faisait très sombre. Elle ne remarqua rien de particulier. Elle ne comprenait pas pourquoi Abélard avait voulu qu'elle vînt à cet endroit, et ne savait ce qu'elle aurait dû voir...

Il lui fallait songer à trouver un gîte. Elle était affamée: elle n'avait rien mangé depuis deux jours, et seulement bu l'eau des ruisseaux au bord du chemin. Un clerc lui conseilla de sortir sans plus tarder de l'enclos épiscopal et du château dont on allait fermer les portes, et de descendre tout droit. Sur ses indications, elle trouva asile pour la nuit dans l'hospice d'accueil dépendant du monastère de femmes qui jouxtait la porte Saint-Andoche.

La sœur tourière qui l'accueillit était charitable, sympathique et curieuse. Le repas du soir avait déjà été servi, chaque nonne ou pèlerine était déjà retournée à la chapelle ou au dortoir. Cependant, la tourière vit bien que cette mendiante tardive avait subi de dures épreuves et qu'elle avait grand besoin d'être réconfortée. Elle lui proposa de manger quelques restes sur un coin de table.

La sœur tourière aurait bien voulu en savoir plus sur cette visiteuse qui différait du troupeau habituel. Mais Héloïse n'était pas disposée à se dévoiler. C'est elle qui interrogea pour savoir si le sculpteur de la basilique, un certain Gislebertus, était encore à Autun : elle avait un message à lui transmettre de la part d'un ami décédé. La sœur était captivée. Elle subodorait quelque histoire secrète. Elle espérait qu'en parlant l'étrange voyageuse se trahirait.

Elle répondit que tout le monde à Autun avait entendu parler de Gislebertus. Elle-même l'avait connu, il y avait une dizaine d'années. Elle était alors encore bien jeune. La converse fit une pause.

Héloïse, un peu rassasiée, la regarda avec plus d'intérêt. Elle ne savait pas pourquoi son pauvre Abélard avait voulu qu'elle s'enquît de ce Gislebertus, mais il devait y avoir une raison. Cette sœur tourière lui donnerait peut-être l'explication.

Elle se permit de la dévisager. Sous la coiffe monastique, le visage se dérobait. Un reste de chandelle diffusait une maigre lueur incertaine. Cependant il semblait que ces traits, que la pénombre effaçait, étaient beaux.

— C'était un grand artiste.

— Pourquoi dis-tu c'était ? Il n'est plus en vie ?

— Je ne sais pas ; c'est une étrange histoire. Je n'en connais que des bribes. J'étais déjà au couvent quand c'est arrivé, il y a six ou sept ans environ.

— Qu'est-ce qui est arrivé?

— Je n'en suis pas sûre. On raconte bien des choses contradictoires. Dieu seul voit et nous juge. En tous cas Gislebertus a disparu vers cette période… Il n'était déjà plus là quand on a rassemblé les pierres qu'il avait taillées pour édifier le tympan du grand portail. Ses amis, l'ancien évêque et le chanoine Denis ont fait graver, en un hommage honorifique exceptionnel, son nom sur la façade : *Gislebertus hoc fecit*.

— Il me semble que tu en sais plus que tu ne veux dire.

— Que cherches-tu ? Pourquoi cette curiosité ?

— Pour être franche, avant-hier, je ne connaissais pas Gislebertus et je n'en avais jamais entendu parler. Je ne sais que son nom, et son métier. Mais un homme qui l'a connu et apprécié, son ami… » La voix d'Héloïse se cassa un bref instant. « Un homme, qui vient de mourir, m'avait confié un message pour lui. Je ne fais qu'accéder à son dernier souhait. »

Toutes deux, le regard brillant, s'efforçaient de briser la pénombre qui les enveloppait pour dévisager l'autre. La tourière reprit :

— Il avait quelques amis, des admirateurs, des compagnons. Mais en même temps des envieux, des jaloux…des ennemis peut-être. On dit qu'il aurait eu, avant sa …disparition, une violente altercation, on ne sait pourquoi, avec un puissant seigneur de retour de croisade. J'ai aussi entendu parler d'un homme retrouvé mort au pied d'un échafaudage de la basilique, sans doute après une mauvaise chute. Accident ? Des bruits ont couru. D'autres fous racontent… » La voix de la converse se fit un instant plus aiguë. « …racontent qu'une sorcière échappée d'un bûcher serait venue le prendre et l'emporter. Il y a encore ce fichu prêcheur exalté : il prétendait qu'à force de fréquenter les anges ou les démons pour les sculpter avec trop de force et d'expression, les uns ou les autres étaient descendus du ciel pour emporter Gislebertus en enfer ou au paradis. »

La tourière se tut. Héloïse, qui s'efforçait comme son modèle Abélard de se piquer de raison et de se moquer du merveilleux, réprima un sourire triste. Elles restèrent ainsi, songeuses et silencieuses. Puis la tourière conduisit Héloïse au dortoir. Chacune des deux femmes sentait que l'autre recelait sa part de mystère, toutes deux brûlaient de curiosité mais chacune garda sa réserve.

Le lendemain, à l'aube, anonyme dans le dortoir malodorant au milieu des pèlerines, Héloïse fut l'une des premières à quitter la paillasse commune. Elle avait dormi comme une pierre brute, écrasée de fatigue et d'émotion. Elle chercha les latrines au fond de la cour. Elle voulut ensuite se laver un peu. Le puits n'était pas dans cette cour, mais il tombait une fine pluie froide dans la brume du petit matin. Elle avisa un chéneau percé qui gouttait, et sortant un linge de son léger havresac, procéda à une toilette sommaire. Elle aurait voulu déjà repartir. Mais la sœur tourière ensommeillée lui dit, d'un ton complice, que les portes du château épiscopal n'étaient pas encore ouvertes; qu'elle devrait attendre pour voir la basilique et le travail de Gislebertus ; qu'elle lui conseillait, avant de se mettre en route, de partager l'humble repas du matin. Une cloche appelait les nonnes et les pèlerines à la chapelle pour la prière. Héloïse, à genoux au milieu des autres, essaya encore une fois en vain d'entendre Dieu, à qui elle voulait confier le souvenir d'Abélard et leur âme douloureuse. Elle se leva ensuite et se rendit au réfectoire.

Elle sortit dans le petit matin, sans avoir revu la sœur tourière, remplacée par une autre. Elle aurait aimé lui parler à cœur ouvert, voir son visage dans le jour naissant.

Elle fut la première à passer la porte châtelaine, se dépêcha de monter la rue et déboucha sur une place entourée d'églises. Elle reconnut sur sa droite la basilique entrevue la veille dans la nuit tombée. Elle se dirigea vers le grand portail central, précédé d'un porche inachevé. Les travaux de construction n'avaient pas encore repris, mais plusieurs signes indiquaient une activité prochaine. Elle monta les marches latérales de bois et se retourna face au tympan sculpté et peint de couleurs vives, signé « *Gislebertus hoc fecit* ». Elle reconnut tout de suite le thème traditionnel du jugement dernier: un Christ colossal au centre dans une mandorle, les élus d'un côté, les damnés de l'autre. Mais ce qui la frappa et emporta brutalement tous ses sens étonnés, ce fut l'exceptionnelle puissance visionnaire, l'audace de la conception, la vigueur virtuose qui exsudait de la pierre vivante, l'incroyable habileté technique du sculpteur, la stupéfiante familiarité de l'artiste avec les mondes surnaturels, celui de la lumière, qui semble étirer et aspirer jusqu'au ciel les élus transcendés, celui des ténèbres au contraire, ratatiné dans des terreurs apocalyptiques.

Effrayée, Héloïse, balayée par le découragement, la fatigue nerveuse, écrasée par la mort de son seul amour, sentit monter en elle toutes les peurs, toutes les phobies, toutes les alarmes, tous les effrois, toutes les épouvantes, toutes les transes affreuses, tous les cauchemars des malheureux, tous les désespoirs insondables des damnés.

Elle était fascinée par ce petit diable rouge à grande sale gueule dévoratrice, ricanant en se jetant avec violence sur l'un des plateaux de la balance pour faire contrepoids et fausser le jugement dernier, pour tenter de faire triompher le Mal, de favoriser l'Enfer. Elle souffrait atrocement avec ces damnés dénudés, fous de terreur, happés par des mains fantastiques étrangleuses qui vous serrent le crâne à le déformer, éventrés par des crocs de bouchers sataniques ou des fourches bestiales, hurlant dans la puanteur de leurs membres atrocement brûlés, avec aussi cette pécheresse déchue, sa sœur aux seins souillés sucés par deux serpents au sinistre venin…

C'était l'Horreur absolue magnifiée, transfigurée par l'art du sculpteur en Beauté insondable.

Héloïse serait restée très longtemps à détailler les images expressives sculptées sur ce portail. Mais elle savait qu'elle ne pouvait s'attarder. Il lui fallait rentrer à marches forcées au Paraclet. Elle avait dissimulé son absence sous couvert d'une retraite où elle ne devait être dérangée sous aucun prétexte, mais plus le temps passait, plus le risque d'être découverte augmentait.

A regret, sans entrer dans l'édifice, elle se détourna et fila, songeuse, hantée par la mort si récente d'Abélard, emplie des images fracassantes du *Jugement dernier*. Elle était si impressionnée, si perdue dans son désespoir qu'elle faillit oublier pourquoi elle était venue à Autun. Elle revint tête basse sur ses pas et se dirigea vers le transept nord. Elle ne leva les yeux qu'arrivée au pied des marches. Elle ressentit alors un autre choc.

Devant elle, sur le linteau, effarée, elle reconnut d'emblée l'image inattendue : Abélard et elle, nus comme au premier jour, jeunes, beaux et réunis. Deux corps resplendissants symboliquement sculptés pour des siècles de regards.

Tout n'était donc pas perdu. Leur amour serait plus fort que la séparation, la mort, la pourriture, l'oubli. Elle ressentit une joie surprenante, oubliée, profonde comme un orgasme.

Héloïse savait maintenant que sa passion tragique pour Abélard resterait pendant des siècles un symbole de l'amour, sans doute aussi longtemps que leurs visages et leurs corps toujours jeunes resteraient imprimés dans le secret du calcaire d'Autun.

Fin

Bibliographie sélective

Je dois la plus grande gratitude au chanoine Denis Grivot dont le travail remarquable sur Gislebertus et la cathédrale d'Autun fait autorité. Parmi ses nombreux ouvrages, on peut citer :

Denis Grivot & G. Zarnecki *Gislebertus, sculpteur d'Autun* Trianon Press 1965

Denis Grivot *Légende dorée d'Autun* Lescuyer 1974

Autun Lescuyer 1968

Pour L'histoire locale, entre autres ouvrages d'un grand intérêt :

Jean Berthollet *L'Evêché d'Autun 1947*

Anatole de Charmasse *Cartulaire de l'église d'Autun, tome 1* 1865

Collectif *Autun, Atlas des vestiges Gallo-romains* Carte archéologique de la Gaule 1993

Collectif : Chevaux, Loriot, Lafouge *Lire les rues d'Autun* Nos ancêtres Autunois 2007

Collectif, P. Chardron-Picault *Hommes de feu, hommes du feu* Musée Rolin, catalogue 2008

Jacques Madignier *Le chapitre cathédral d'Autun du 11ème au 16ème siècle* Thèse de doctorat 2007

Mémoires de la société Eduenne, notamment article de C.Boëll t.47 1935

Morot-Gaudry, Pacaud, Reboul *Autun, berceau d'inventeurs et d'ingénieurs* CCCA 2000

Jean Richard *Les ducs de Bourgogne et la formation du duché du XIe au XIVe siècle* 1954

Christian Sapin & Walter Berry *Les abords de la cathédrale Saint-Lazare d'Autun du lXe au XVIIIe s.*

André Strasberg *De Béthanie à Autun, les reliques de Saint Lazare.* Autun 1996

Pour imaginer Abélard et Héloïse j'ai utilisé essentiellement :

Abélard et Héloïse *Correspondance* édition d'Edouard Bouyé. Préface E. Gilson. Folio classique 2003

TABLE DES MATIERES

1. Samedi 27 juin 1131 sur le chantier de la basilique St Lazare d'Autun.. 5
2. Où le philosophe Abélard arrive à Autun et rêve à Héloïse 13
3. Où Mélisende importune le sculpteur Gislebertus...........................21
4. Dans le palais épiscopal.. 29
5. Où guettent deux personnages patibulaires....................................35
6. A la table de l'évêque.. 37
7. Où le croisé aborde le fantastique 43
8. Où Mélisende s'enfonce dans la forêt obscure 49
9. A propos d'Eve... 53
10. Qui s'indigne d'un meurtre.. 61
11. Dans la nuit complice et inquiétante.......................................65
12. Où fuient les égorgeurs 73
13. Où Gislebertus se confie à Abélard tandis qu'Ombeline le cherche......... 77
14. Dimanche 28 juin. Rencontres matinales................................... 78
15. Où Ombeline éveille les soupçons 87
16. Où l'assassin s'explique.. 95
17. Où s'inquiète la « cour l'évêque ».. 103
18. Qui surprend Mélisende dans son repaire sylvestre.................... 113
19. Où le lundi 29 juin, fête de saint Pierre on découvre une stèle étrange......121
20. A la recherche d'Eve... . 129
21. Qui évoque Héloïse..137
22. Où Mélisende regagne prématurément Autun......................................143
23. Où Ombeline s'affirme 151
24. Pétronille et Mélisende aux tanneries.................................. 159
25. Mardi matin 30 juin, sur le chantier de Saint-Lazare...................... ...167
26. Où commence une algarade...175
27. Où les compagnons changent de programme..................................181
28. Où la jalouse Ombeline pleure et rêve................................. 189
29. Où le vin échauffe les esprits..199
30. Où Ombeline se souvient du voyage d'hiver................................ .207
31. Nouvelles tensions au sein des confréries.................................. .213
32. A la poursuite des cochons... .219
33. Où Abélard s'interroge.. 227

34. A la mine de l'Argentolle..235
35. Où, mercredi 1er juillet, sévissent faussaires et vandale..................... . 243
36. Où, jeudi 2 juillet, le chevalier Bérenger force la porte.......................251
37. Où Bérenger s'affirme..259
38. Où Ombeline se désespère...269
39. Où Gislebertus se décide...275
40. Qui voit Eve dans sa beauté nue...281
41. Qui se colore d'angoisse.. .287
42. Jusqu'au bout de la nuit cruelle...293
43. Dimanche 5 juillet, moins innocent qu'il n'y parait..........................305
44. Sur le mont des Druides...315
45. Deux mois d'été...325
46. Mardi 1er septembre, une effrayante procession...............................333
47. Où Mélisende réveille des rites païens oubliés.................................339
48. Où le 2 septembre sont dénoncés faussaires & sorcières.....................345
Epilogue. Dix ans après. 22 avril 1142. Héloïse....................................357

Du même auteur :
Un désir de vengeance.
Le périlleux périple, tomes 1 et 2.

Imprimerie
Dépôt légal : 1er trimestre 2016
ISBN : 978-29536585-0-7

COPYMEDIA IMPRIM'VERT®
Achevé d'imprimer en novembre 2015
par www.copy-media.net
CS 20023 - 33693 MÉRIGNAC CEDEX